한나 아렌트

Beruf Philosophin oder Die Liebe zur Welt. Die Lebensgeschichte der Hannah Arendt
by Alois Prinz
© 1998, 2002 Beltz & Gelberg, in the publishing group Beltz-Weinheim Basel
Korean Translation Copyright © 2019 by Ewha Books
All rights reserved.
The Korean language edition published by arrangement with
Julius Beltz GmbH&Co. KG through MOMO Agency, Seoul.

한나 아렌트
세계 사랑으로 어둠을 밝힌 정치철학자의 삶

초판 1쇄   펴낸 날 2019년 9월 2일
초판 2쇄   펴낸 날 2022년 10월 7일

지은이   알로이스 프린츠
옮긴이   김경연

발행인   육혜원
발행처   이화북스
등 록   2017년 12월 26일(제2017-0000-75호)
주 소   서울특별시 마포구 월드컵북로 400 서울산업진흥원 5층 15호
전화   02-2691-3864
팩스   02-307-1225
전자우편   ewhabooks@naver.com

편집   함소연
디자인   책은우주다
마케팅   임동건

ISBN   979-11-965581-5-4 (04900)

세계 사랑으로 어둠을 밝힌
정치철학자의 삶

한나
아렌트

Hannah Arendt

알로이스 프린츠 지음 | **김경연** 옮김

이화북스

"끝까지 충실하는 것만이 참된 일이다."

1962년 3월 19일, 뉴욕 센트럴파크를 지나는 도로에서 교통사고가 일어났다. 트럭이 택시를 들이받은 것이다. 택시 뒷좌석에는 56세의 부인이 앉아 있었는데, 이 충돌사고로 중상을 입었다. 부인의 이름은 한나 아렌트, 그녀는 미국 여권을 지닌 유대인으로 미국의 여러 대학에서 정치학과 철학을 강의하고 있었다. 그녀는 논문과 저서를 발표했고, 여러 공식적인 자리에 모습을 나타냄으로써 미국 너머에까지 알려진 유명인사였다. 많은 사람들이 그녀를 금세기의 가장 중요한 여성 가운데 한 사람으로 꼽는다.

혼수상태에 빠져 있던 한나 아렌트는 구급차 안에서 깨어났다. 그녀는 자신에게 무슨 일이 일어났는지 곧 알아차리고는 마비된 곳은 없는지 우선 팔다리를 움직여보았다. 그다음에는 기억을 더듬어갔다. 조심스레 하나씩 차례대로…

독일의 쾨니히스베르크에서 보낸 유년기가 생각났다. 마르부르크와 하이델베르크의 대학 시절과 지금까지 그녀에게 중요한 의미를 지닌 스승들, 그러니까 연인 사이였던 마르틴 하이데거와 그녀를 이성으로 이끌어준 카를 야스퍼스도 생각했다. 독일에서 도망쳐 나온 일, 프랑스 파리에서의 망명생활이 기억에 되살아났다. 파리에서는 남편 하인리히 블뤼허를 알게 되었다. 또 남프랑스 귀르에서의 수용소 생활과 극적인 유럽탈출이 생각났다. 그녀는 마르세유를 거쳐 리스본으로 갔고, 리스본에서 배를 타고 신세계인 미국으로 향했다. 시온주의 운동과 새로 얻은 친구들 그리고 적들도 생각났다. 그녀는 전체주의에 대한 저술활동에 수년을 바쳤고, 이 책으로 유명해졌다. 또 예루살렘에서 소송이 제기된 나치 아돌프 아이히만을 생각했다. 그녀는 그에 대한 책을 쓰고 싶다는 생각을 아직 잊지 않고 있었다.

한나 아렌트는 마음을 진정했다. 기억에 구멍이 뚫린 곳은 없었고, 몸이 마비된 것도 아니었다. 그렇지만 마치 삶과 죽음 사이에 둥실 떠 있는 것처럼 기묘한 상태였다. 훗날 그녀는 그 순간들을 황홀하게 상기하며, 친구 메리 매카시에게 이렇게 이야기한다. "가장 중요한 건, 순간이나마 사느냐 죽느냐의 결정이 내 자신의 손에 달린 것 같은 느낌을 가졌다는 거야. 죽음이 끔찍한 것이라고는 생각하지 않았지만, 그렇다고 삶이 아주 아름다운 것이니 살아나는 편이 좋다고 생각한 것도 아니었어."

그녀는 어떻게든 살아야겠다고 결심한 것이 아니었다. 친구도 없고 여행도 할 수 없고 공적인 일에 개입해서도 안 되는, 그런 '무가치'한 존재라면 기꺼이 삶을 포기할 수 있었다.

그녀는 늘 그렇게 생각해왔다. 젊었을 때는 매우 똑똑하고 지적이었지만 아주 외로웠다. 자신과 세상에 대해 모든 것을 알고 싶었고, 자신의 '특수성'에 대해 점점 깊이 몰두했다. 여기서 그녀를 끌어낸 것은 젊은 대학 강사 마르틴 하이데거와의 연애 사건이었다.

한나 아렌트는 "눈에 띄게" 되기를 바랐고, 그러기 위해서는 지성과 깊은 생각뿐만 아니라 용기가 필요하다는 것을 알았다. 자신의 특수성, 즉 자신을 포기할 수 있고 '사람들 사이에서 사람이 되기를' 배울 수 있는 용기 말이다. 그녀에게 사람들 사이에서 사람이 된다는 것은 자신을 알리고 다른 사람들과 함께 공동의 세상을 이루어 가기 위해 대화를 나누는 일이다. 이러한 깨달음은 그녀에게 해방처럼 느껴졌다. 그 해방감은 마치 '망치처럼' 머리를 쾅 내리쳤다.

존경하는 스승 카를 야스퍼스의 생일을 기념하는 글에서 "용기와 감사할 줄 아는 마음과 충실, 이 셋은 겉으로 보기에는 모순되는 미덕이지만 서로 밀접하게 관련이 있다"고 쓰면서 이렇게 덧붙인다. "삶의 마지막에 가서야 우리는 끝까지 충실하는 것만이 참된 일임을 알게 된다."

그녀는 많은 것에 충실했다. 자신의 뿌리인 독일어와 문화에, 유럽에 있는 옛 친구들과 미국에서 새로 얻은 친구들에게 충실했다. 그녀는 언제나 다시 시작했고 따라서 그녀를 어느 하나로 분류하기는 어렵다. "당신은 누구입니까?" 그녀는 한 회의에서 이런 질문을 받았다. "보수주의자입니까? 자유주의자입니까? 현재의 입장에서 생각해 볼 때 당신은 어느 쪽입니까?" 한나 아렌트는 이렇게 대답했다. "모르겠습니다. 정말 모릅니다. 과거에도 그것을 안 적은 없었습니다."

한나 아렌트는 언제나 '난간 없는 사고^{Denken ohne Geländer}'를 하고자 했다. 많은 사람들이 보기에 그것은 그녀를 '용서할 수 없을 정도로 독립적'이게 했다. 진정 그녀는 누구였는가? 쉽게 대답할 수가 없다. 시인이었는가? 철학자였는가? 정치사상가였는가? 그녀가 쓴 한 편지에는 이렇게 적혀 있다.

"저는 한때 그랬던 것처럼 그야말로 낯선 곳에서 온 소녀라고 느낍니다." ('낯선 곳에서 온 소녀'라는 말은 원래 독일의 작가 프리드리히 실러의 시 제목으로 흔히 문학 또는 문학적 상상력을 상징하는 것으로 해석된다. 이 말은 한나 아렌트의 성격을 잘 나타내주기도 한다. 인용된 구절은 마르틴 하이데거에게 보낸 1950년 2월 9일자 편지에서 유래한다. 실러가 쓴 시의 전문을 다음 쪽에 소개한다.)

낯선 곳에서 온 소녀 Das Mädchen aus der Fremde

– 프리드리히 실러

어느 골짜기 가난한 목동의 집에
해마다 첫 종달새들이
포르르 하늘 위로 날자마자
놀랍도록 어여쁜 소녀가 나타났네.

소녀는 그 골짜기에서 태어나지 않았네.
그녀가 어디서 왔는지는 아무도 몰랐네.
소녀가 작별을 고하고 떠나자마자
금방 그녀의 자취는 사라졌네.

소녀가 가까이 있으면 행복했네.
모든 이의 마음이 넓어졌네.
그렇지만 어떤 품위와 고귀함이
허물없이 대하지 못하게 했네.

소녀는 꽃과 과일을 가져왔네.
다른 땅에서, 다른 햇볕을 받은,
더 행복한 자연 속에서 익은 꽃과 과일을.

모두에게 선물을 나눠주었네.
이 사람에게는 과일을, 저 사람에게는 꽃을.
소년에게도, 지팡이를 짚은 노인에게도.
누구나 선물을 안고 집으로 갔네.

찾아오는 손님은 누구든 반갑게 맞았으나
서로 사랑하는 한 쌍의 남녀가 가까이 오자
소녀는 그들에게 가장 좋은 선물을 건네주었네.
가장 아름다운 꽃을.

차례

육아일기

"슬픈 일은 가능한 한 생각하지 말아야 해요."

1902년 결혼한 두 젊은이에게는 빛나는 앞날이 기다리고 있는 것 같았다. 파울 아렌트와 마르타 콘은 둘 다 수세대 전부터 동프로이센의 도시 쾨니히스베르크에 자리를 잡은 부유한 유대계 집안 출신이었다. 파울 아렌트는 29세였고 쾨니히스베르크의 알베르티나 대학에서 공학을 전공했다. 28세인 마르타 콘은 고등학교를 마친 후 파리에서 3년간 프랑스어와 음악을 공부했다. 두 젊은이의 결합은 행운처럼 보였다. 경제적으로 걱정 없는 생활이 가능한 것은 물론 둘 다 여러 모로 관심사가 같았고 사회주의 사상에 공감하고 있었다.

그렇지만 이 결혼에는 그림자가 드리워져 있었다. 파울 아렌트는 젊었을 때 매독에 감염되었는데, 매독은 당시 널리 퍼진 성병으로, 프로이센 성인 남자 100명 중에서 약 20명 정도가 이 병에 걸렸다. 치료약인 살바르산이 독일 의학자 파울 에를리히에 의해 발견된 것은 1909년의 일이었다.

파울 아렌트는 민간요법으로 병을 치료해야 했다. 사람들은 환자에게 수은 제제를 투여하거나 말라리아열을 불러일으키는 방법을 썼다. 그러나 매독은 교활한 질병이다. 처음 발병한 후 상당히 오랫동안 잠복했다가 재발하기도 하는데, 재발할 시에는 그만큼 더 격렬하며, 최악의 경우에는 척수와 뇌까지 파괴한다. 그러나 처음 발병한 후 저절로 치유되어 재발하지 않는 때도 있다.

파울 아렌트는 치료 효과를 보았다. 병의 증세는 완전히 사라졌고, 그는 다시 건강해졌다고 생각하며 아름다운 마르타 콘과 결혼했다.

젊은 부부는 우선 베를린으로 갔다가 그다음 하노버로 갔다. 여기서 파울 아렌트는 한 전기 회사에 일자리를 잡았고, 그들은 근교 린덴에 있는 널찍한 집으로 이사했다. 이제 마르타 콘은 마르타 아렌트가 되었다.

처음에 마르타는 아이를 갖고 싶은 소망을 접어야 했다. 너무 위험해 보였기 때문이다. 남편이 아직 건강하지 않아 아이가 해를 입을지도 몰랐다. 그렇지만 몇 년이 지나도 파울 아렌트에게서 더 이상 병의 증세가 나타나지 않았기 때문에 두 사람은 아기를 갖기로 결정을 내렸다.

1906년 10월 14일 마르타 아렌트는 여자아기를 출산했다. 아기의 이름은 친할머니의 이름을 따 요한나로 지었지만, 훗날 모두들 그냥 한나라고만 부르게 되었다.

한나의 어머니는 '내 아기'라는 제목의 육아일기를 쓰기 시작했다. 그녀는 딸이 자라나는 과정을 세심하게 기록했다. 그 첫 번째 기록을 읽어보자. "요한나 아렌트는 1906년 10월 14일 일요일 저녁 9시 15분에 태어났다. 분만은 22시간이 걸렸으며 정상으로 진행되었다. 아기는 3,695그램이었다."[1]

한나 아렌트는 슈테판 츠바이크가 "안정을 구가하는 황금시대"라고 말한 때에 태어났다. 독일은 프랑스와 전쟁을 치르고 1870~71년 제국 건설의 소용돌이가 끝난 후 비교적 조용한 정치적 상황으로 접어들었다. 철의 수상으로 불리던 비스마르크의 시대는 끝났다. 그는 1898년 세상을 떴다. 현 황제인 빌헬름 2세는 정치적 능력보다는 군사력의 과시를 좋아하는 인물로 특기된다. 사람들은 정치에 넌더리를 내면서도, 산업과 경제의 엄청난 발전 때문에 일종의 출발의 황홀감에 사로잡혀 있었다.

1895년부터 계속 호황을 누린 이유는 일차적으로 많은 발견과 발명 덕분이었다. 독일 자연과학자들은 다른 국가들에 비해 두 배로 많은 노벨상을 탔다. 의사 로베르트 코흐는 폐결핵 병원체를 발견했다. 그때까지 폐결핵은 악질적인 전염병으로 알려져 있었다. 바이엘사의 연구소에서는 통증을 진정시키는 아스피린을 만들어냈다. 빌헬름 콘라트 뢴트겐은 사람의 몸속을 들여다볼 수 있는 엑스선이라는 광선을 발견했다. 또 예술, 문화, 회화, 음악 분야에서도 토마스 만, 막스 리버만, 리하르트 바그너와 같은 독일인들이 세계적으로 알려졌다. 이전에 독일은 개발도상국으로서 저임금을 바탕으로 저질의 상품을 덤핑 가격으로 수출했다. 1887년 영국인들이 이런 독일 상품에 경각심을 불러일으키기 위해 붙인 '독일제Made in Germany'라는 표시는 이제 질을 보증하는 것이 되었다. 새로운 독일 제국 특허DRP가 신청되지 않고 넘어가는 날은 거의 하루도 없었다.

기술의 기적적인 발전은 일상생활도 변화시켰다. 이제 많은 가정에는 전화가 놓이게 되었고, 베를린과 같은 대도시에서는 가스 조명이 점점 전깃불로 대체되었다. 1905년부터 독일 수도 베를린에는 최초의 승합 버스가 달렸고, 슈클라다노프스키와 메스터 씨는 활동사진술의 도움을 받아 어두컴컴한 곳에서 움직이는 그림들을 보여주었다. 관중들은 재미있어하면서도 회의적이었다. 사람들은 이제 새 기계로 집 안의 먼지를 빨아들일 수 있게 되었고, 잉크를 채운 펜으로 글씨를 쓸 수 있게 되었으며, 미국 출신의 질레트가 만든 면도기로 수염을 깎을 수 있게 되었다.

제국시대의 힘과 영광에 찬 미래를 향한 믿음은 한계를 몰랐다. 동시에 어떤 특수한 존재라는 의식과 경제적 능력을 근거로 강대국의 회합에서 중요한 목소리를 낼 권리가 있다는 의식이 자라났다. 세기의 전환기에 위대한 정치란 곧 식민지 정치의 추진을 뜻했다. 프랑스와 영국은 아시아와 아프리카에 강력한 식민지 제국을 건설해 세력을 키웠다. 러시아도 동쪽으로 영토를 넓히고 있었고, 벨기에·네덜란드·스페인과 같은 작은 국가들도 이미 영토를 넓혔다. 빌헬름 시대의 독일에서도 세계 정치에 끼어들려면 식민지를 건설해야 한다고 생각했다. 제국 수상 뷜로는 이렇게 표현했다. "우리는 그 누구에게도 그늘을 드리우고 싶지 않다. 그러나 우리도 역시 양지바른 자리를 차지하고 싶다."

동시에 사람들은 전쟁에 대비해 동맹자와 적을 가르는 시도를 했다. 이것은 위험한 도박이었다. 러시아는 1905년의 혁명과 일본과의 전쟁으로 약해졌지만 예측할 수 없는 상대였다. 오스트리아는 보스니아와 헤르체고비나를 합병함으로써 발칸 반도에서의 이익을 추구했고, 새로운 강대국으로서 독일의 요구에 영국과 프랑스가 어떻게 반응할지는 아직 미지수였다.

이러한 세상의 정치와는 무관하게 마르타 아렌트는 하노버에서 어머니로서의 역할에 대단히 충실했다. 그녀는 어린 한나에 관계되는 모든 일을 일기에 적었다. 아기가 언제, 얼마 동안 젖과 음식을 먹었으며, 어떤 잔병치레를 했는지, 약에 어떻게 반응했고, 육체적으로 어떻게 자라고 있는지 꼼꼼하게 적어나갔다. 아주 일찍부터 그녀는 아기에게서 어떤 개성들이 나타나는지를 유심히 살펴보았다. "성격은 차분하지만 활달하다. 처음 몇 주가 지나자 벌써 소리를 알아듣는다는 것을 확인할 수 있었다. 일반적으로 빛을 알아본 것이 아니라 얼굴을 알아본 것은 일곱 째 주일이었다. 이때 우리는 아기가 내적으로 눈을 뜨는 것을 관찰했다. 일곱 째 주에 아기가 처음으로 환한 표정을 짓기 시작한 것이다."

한나는 부모의 행복이었다. 아기는 건강하고 대부분 만족스러우며 주변 세계에 대해 활달한 관심을 보이고 많이 웃었다. 한나는 '정말 태양과도 같은 아기'였다.

하노버에서 살게 된 지 2년째 되던 해에 파울 아렌트에게서 극복했다고 믿었던 병의 증세들이 다시 나타났다. 재발했다는 것은 최악의 상황을 고려해야 함을 뜻한다. 파울 아렌트는 어쨌건 가족의 부양자였다. 그는 이제 일을 할 수 없었고, 가족은 하노버를 떠나 쾨니히스베르크로 돌아가 콘가※와 아렌트가의 보호를 받는 것밖에는 다른 도리가 없었다.

콘가는 아렌트가와 마찬가지로 러시아계 유대인이었다. 마르타 콘의 아버지인 야콥 콘은 차르 니콜라이의 유대인 박해를 피해 1852년 러시아에서 쾨니히스베르크로 왔다. 그는 차※ 수입 상사를 세웠고, 해가 지남에 따라 쾨니히스베르크에서 가장 큰 사업체 중 하나로 키웠다. 야콥 콘은 파니 에파 슈피로와 재혼했고, 마르타는 이 두 번째 결혼에서 얻은 딸이었다. 야콥 콘은 한나가 태어난 1906년에 세상을 떠났다.

아렌트가는 18세기부터 쾨니히스베르크에 정착했다. 한나의 할아버지인 막스 아렌트는 쾨니히스베르크에서 영향력 있는 주요 인사였다. 그는 시 의회의 의장일 뿐 아니라 자유주의 유대인 공동체의 의장이기도 했다. 그는 요한나 볼게무트와 결혼해 두 아이를 얻었는데, 파울이 그중 하나였다. 1880년 요한나가 세상을 뜨자 막스 아렌트는 처제인 클라라 볼게무트와 결혼했다.

파울 아렌트와 마르타는 쾨니히스베르크의 상류층 주거지 후펜구區의 멋진 빌라들이 서 있는 티어가르텐가街의 큰 저택으로 이사했다. 마르타 아렌트는 육아일기를 계속 써나갔다. 아이는 만 3세부터 '큰' 발전을 보여준다. 벌써 틀리지 않고 말을 할 수 있었다. 어쨌든 어른들이 있을 때만큼은 그랬다. 그에 반해서 혼자 인형놀이를 할 때는 다시 어린애의 말로 돌아갔다. 한나의 기억력과 호기심은 놀라웠다. 누가 가르쳐주지 않았는데 알파벳을 다 외웠다. 어머니는 아이의 이러한 '지적인 조숙'에 너무도 기뻤다. 그러나 딸이 음악적 소질을 나타내지 않자 그만큼 실망했다. "정열적으로 노래를 잘 하지만 아주 엉터리다"라고 그녀는 일기장에 적었다.

마르타 아렌트의 기록은 딸의 발전에 대한 자부심보다는 아버지의 병에 감염되었으면 어쩌나 하는 염려를 더 많이 보여준다. 한나가 쾌활하고 붙임성 있고 '다루기 쉬운' 성격을 나타낼 때면 마음을 놓으며 만족스러워했다. 아이는 "늘 만족스럽고 행복하다"고 마르타는 일기장에 적었다.

이러한 관찰은 딸보다는 어머니에 대해서 더 많은 것을 말해 주고 있다. 마르타 아렌트 자신은 아주 겁 많고 불안한 사람이었음에 틀림없다. 그녀는 남편과 비교할 때 자신이 너무 예민하고 생활능력이 없다고 생각했다. 한나에게서 자신과 똑같은 예민한 감수성을 발견할 때면 딸이 강한 아버지를 더 많이 닮기를 바랐다. "아버지를 닮지 않는다면! 아렌트가 사람들은 감정 면에서 대단히 억세기 때문에 우리 같은 사람들보다는 인생을 훨씬 잘 다스릴 수 있다."

어린 한나는 어머니의 이러한 자의식의 결핍과 기대를 확실하게 느꼈다. 마르타는 자기 딸이 가족에게 내려진 무거운 운명의 타격에도 행복한 어린 시절을 보내기를 원했다. 한나에게는 돌봐주는 보모와, 뛰어놀 수 있는 넓은 정원과 많은 장난감이 있었다. 마르타 아렌트는 한나가 다른 아이들과 어울릴 수 있도록 유치원에 보냈다. 그러나 아이들을 집으로 초대할 수는 없었다. 파울의 상태가 급속히 악화되었기 때문이다.

마르타는 한나가 힘들지 않도록 모든 것을 뒷받침했다. 그러나 남편의 병을 숨길 수는 없었다. 파울은 산책을 나갔다가 마비를 일으켜 그대로 바닥에 쓰러졌다. 한나는 아버지가 몸이 아파서 매우 조심스럽게 치료해야 하는 상태라는 것만 알고 있었다. 종종 그녀는 아버지의 방에 들어가 아버지와 카드놀이를 하거나 아버지를 돌보는 간호사와 놀았다. 파울은 감수성이 예민한 딸을 다루기 힘들어했다. 그는 언제나 다른 사람들이 다가가기 어려워하는 근엄하고 닫힌 사람이었는데, 그런 성격은 병으로 한층 심해져 있었다. 병은 자신에 대한 관념까지도 파괴했다. 그는 직업과 사회에서 남자로서 우뚝 서는 대신 아무 일도 못하고 다른 사람들에게 의존해야 하는 존재가 되었다. 딸이 더 많은 관심을 요구하면 그는 어쩔 줄 모르며 짜증을 내는 식으로 반응했다. 아내의 육아일기에 그는 이런 글을 적어넣는다. "잠 자지 말고 자신과 놀아달라는 한나 때문에 낮에는 정말 힘들다."

마르타는 남편을 병원에 입원시키는 일을 가능한 한 오래 피하

고 싶어 했다. 그러나 파울의 상태
는 극적으로 악화되어 1911년 여
름 쾨니히스베르크의 정신병원으
로 이송되었다. 처음에 마르타는
남편을 보러 병원에 갈 때면 한나
를 데리고 갔다. 그러나 곧 파울은
딸을 알아보지 못하게 되었고, 그
후부터 마르타는 한나를 데려가지
않았다.

이 무렵 한나에게는 할아버지
막스 아렌트가 점점 중요한 사람
이 되었다. 막스는 어린 손녀와 함
께 사람들이 비탈이라고 부르는

■어머니와 함께 있는 어린 시절의 한나 아렌트

누벽 앞의 작은 숲으로 산책을 나가곤 했다. 때때로 일요일에는 유
대교 회당Synagogue에 손녀를 데리고 갔다. 이렇게 한나 아렌트는 처음
으로 종교와 접촉하게 되었다.

1913년은 아렌트가에 무거운 운명의 타격이 가해진 해였다. 우
선 3월에 막스 아렌트가 세상을 떠났다. 한나는 누구보다도 할아버
지를 사랑했지만 이상하게도 아무런 반응을 보이지 않았다. 한나는
창문을 통해 장례행렬을 쳐다보며 그렇게 많은 사람들이 할아버지
의 묘지까지 따라가는 것을 자랑스러워했다. 그후로 한나는 할아버
지에 대해 한마디도 언급하지 않았을뿐더러 너무나 아무렇지도 않

아해서 어머니조차 언짢아할 정도였다. 한나의 밝은 성품은 그 어떤 것에도 흐려지지 않는 듯이 보였다. 그러던 어느 날 한나는 불쑥 아직도 사건들을 잊지 않고 있음을 나타내는 말을 한다. "슬픈 일은 가능한 한 생각하지 말아야 해요. 그런 일로 슬퍼하는 것은 아무 의미가 없어요."

10월에는 파울 아렌트가 세상을 떴다. 한나는 겉으로는 거의 아무렇지도 않은 듯했다. 장례식에서 눈물을 흘렸지만, 그것은 '노래가 너무 아름다워서'였을 뿐이다. 어머니에게 마음을 진정해야 한다고 말한 사람은 어린 한나였다. "엄마, 다른 많은 여자들에게도 그런 일이 생긴다는 걸 생각하세요."

한나는 1913년 8월부터 학교에 다니게 되었다. 그것은 한나가 슬픈 사건들로부터 어느 정도 기분을 돌리는 계기가 되었다. 당시 공식적으로 소녀들을 위한 교육은 거의 이루어지지 않고 있었다. 1913년 쾨니히스베르크에도 소녀를 위한 국립학교는 없었고, 단지 시립학교인 루이제 학교가 있었을 뿐이다. 그에 반해서 소년들을 위한 고등학교는 10개나 있었고, 그중 5개의 학교가 인문계 고등학교, 즉 김나지움이었다. 이른바 여자 고등학교들은 여성운동가들이 세운 사설기관으로, '학원'이라는 이름을 쓸 수는 있었지만, 서열상으로는 중등학교였다.

한나 아렌트는 사설학원에서 시작된 엘비라 슈치트니크 학교에 입학했다. 학교는 티어가르텐가와 평행선을 이루는 힌덴부르크가에 있었다. 한나는 동급생들보다 단연 뛰어났다. 그녀는 이미 유창하게 읽고 쓸 줄 알았다. 한나는 선생님에게 애착을 가졌는데, 아마도 종종 오랫동안 어머니와 떨어져 지내야 했기 때문일 것이다.

마르타는 남편이 죽은 후 10주 동안 파리 여행을 떠났다. 한나는 두 할머니, 파니 슈피로와 클라라 아렌트에게 맡겨졌다. 마르타는 겨울에 돌아왔으나, 잠시밖에 머물지 않았다. 곧 다시 카를스바트로 요양을 떠났고, 그다음에는 빈과 런던으로 갔다. 마르타가 쾨니히스베르크로 돌아올 때마다 딸의 반응은 수수께끼 같았다. 아이가 자신을 만나 기쁜지 어떤지 알 수 없었다. 어쩌면 한나 자신도 알지 못했을 것이다.

여러 해가 지난 후에야 한나는 어린 시절의 혼란스러운 어둠 속을 희미하게나마 비추어볼 수 있었다. 어머니가 1948년 7월 세상을 떠나자 한나는 남편 하인리히 블뤼허에게 이런 편지를 보냈다. "나는 어린 시절의 전부와 청춘의 절반을 마치 세상에서 가장 가볍고 자명했던 것처럼 행동해왔지요. 말하자면 모든 기대에 상응하는 일이 자연스러운 것인 양 대했어요. 어쩌면 무력했기 때문에, 아니 어쩌면 연민 때문에 그랬을 수도 있어요. 하지만 가장 확실한 것은 내가 <u>스스로를 도울 방도</u>를 몰랐기 때문이에요."[2]

2

쾨니히스베르크의 유대인

"내가 유대인임을 알게 된 것은 길거리에서였다."

쾨니히스베르크성과 아주 가까운 뮌츠가에 퓌르스트 부부가 세 아이들 리스베트와 에디트, 막스와 함께 살고 있었다. 가장인 율리우스 퓌르스트는 '초록 다리' 근처에서 남성용품 가게를 운영했다. 퓌르스트가의 막내인 막스는 한나보다 한 살 위였다. 어느 날 막스는 시내를 거닐다가 벽에 경고문이 휘갈겨져 있는 것을 보았다. "할례를 받은 유대인 놈들, 이제는 건방 떨지 말라."[1] 막스는 종종 유대인에게 적대적인 소리를 들어왔지만 그 글이 무슨 뜻인지는 잘 이해가 되지 않았다. '할례가 무엇일까?' 그는 부모에게 물어보지 못하고 브로크하우스 백과사전을 찾아보았다. 사전에서 미켈란젤로의 다비드 나신 조각상 사진을 발견한 그는 자신과 다른 소년이 어떤 점에서 다

■ 쾨니히스베르크의 티어가르텐가

른지 알아차렸다. 그는 유대인이기 때문에 어렸을 때 할례를 받았던 것이다. 그렇지만 그것이 왜 나쁜 일인지는 알 수 없었다.

막스에게는 상류층 주거지 후펜구에 사는 숙부가 있었다. 아이들 생일에 티어가르텐가의 유겐트슈틸(1890년대 중엽 독일에 등장해 1910년까지 지속된 아르 누보 계열의 미술 양식 - 옮긴이)풍 빌라로 초대를 받아 가면, 막스는 자신이 가난한 친척임을 느낄 수 있었다. 한번은 그곳에서 어린 소녀를 만났다. 소녀의 이름은 한나 아렌트였다. 훗날 그는 소녀가 "예쁘고 영리하며, 완전히 다른 세계에서 온 아이 같았다"고 회상한다.[2] 한나 아렌트 역시 유대인이었다. 소년 막스 퓌르스트는 모든 유대인이 다 똑같지는 않음을 알게 되었다. 이런 유대인도 있고 저런 유대인도 있었다.

20세기 초 쾨니히스베르크의 인구는 약 25만 명이었다. 그 가운데 유대인은 4,500명밖에 되지 않았다. 고유의 전통과 종교를 지키느냐 아니면 독일 환경에 순응하느냐에 따라 유대인들 사이에는 큰 차이가 있었다. 역과 프레겔강 사이에는 오래된 유대교 회당이 있고, 독실한 동유럽 출신 유대인들이 살았다. 그곳에서는 이디시어를 쓰며, 관자놀이의 머리를 곱슬곱슬 길게 늘어뜨리고 카프탄(중세 이후 신비적 경향의 하시드파 유대인들이 입었던 검은 프록코트 ─ 옮긴이)을 입은 남자들을 볼 수 있었다. 퓌르스트처럼 오래 전에 정착한 중류층 독일계 유대인 가정들은 북부 시내 중심지인 '아우프 뎀 트락하임'에 살았다. 아렌트가와 콘가처럼 잘사는 유대인들은 후펜과 아말리엔아우와 같은 근교에 살았다.

퓌르스트가와 아렌트가는 전혀 다른 계층에 속했지만, 문화와 종교 면에서 자유주의적 태도를 취할 뿐 아니라 가능한 한 비非유대계 시민들과 다르게 살고자 하지 않는다는 점에서 비슷했다. 그들은 자신들을 당연히 독일인으로 생각했고, 역 지역에 사는 유대인들과 관련지어지는 것을 오히려 불쾌하게 여겼다. 그들이 보기에 역 지역 유대인들의 생활은 시대에 뒤처졌고, 더 수준 높은 독일 문화로부터 분리되어 있었다. "독일의 질서와 독일의 윤리가 유다의 천한 오두막에 들어섰나이다."[3] 유대인 교구의 한 기도서에는 그렇게 쓰여 있었다. 대체로 자유주의적 유대인들은 사람들이 자신을 유대인이라 부르면 좋아하지 않았다. 그것은 이미 당시 독일에서 욕과 같았다.

사람들이 무슨 종교를 믿느냐고 물으면 차라리 '모세의 율법'을 믿는다고 대답하고 싶어 했다.

그런 단어를 골라 쓰는 데서 독일에 적응하고 동화된 유대인이 처한 깊은 간극이 드러났다. 그들은 사회의 정상적인 시민으로 인정받기를 원했지만, 다른 한편으로는 그들의 정체성을 이루고 이 사회에서 분리시키는 전통을 그렇게 간단하게 떨쳐버릴 수 없었다. 그 간극은 종종 기이한 행동 방식으로 나타났다. 단지 1년에 세 번 있는 유대인의 가장 큰 축일에만 유대인 회당에 갈 뿐, 집에서는 유대적인 사상이나 관습의 자취를 찾아볼 수 없는 이른바 '사흘의 유대인'들이 있었던 것이다. 아렌트 가정도 그랬지만 많은 유대인 가정에서는 보통 크리스마스 트리를 세우고 노래를 부르고 선물을 주고받으며 성탄절을 축하했다. 이런 기독교적 풍습을 의식적으로 받아들이면서도 대부분 양심의 가책을 함께 느꼈다. 퓌르스트 가정은 유대교의 식사 규칙에 맞는 청정한 식사만 하라는 계율을 지키지 않고 돼지고기와 햄도 식탁에 올렸다. 물론 아무도 이 요리의 이름을 말하지 않도록 조심했다.

어린이들은 이런 이중 도덕 속에서 성장했다. 예를 들어 그들은 유대교 교리시간에 안식일에 쉬라는 계율을 지키지 않을 때 어떤 벌을 받는지를 배웠다. 그러나 극소수의 유대인 학생들만이 부모들로부터 안식일에는 쓰기 공부를 하지 말라는 지시를 받았을 뿐, 대부분의 유대인들은 이러한 불합리한 일을 말없이 넘기고 지나갔다. 단지 몇몇 특권 인사들만이 이러한 갈등을 우아하게 처리할 수 있었다. 즉 안식일이면 아들의 책가방을 하인이 들고 가게 하는 은행장 마르크스처럼 말이다.

한나 아렌트에게도 유대인의 특별한 역할은 개인적인 경험이 되었다. 막스 퓌르스트처럼 한나도 '거리에서' 그녀가 유대인임을 일깨워주는 아이들의 말을 듣고 자신이 유대인임을 경험한 것이다. 아렌트의 집에서는 절대 '유대인'이라는 단어를 사용하지 않았다. 마르타 아렌트는 유대교는 말할 것도 없고 종교 자체에 대해 생각하지 않았다. 그녀는 음악과 사회주의 사상과 여성 운동에 관심이 있었으며, 사교를 중요하게 여겼다. 그녀는 유대인이 아닌 가정들과도 왕래하고자 했고, 딸이 독일 문학이나 음악과 접하도록 격려했다. 한나가 종교에 대한 이야기를 들었다면 그것은 유대교 율법학자 포겔슈타인의 교리수업 시간이나 할머니들을 통해서뿐이었다.

그렇지만 마르타가 유대인이라는 것과 아무런 관련이 없는 생활을 한다 해도 혈통을 부정한다는 의미는 아니었다. 그녀에게 그것은 긍지의 문제였다. 그녀는 딸도 이런 태도를 취하기를 기대했다. 한나는 훗날 인터뷰에서 이렇게 말했다. "만약 내가 유대인임을 부정했더라면 어머니는 내 양쪽 뺨을 때렸을 것입니다."[4] 마르타는 유대인으로서의 태도와 마찬가지로 거기서 파생되는 모든 불이익에 단호하게 저항했다. 마르타는 한나에게 학교 선생이 누구에게건 상관없이 유대인을 배척하는 발언을 한다면 당장 자리에서 일어나 집으로 돌아오라고 했다. 그러면 마르타는 한나로부터 자초지종을 듣고 편지를 써서 교장에게 등기로 보냈는데, 이런 일은 자주 벌어졌다.

한나는 어머니의 "절대적인 보호"를 받는다고 느꼈다. 그렇지만 다른 아이들은 이러한 보호를 경험하지 못하고 "영혼"이 유대인 배척주의에 "중독"되어 있음을 체험했다.[5] 특히 유복한 독일계 유대인 가정들에서는 선조의 유산을 마치 물리치기 어렵지만 떨쳐버리고 싶은 표지처럼 생각했다. 그들은 '씁쓸한' 마음으로 마지못해서 선조의 유산을 고수하는 동시에, 비非유대인 사회에서 인정받고 가능한 한 출세하려는 사회적 야심에 온통 마음이 쏠렸다. 훗날 한나는 이러한 '씁쓸한 속마음'과 '외부를 향한 자부심'이 뒤섞인 상태가 유대인에 대한 증오와 같은 사실들을 못 보게 했다고 여긴다. 또 이 계층의 유복함은 유대인에 대한 증오를 거든다. 한나는 "아름답게 치장된 가정에 떠도는 둔탁하고 유독한, 어린이들을 쇠약케 하는 공기"에 대해 탄식한 프란츠 카프카(체코 태생의 독일작가 - 옮긴이)의 말에 공감한다.[6]

1914년 8월 1일 제1차 세계 대전이 터졌다. 1914년 6월 28일 사라예보에서 오스트리아의 황태자 프란츠 페르디난트가 살해되면서 전쟁의 불길이 당겨진 것이다. 오스트리아는 당장 세르비아에 선전포고를 했고 그에 따라 러시아도 적국이 되었다. 독일은 옛 동맹국 오스트리아에 원조를 약속했다. 그러나 동부전선에 적극적으로 나서는 대신 몰트케 장군 휘하의 독일 참모부는 서쪽의 불구대천의 적국 프랑스에 대한 공격 계획을 세웠다. 악명 높은 '슐리펜 계획'에 따라 독일군은 동쪽 국경으로 진군하는 프랑스군을 우회해 벨기에를 거쳐 공격하기로 했다. 이러한 전술은 영국을 출전하게 했다. 영국으로서는 독일이 벨기에를 점령함으로써 그 세력을 영국 해협까지 넓히는 것을 용납할 수 없었다.

쾨니히스베르크의 광고탑에는 동원을 알리는 붉은 현수막이 붙었고, 다음에는 선전포고를 알리는 현수막이 붙었다. 시민들은 미증유의 전쟁 열광에 사로잡혔다. 병영에는 전쟁 지원자들이 넘쳐났다. 그중에는 독일군에서 가장 어린 지원자인 14세의 샤이어도 있었다. 그는 막스 퓌르스트가 다니는 뢰베니히트 실업고등학교의 학생으로 위에서 세 번째 학년이었다.

전쟁에 열광하는 독일에서 유대인의 역할은 분열적인 사회적 위치와 전적으로 상응했다. 많은 동화된 유대인 시민들은 독일을 위해 전장에 나가는 것을 당연하게 생각했다. 쾨니히스베르크에서는 전쟁이 끝날 때까지 820명의 유대인 시민들이 소집되었다. 그에 반해 동화되지 않은 러시아계 유대인들의 대부분은 적으로 간주되었다. 사람들은 그들을 기차에 실어 목적지를 알려주지 않고 시 밖으로 내보냈다.[7]

러시아와 가까운 동프로이센은 곧 전쟁의 무대가 되었다. 러시아군은 쾨니히스베르크 방향으로 진군하며 공세를 폈다. 수만 명의 사람들이 점령된 지역에서 도피해 나왔다. 포위 공격이 예상되는 도시들은 피난 문제로 온통 뒤숭숭했다. 그들은 러시아인들에게 겁을 먹고 있었으며 학생들에게 러시아인들이 사람도 아니라고 믿게 했다. 막스 퓌르스트의 누이들은 성폭력으로부터 스스로를 보호하기 위해 커다란 칼을 갈았다. 많은 관리들은 가족들과 함께 집을 떠났고, 그럴 능력이 있는 사람들은 서쪽으로 갔다.

마르타와 한나 역시 쾨니히스베르크를 떠났다. 그들은 기차를 타고 베를린으로 갔다. 그곳에는 마르타의 여동생 마르가레테가 남편과 세 아이들과 함께 살고 있었다. 쾨니히스베르크를 떠나는 것이 즐겁지 않았던 한나는 베를린에서 고향을 그리워했다. 마르타가 한나를 샤를로텐부르크구에 있는 학교에 입학시킨 것을 보면, 그녀는 베를린에 비교적 오랫동안 머무르려고 생각한 것 같다.

그 사이에 독일군은 러시아군을 동프로이센에서 몰아내기 위해 역공을 시작했다. 8월 말에 탄넨베르크 전투가 벌어지고, 나레프강 유역을 지키던 러시아군은 참패한다. 러시아군은 다시 한 번 마주르 호수 지대에서 패배하고 동프로이센을 비워주었다. 힌덴부르크 장군은 조국의 구원자로서 칭송되었다. '강철' 장군을 기리고 군대의 금고 상태를 개선하기 위해 사람들은 쾨니히스베르크 파라데 광장에 나무로 만든 힌덴부르크의 상을 세웠다. 그 옆에 세워진 스탠드에서는 철이나 은 또는 금으로 만든 못을 사서, 기념상에 박을 수 있었다. 그러나 쾨니히스베르크 시민들의 열렬한 애국심은 한계가 있었다. 전쟁이 끝났을 때 장군의 철옷엔 아직도 많은 빈 자리가 남았다.

베를린에서 단 10주를 지낸 후 아렌트 가족은 다시 고향으로 돌아올 수 있었다. 쾨니히스베르크에는 여전히 군인들이 득실댔고 많은 학교들이 야전병원이나 군 숙사로 개조되었다. 그렇지만 시민들의 절반 정도는 정상적인 생활로 돌아갔다. 러시아군을 마주르 습지대로 쫓아낸 후 사람들은 전쟁이 곧 끝날 것이며 독일이 이기리라고 철석같이 믿었다. 학생들의 머릿속에는 조국을 위해 죽는 것이 무엇보다도 훌륭하고 명예로운 일임이 주입되었다. 뢰베니히트 고등학교에 다니는 막스 퓌르스트는 음악 선생이 '라인강의 수비'(독일의 옛 국가 ─ 옮긴이)에 대응시켜 작곡한 '동부 지역의 수비'라는 노래를 배워야 했다.

그러나 전쟁은 시간이 흐르면서 점점 더 냉혹한 얼굴을 드러냈다. 생활필수품은 점점 더 부족해졌다. 많은 회사들의 중요한 경제 파트너인 러시아가 떨어져나가고 영국의 봉쇄정책으로 항구간의 무역이 거의 끊기게 된 것은 파산을 뜻했다.

하지만 마르타는 전쟁의 궁핍을 거의 겪지 않았고, 아직도 집안의 많은 재산에 의지해 살 수 있었다. 그녀에게 전쟁보다 더 큰 걱정은 딸의 성장이었다. 마르타의 육아일기에 따르면 한나는 대단히 신경질적인 인상을 주며, '온갖 것에 불안'해하고 임박한 학교 공부에 '무릎을 덜덜' 떨었다. 또 종종 몸이 아팠다. 마르타는 한나가 여행 계획이 세워지거나 어머니와 떨어질 일이 생길 것 같으면 병이 난다는 것을 알아차렸다. 병치레는 끝이 없었다. 독감에 걸렸다가, 다음에는 홍역을 치르고, 그다음에는 기침을 하고, 그다음에는 편도선염이 생기고, 다음에는 디프테리아에 걸렸다. 더군다나 한나는 '고통스러운 치아교정'을 받고 있었다. 고통 때문에 종종 학교에도 가지 못했다. 10주 동안이나 가지 못한 적도 있었다. 그럼에도 한나는 언제나 반에서 최우수 학생이었다.

몸이 아플 때면 한나는 집에서 어머니와 함께 많은 시간을 보냈다. 마르타는 한나를 돌보고 함께 공부하는 것을 즐겼다. 그러나 나이가 들면서 한나 역시 어머니의 보호를 벗어나려는 시도를 한다. 심지어는 '복종하지 않고 버릇없이' 구는 일도 있었다. 딸 교육이 제대로 되고 있는지 노심초사했던 마르타는 종종 힘들고 무기력함을 느꼈다.

1917년 중반부터 마르타는 육아일기를 쓰지 않는다. 마지막 기록은 어머니와 딸의 관계가 변화했음을 보여주고 있다. 마르타는 한나가 '다루기 어렵고' '속내를 알 수 없는' 자식이 되었다고 한탄했다.

3

지식욕

"나는 이중생활의 버릇이 들었다. 하나는 지금 여기서의 생활이고, 또 하나는 장차 거기에서의 생활이다."

"황제와 황후가 물러나면 평화로워질 거야." 생활필수품 배급표가 충분하지 않기 때문에 가게 앞에서 길게 줄을 서서 기다리는 쾨니히스베르크 사람들은 그런 이야기를 들을 수 있었다. 신적인 존재인 황제와 황후가 퇴위를 한다는 것은 늘 가증스런 스웨덴 순무만 있었던 식탁에 다른 음식이 차려진 것만큼이나 상상할 수 없는 일이었다. 사람들은 전쟁이 끝나기를 바랐다. 그러나 사회민주주의자들처럼 공공연히 전쟁에 반대하는 시위를 하거나, 독일이 궁극적으로 승리를 거두리라는 사실을 의심하는 사람은 '조국을 모르는 놈'으로 간주되었다.

1918년 10월 3일 독일 정부는 미국 대통령에게 휴전을 제안했다. 제1차 세계 대전 당시 주 전쟁터가 프랑스 북부, 벨기에, 러시아였고, 독일 본토는 이렇다 할 피해가 없다시피했으며 전선에서는 늘 승전보만 들려왔기 때문에 국민들은 대부분 이 소식을 듣고 충격을 받았다. 새로운 사회민주주의 정부가 굴욕적인 강화를 도입하기 위해 전선에서 싸우는 용감한 병사들의 배후를 쳤다는 이른바 '배후 단도설Dolchstoßlegende'이 퍼졌다. 병사들은 대부분 전쟁에 지쳐 패배해도 좋다고 체념하고 있었는데도 '배후 단도설'은 오랫동안 계속되었다. 패전을 원하지 않는 사람과 전쟁을 끝내려는 사람들 사이의 갈등은 결국 혁명으로 분출되었다. 11월 4일 킬(독일의 항구도시 - 옮긴이)에서 영국 함대와 다시 한 번 해전을 치르기를 거부하는 수병들이 폭동을 일으킴으로써 혁명이 시작되었다. 수병들은 러시아를 본보기로 하여 이른바 평의회Räte를 결성했고, 몇 주 후에는 전 독일 제국으로 혁명이 퍼져나갔다. 11월 3일 휴전협정에 서명한 후 황제는 11월 9일과 10일 사이의 밤에 네덜란드로 망명했다.

킬을 비롯한 여러 도시의 소식을 접한 쾨니히스베르크에서도 노동자와 대학생들의 자발적인 집회들이 열렸다. 수많은 군중은 무엇보다도 포로들의 석방을 요구하며 군형무소를 향해 나아갔다. 그러나 무력 충돌은 일어나지 않았다. 일단의 봉기자들이 사령관인 디크후트-하라흐 장군의 집으로 몰려가자 그는 저항하지 않고 군도를 내주었다. 여러 병영들이 해체된 후 병사평의회가 선출되었고, 쾨니히스베르크성에 본부를 두었다.

■ 로자 룩셈부르크

마르타는 열광하며 이 사건에 참여했다. 역사적 사건의 증인이 되었다는 느낌을 가지며, 그녀는 같은 뜻을 지닌 친구들과 함께 열띤 토론을 벌이는 자리에 딸 한나도 데리고 갔다. 마르타는 정치 문제에 관심이 있다기보다는 살아 있는 전설이 된 공산주의자 로자 룩셈부르크에게 매혹되었다. 그녀는 감동한 어조로 한나에게 새와 꽃의 친구인 로자 룩셈부르크의 이야기를 들려주었다. 새와 꽃을 사람처럼 대하도록 주장한 로자 룩셈부르크가 감옥을 떠날 때 감옥의 교도관들이 눈물을 흘리며 그녀와 작별했다고 한다.[1]

로자 룩셈부르크의 삶은 낭만적으로 끝나지 않았다. 그녀와 그녀의 동지 카를 리프크네히트가 1919년 1월 반혁명 의용군에 의해 암살당함으로써 독일에서의 혁명은 좌절을 겪었다. 쾨니히스베르크에서도 혁명의 환영幻影은 곧 종말을 맞았다. 3월 4일 쾨니히스베르크는 '볼셰비키 공포'에서 해방되었다. 수백 명의 봉기자들이 체포되었고, 혁명 지도자들이 진을 치고 있던 성은 많은 사상자를 내며 함락되었다.

한나는 이 역사적 사건을 윤곽만 알고 있었다. 그녀는 벌써 12세였고 루이제 황후학교에 다니고 있었다. 루이제 황후학교는 줄여서 그냥 루이제 고등학교라고도 불리며, 동프로이센 최초의 여자 고등학교였다. 그러나 한나는 현실 정치에 그다지 관심이 없었다. 그녀의 지식욕은 다른 것에 가 있었다. 세상을 떠난 아버지가 남긴 광범위한 책들이 가득한 서재에서 그녀는 손에 잡히는 대로 소설, 시, 철학서 등을 탐식했고, 많은 것을 암기했다. 그녀는 이마누엘 칸트의『순수이성비판』과 독일 철학자 카를 야스퍼스의『세계관의 심리학』을 읽었다.

한나는 13세 소녀로서는 놀라울 정도로 정신적인 조숙함을 보여주었다. 훗날 그녀는 이러한 지식욕을 오히려 궁핍의 표현으로 이해한다. 19세 때 '그림자'[2]라는 제목으로 쓴 글에서 한나는 왜 자신이 지닌 재능에도 불구하고 어렸을 때 비현실적인 감각을 떠나지 못했는지를 설명하고자 시도한다. 그녀의 지식은 "고립되고 갇힌" 채로 있었고 그녀의 삶은 "자신 속에 침잠"해 있었으며, 그녀 자신은 내용 없는 "동경"에 매달렸기 때문에, 현재라는 것이 귀에 들어오지 않았다고 서술하고 있다.

1919년 초 마르타는 재혼을 결심했다. 상대는 46세의 홀아비이며 상인인 마르틴 베어발트였다. 51세가 된 마르타는 이 새로운 결혼으로 자신과 딸이 안정을 찾게 되기를 원했다. 마르틴 베어발트에게는 클라라와 에바라는 두 딸이 있었다. 클라라는 한나보다 여섯 살이 많고 에바는 다섯 살이 많았다. 1920년 여름 마르타 아렌트와 마르틴 베어발트의 결혼식이 거행되었고, 한나는 베어발트의 집으로 이사했다. 그의 집은 티어가르텐가에서 두 거리 떨어져 있는 부

졸트가에 있었다.

　마르타는 딸의 교육에 대해 엄격하고 아버지다운 손길이 미치기를 마르틴 베어발트에게 기대했지만, 곧 실망했다. 한나는 자기 고집이 있었고, 차분하고 조용한 질서를 중시하는 마르틴 베어발트는 활달하고 종종 반항적인 의붓딸을 제어할 수 없었다. 한나와 베어발트의 딸들 역시 차이가 있었다. 클라라와 에바는 얌전하고 가정적인 소녀들로 눈에 띄지 않았다. 둘 다 높은 이마에 검은 속눈썹을 가지고 있었으며, 그들의 시선은 우울한 인상을 주었다. 종종 우울병에 시달리던 클라라는 30세에 자살하고 만다.

　그에 반해 한나는 정신적인 호기심으로 번득였다. 키가 무척 크고 검은 머리에 솔직한 얼굴 표정, 크고 검은 눈을 가진 그녀는 미인이었다. 새로운 경험을 하고 싶어 하고 특별하고 "기이한 것"[3]을 열렬히 찾아나서는 그녀를 묶어둘 수 있는 것은 없었다. 그녀는 원칙적으로 베어발트의 가족 잔치에 참여하기를 거부했고, 종종 버릇없이 소동을 일으켰다. 한번은 잔치를 위해 부엌에 만들어놓은 샌드위치 한 쟁반을 거리낌없이 맛있게 다 먹어치웠다. 의붓언니들이 그것을 발견하고 화가 나서 한나에게 덤벼들자 드잡이가 벌어졌고 결국 벽시계가 바닥에 떨어져 깨지고 말았다.[4]

한나는 같이 사는 사람들에게는 편한 존재가 아니었다. 그녀는 기분 내키는 대로 거침없이 굴었다. 특히 기분이 나쁜 아침이면 기분이 좋아질 때까지 오랫동안 혼자서 잔뜩 음식을 퍼먹어야 했다. 마르타는 사랑하는 딸의 그런 변덕을 쫓아버릴 수도 없었고 또 그러려고도 하지 않았다. 반대로 고집 센 딸에게 모든 자유를 허락했고 종종 그런 어리석은 일들을 지원하기도 했다. 한나는 누구에게도 너무 일찍 아침 수업을 받으라고 요구할 수는 없다고 생각했다. 그러자 마르타는 교장을 찾아가 한나가 이른 그리스어 수업을 받지 않아도 되도록 조치했다. 그러나 한나의 학교 성적은 나빠지지 않았다. 한나는 쉽고 빠르게 배웠다. 한 과목에 열중하면 그녀의 학습욕은 수업을 능가했다. 그리하여 그녀는 이른바 '그루마흐 클럽'에 받아들여졌다. 이 클럽은 대학생 에른스트 그루마흐가 만든 것으로, 고학년 학생들은 여기서 문학과 철학에 대해 토론하고 그리스어 텍스트들을 읽었다.[5]

한나는 광범위한 독서를 통해 새로운 세계를 열어갔고, 그것은 그녀의 자의식을 높였다. 종종 그녀는 동년배의 학생들에게 우월감을 느꼈다. 그녀는 기이할 정도로 목적 없는 동경에 사로잡혀 있었다. 그녀는 「그림자」에서 다음과 같이 말한다. "어떤 특정한 것에 대한 동경이 아니라, 인생을 이룰 수 있고, 인생의 본질을 규정할 수 있는 것으로서의 동경이다."[6]

그녀에게 쾨니히스베르크의 세계는 종종 너무 좁고 고루하게 여겨졌다. 한나는 이 세계와 구분되고 싶었다. 그리고 무엇보다도 주변 세계에 충격을 줌으로써 그 구분에 성공했다. 그녀는 다섯 살 위인 에른스트 그루마흐와 철학적 대화 이상으로 가깝다는 사실을 숨기려고 하지 않았고, 그로써 쾨니히스베르크에는 작은 스캔들이 일어났다. 에른스트 그루마흐는 그녀에게 안네 멘델스존이라는 아주 비범한 소녀 이야기를 들려주었고, 한나는 어떻게든 그녀와 알고 지내기로 작정했다. 안네 멘델스존은 쾨니히스베르크 서쪽에 있는 알렌슈타인에 살고 있었는데, 그녀의 아버지는 풍기를 위반한 죄로 옥살이를 하고 있었다. 한나는 그런 사실을 알고도 아랑곳하지 않았다. 그녀는 밤중에 몰래 베어발트의 집을 빠져나와 기차를 타고 알렌슈타인으로 갔고, 창문에 돌멩이를 던져 멘델스존 가족을 깨웠다. 이렇게 하여 한나는 안네 멘델스존을 알게 되었고, 평생의 우정이 시작되었다.

한나는 반항심이 강했고, 기회가 있을 때마다 반항심을 발휘했다. 유대교 교사에게 "어떤 끔찍한 것"[7]을 보여주기 위해 수업시간에 자리에서 일어나 자기는 신을 믿지 않는다고 고백한 적도 있었다. 그러나 랍비 포겔슈타인은 이런 건방진 계집애에게 마음의 평정을 잃을 정도로 만만하지 않았다. 그는 화를 내는 것이 아니라 깜짝 놀라는 척했다. "누가 너에게 그렇게 하라고 했지?"

그러나 한나의 선생님들이 이 애먹이는 소녀에게 언제나 한결같은 참을성을 갖고 대한 것은 아니었다. 15세의 한나가 한 젊은 교사에게 모욕을 느끼고 친구들에게 수업을 보이콧하자고 부추기자 교장은 더 참을 수 없었다. 한나는 학교에서 퇴학당했고, 어머니가 아무리 항의해도 어쩔 도리가 없었다. 이제 마르타가 얼마나 무조건적인 신뢰를 갖고 딸을 지지하는지 드러났다. 그녀는 한나의 퇴학을 간단히 받아들일 생각이 없었다. 그녀는 학교와 결판을 내기 위해 모든 것을 다 동원할 생각이었다. 그러나 해결책은 보이지 않았다. 마침내 그녀는 인맥을 이용해 딸이 졸업장 없이 베를린 대학에서 몇 학기 동안 공부할 수 있도록 하는 데 성공했다.

그리하여 한나는 쾨니히스베르크 사람들이 '제국'이라 부르는 독일의 수도로 갔다. 베를린은 동프로이센이 패전한 결과로 폴란드 **회랑**(베르사유 조약에서 독일이 폴란드에 준 땅. 바다로의 출구로 단치히 항구가 있다-옮긴이)을 통해 나머지 독일과 분리되었다. 베를린에서 한나는 자신만의 작은 방을 갖고 대단히 독립적으로 살았다. 대학에서는 라틴어와 그리스어 강좌를 들었다. 그렇지만 그녀에게 지속적인 인상을 준 사람은 얼마 전 베를린 대학에서 강의를 맡기 시작한 젊은 신학자 로마노 구아르디니였다. 그는 이탈리아계 독일 학자로서 한나에게 평

■ 한나 아렌트의 친필 원고 「그림자」

생 지적 영향을 미쳤다. 그는 '교회는 영혼 속에서 깨어난다'는 표어로 제도권 교회로부터 멀어진 사람들의 관심을 끌 수 있었다. 구아르디니는 강의를 하는 것이 아니라 지식을 살아 있게 했는데, 그 점이 한나를 가장 매혹시켰다. 그는 편협한 신학자가 아니었다. 그의 사상 속에는 철학과 조형예술 그리고 특히 도스토옙스키와 릴케와 같은 시인들도 함께 들어 있었다.

한나가 베를린에서 경험과 정신적 모험에 대한 갈증을 진정시키는 동안 쾨니히스베르크에 있는 마르타는 딸이 학교를 졸업할 수 있도록 모든 수단을 다 동원했다. 그리하여 한나에게 통학생 자격이라는 가혹한 조건 아래 졸업시험아비투어을 치를 수 있는 기회가 주어졌다. 1924년 초에 한나는 자신의 학년보다 1년 일찍 시험을 치렀고 우수한 성적으로 합격했다. 인정의 표시로서 심지어 그녀에게 금메달이 수여되었다.

졸업시험과 함께 인생의 한 단락이 끝났다. 쾨니히스베르크를 떠나야 했지만 그녀의 생활 감정은 그다지 변하지 않았다. '놀라울 정도로 당연하게' 그녀는 자신의 인생을 '지금 여기와 장차 거기'로 갈라놓는 버릇이 들었다. 그녀가 영위하고 있는 생활, 학창시절, 베를린에서의 체험들, 이 모든 것은 잠정적인 것이었다. 그녀는 어떤 다른, 진정한 삶이 자신을 기다리고 있으리라고 굳게 믿었다. 한나는 시로써 그것을 기다리는 초조함과 감상적인 기분을 표현했다.

시간이 흘러가고
하루하루가 지난다
얻는 것이 있으니
단순한 생존[8]

한나는 '단순한 생존'에 만족하고 싶지 않았다. 그녀는 더 많은 것을 얻고자 했다. 그렇지만 어떤 길로 나아가야 하는가? 그 대답은 분명했다. 바로 "이해해야 한다"[9]는 충동을 계속 좇아야 하는 것이다. 그것은 그녀에게 삶과 죽음의 문제와 같았다. 그녀는 이 충동을 철학에서 가장 빨리 충족시킬 수 있다고 믿었다.

그 시대는 철학에 가장 불리하다고 생각되는 때였다. 유럽의 많은 나라들이 빈곤했고, 이제야 겨우 전쟁의 파괴에서 서서히 회복되는 중이었다. 패전한 독일은 베르사유 평화 조약에 따라 동부와 서부, 북부 지역들을 양도해야 했다. 독일은 거의 완전히 무장해제되었고 전쟁 상대국들에 거액의 배상금을 지불해야 했다. 많은 독일인들은 복수욕에 불타는 적국들에 모욕을 당한다고 느끼며, 배반 때문에 그들에게 굴복하게 되었다고 생각했다. 특히 제1차 세계 대전의 노병들은 바이마르 공화국이라고 불리는 새 공화국에 만족하려 들지 않았다. 그들 중에는 병장으로서 독일군에 복무했던 오스트리아인 아돌프 히틀러도 있었다. 그는 '독일 국가사회주의 당'이라고 불리는 무리의 선두에 서 있었고, 1923년 11월 8일에는 심복들과 함께 뮌헨에서 반란을 시도했다. 거사는 실패로 끝났다. 히틀러는 란츠베르크 요새 감옥에서 5년형을 받았고, 여기서 『나의 투쟁』이라는 책으로 자신의 신념을 주장했다. 그는 1924년 성탄절에 석방되었다.

1919년부터 독일에는 인플레이션이 시작되었고, 1922년에는 통제 불가능 상태가 되었다. 전쟁이 끝났을 때 독일의 1마르크는 10달러의 가치를 지녔으나 1922년에는 1달러가 2만 마르크가 되었다. 독일의 자금 능력은 없는 것이나 마찬가지였다. 1923년부터는 필요한 지폐를 인쇄하기 위한 인쇄기가 충분하지 않았고, 새로운 은행권을 분배하기 위해 전 화물 열차를 가동시켜야 했다. 쾨니히스베르크에서는 천억 마르크의 지폐가 유통되었다. 쾨니히스베르크의 경제가 특별히 악화된 것은 인플레이션 때문만이 아니라 전쟁이 끝났기 때문이었다. 새로운 국경선은 이전의 통상로를 차단시켰으므로, 어렵사리 새로운 거래선을 찾아야 했다. 많은 회사들은 그렇게 하는 데 실패하고 파산 신청을 했다.

마르틴 베어발트가 공동 소유하고 있는 철물회사 역시 점점 상황이 악화되었다. 에바와 클라라도 가족의 생계를 위해 일을 해야 했다. 에바는 치과 기공사가 되었고, 클라라는 약사가 되었다. 한나만이 "밥벌이가 되기는커녕 배를 쫄쫄 굶게 하는" 공부를 택하려고 했다.[10]

한나는 마르부르크에서 공부를 하고 있던 에른스트 그루마흐로부터 젊은 철학 강사의 이야기를 들었다. 그 철학 강사는 아직 중요한 저술은 없었지만 그의 강의는 모든 청중을 매혹시킨다고 했다. 그는 박식함을 어려운 말로 과시하는 것이 아니라, 오히려 그 반대로 다른 교수들이 불친절하게 이야기하는 내용들을 정말로 알기 쉽게 설명해준다고 했다. 이 강사가 바로 마르틴 하이데거였다.

한나가 하이데거에 대해 들은 이야기는 그녀의 지적 호기심을 불러일으켰다. 한나는 그에게 배우기 위해 마르부르크로 가리라는 결심을 굳혔다.

4

한나와 마법사

**"나는 사랑 속에서만 진실로 존재할 수 있다는 것을
언제나 알고 있었다."**

1924년 가을 한나 아렌트는 마르부르크로 갔다. 이 작은 도시의 생활은 전적으로 약 400년의 역사를 자랑하는 유서 깊은 대학에 의해 결정되었다. 그러나 학식 있는 사람들이 살고 있음에도 마르부르크의 분위기는 그다지 열린 분위기가 아니었다. 사람들과의 관계는 너무도 잘 보이고 또 작게 세분되어 있었다. 대학 내의 파벌이 거세었고, 강단에 선 교수들은 신처럼 군림했으며, 학생들은 대부분 "특별한 원동력 없이 우직"했다.[1]

이러한 환경에서 한나는 대단히 눈에 띄는 인물이었다. 최신 유행에 따라 사내애처럼 머리를 짧게 자르고, 우아하게 옷을 차려입고

다녔다. 종종 초록색 옷을 입고 다녔기 때문에 '초록색 여학생'이라
는 별명을 얻었다. 그녀의 성격도 주목을 끌었다. 마르부르크 대학
친구인 한스 요나스는 훗날 그녀의 '집중력'과 '목표 지향성', '본질
적인 것에 대한 추구'를 기억한다. 이 모든 것이 그녀를 "어딘가 마
법적으로" 보이게 했다.[2] 극도로 수줍은 한스 요나스는 한나의 자신
감에 감탄했지만, 그의 눈은 그 뒤에 숨어 있는 자신에 대한 회의와
불안을 간파했다.

한나는 대학 근처의 다락방에서 살았다. 그녀는 대개 혼자 있었
다. 함께 기거하는 것이라고는 자취방에 더부살이를 하는 생쥐 한
마리였다. 한나를 찾아간 손님들은 그녀가 작은 생쥐를 구멍에서 꾀
어내 먹이를 주는 모습을 볼 수 있었다.

대학에서 한나는 철학과 그리스어와 신학을 수강했다. 그러나 이
미 능통한 상태인 그리스어와 유명한 신약 성서학자 루돌프 불트만
에게 수강하는 신학은 젊은 철학 강사인 마르틴 하이데거가 그녀에
게 준 인상 때문에 뒷전으로 물러났다. 사실 그녀는 그 때문에 마르
부르크로 온 것이었다. 그녀는 곧 그에게 몸과 마음을 송두리째 바
쳤다.

하이데거는 35세였고, 그의 아버지는 슈바벤 알프스산 가장자리
에 있는 메스키르히라는 작은 고장 출신의 성당 관리인이자 술통 제
조자였다. 아버지의 뜻에 따라 그는 사제가 되려고 했으나, 후에 가
톨릭에 등을 돌리고 철학자로서의 자기 길을 갔다. 처음에는 프라
이부르크에서 현상학의 창시자인 에드문트 후설의 조교로 있었고,

■1920년 무렵의 하이데거

1923년 마르부르크로 초빙되어 왔다.

하이데거는 철학자들 사이에서 반도叛徒로 간주되었다. 그는 같은 뜻을 가진 카를 야스퍼스와 함께 그의 눈에는 파산한 것으로 보이는 강단 철학에 대항하는 "투쟁 공동체"[3]를 세우려고 했다. 하이데거와 야스퍼스는 지식을 관리하거나 세계관을 구상하는 것만을 자신의 과제로 보는 철학에 반대한 것이었다. 거기서 인간은 단지 역사적, 생물학적 혹은 심리학적 과정의 부속물로 상정되었다. 그에 반해 하이데거는 현상학자들의 표어에 따라 '사태事態 자체로zu den Sachen selbst' 향하고자 했다. 다시 말해 그는 개개인의 삶에 관여하고 파악하고 변화시키는 철학을 다시 발견하고자 한 것이다. 따라서 하이데거에게 철학적 사유란 자기를 투입함으로써만 가능한 것이었다. 학생들이 부르듯 '메스키르히의 마법사'는 강의에서 그 말이 무슨 뜻인지 보여주었다. 그가 아리스토텔레스나 플라톤을 다룰 때면 이 철학자들은 이미 지나간 시대의 인물이 아니었다. 그들의 사상은 다시 소생하여 현재의 삶의 문제들에 대해서도 엄청난 폭파력을 보여주었다.

하이데거는 청중을 매료시키는 법을 알고 있었다. 체구는 작았으나 잘생겼고 검은 머리에다 무릎을 묶는 바지에 전통복 저고리를 입고 다녔으며 겨울에는 열심히 스키를 탔다. 사람들은 그의 강의를 들으러 모여들었다. 그는 마르부르크에서 숭배의 대상이었다. 그렇지만 그의 철학하는 방식에는 위험한 면도 있었다. 하이데거의 제자인 카를 뢰비트의 말대로 "다소간 정신병 기가 있는 사람들"[4] 역시 하이데거에게 마음이 끌렸다. 그의 여자 제자 하나가 자살을 하자 사람들은 그것을 그의 영향 때문이라고 보았다.

한나 역시 하이데거의 화법에 매료되었다. 하이데거에게도 이 젊고 매력적인 여성이 눈에 띄었다. 그는 그녀와 이야기를 나누고 싶어 교수실로 초대했다. 한나는 비옷을 입고 모자를 얼굴 깊숙이 눌러 쓴 모습으로 나타나, 하이데거의 질문에 작은 소리로 '네' 또는 '아니오'라고 대답했다. 아주 일방적인 대화를 나누었는데도 선생은 이 젊은 여학생에게 대단히 매혹된 것 같다. 얼마 지나지 않아 그는 그녀에게 편지를 보냈다. 그는 아주 호의적으로 그녀의 재능에 대해 이야기하면서 그녀가 자신의 길을 가도록 도와주겠다고 썼다. 1925년 2월 10일자의 이 편지는 "친애하는 아렌트 양"으로 시작된다. 나흘 후에 벌써 또 한 장의 편지가 이어진다. 이번에는 그녀를 "사랑하는 한나"라고 부른다. 그로부터 2주 후 하이데거는 그녀에게 몇 줄의 편지를 보내는데, 여기서 두 사람의 관계가 대단히 가까워진다.

젊은 여대생과 천재 철학자와의 관계가 어려운 상황에서 전개

되었음은 상상할 수 있는 일이다. 하이데거는 기혼자였고 두 아들의 아버지였다. 처음부터 그는 한나에게 자신의 결혼과 경력을 위태롭게 하고 싶지 않다는 점을 명백히 했다. 한나는 이 게임 규칙을 받아들였다. 그래서 사람들의 눈을 피하려고 온갖 궁리를 짜내는 게임이 시작되었다. 두 사람은 창문을 열어놓는다거나 램프를 켜놓는 것과 같은 비밀 신호를 정했다. 두 연인은 비밀이 들키면 어쩌나 늘 불안했다.

하이데거는 이중 게임을 했다. 그에게 아내 엘프리데는 아마도 사람들이 사랑이라고 부르는 그런 존재는 아니었을 것이다. 그러나 그녀는 사회적으로 그의 뒷받침이 되었고, 또 괴팍스런 남편에게 자유를 허용했다. 그에 반해 한나는 "그의 평생의 열정"[5]이었다. 그러나 그의 진정한 정열은 철학이며 고독이었다. 그 고독 속에서 그는 홀로 자신의 사상을 펼칠 수 있었다.

하이데거는 자유로운 시간을 프라이부르크 근처 토트나우베르크산에 있는 나무로 만든 오두막에서 보냈다. 사람의 손길이 닿지 않은 거친 자연과 간소한 시설의 오두막은 그의 철학이 나올 수 있었던 배경이었다. 그래서 그는 훗날 대도시 베를린에서 온 초빙을 거절하게 된다. 또 자연의 아름다움을 감상하기 위해 휴가를 슈바르츠발트의 숲으로 오는 도시인들을 경멸했다. 하이데거에게 토트나우베르크의 오두막은 '작업 세계'였다. 그는 그곳 산 위에서 농부처럼 살고자 했고, 그의 사상적 작업은 거친 산의 세계처럼 거세고 단순하고 힘든 것이어야 했다. 하이데거는 이렇게 쓴다. "깊은 겨울밤

사나운 눈보라가 오두막 주위에 휘몰아치고 모든 것을 덮어 감출 때야말로 철학을 할 시간이다."[6]

그 오두막에서 하이데거는 그를 세계적으로 유명하게 만든 철학 저술을 시작했다. 그것은 『존재와 시간』이라는 기념비적 제목을 달고 1927년에 출간된다. 1,500쪽에 이르는 이 방대한 저서는 이해하기 어렵다. 그러나 그 기본 사상은 하이데거가 오두막에서 추구하고 발견한 생활 감정을 표현한 것이다. 스스로 택한 고독한 내핍 속에서 그는 모든 과잉을 거부하고, 유식한 요설로부터, "대도시의 환락"과 "신문과 잡지"로부터 멀리 떨어져 있으면서 "반드시 필요한 유일자唯一者"[7]에 대한 확고한 신념을 얻고자 했다.

반드시 필요한 유일자를 발견하기 위해서는 우리가 세상에 어떻게 존재하는가를 의식하는 것이 우선 중요하다고 하이데거는 생각한다. 하이데거에게 인간이란 사물처럼 존재하는 것이 아니다. 인간은 그냥 존재하는 것이 아니라, 거기 존재한다. 그는 이것을 '현존재'라고 부른다. 다시 말해 인간은 철저히 열려져 있는 상황으로 '던져진' 것이다. 인간의 삶은 결코 확정된 것이 아니라 자유롭다. 훗날 하이데거의 사상에 몰두한 사르트르가 말했듯이 심지어 "자유로의 저주"를 받고 있기도 하다. 그러나 수천 가지의 가능성을 지닌 게임을 하는 대신, 한 가지 가능성을 자신의 가능성으로 파악하는 것을 하이데거는 중요하다고 보았다. 사람은 스스로 어떤 삶을 살 것인지 결정해야 한다고 그는 거듭 강조한다.

하이데거에게는 이러한 결단이 본질적으로 중요했다. 마르부르크의 많은 학생들은 하이데거가 그들도 결단을 내릴 수 있는 새로운 세계관을 기획하기를 기다렸다. 그러나 그것은 오해였다. 하이데거는 이러한 결단이 고수해야 할 것에 대해 알려주기를 거부했다. 그러자 한 학생은 너무 화가 난 나머지 절망해 이렇게 부르짖었다. "나는 결단을 내렸다. 그러나 무슨 결단을 내렸는지는 모르겠다."[8] 그렇지만 삶의 규칙을 전해주거나 위안이 되는 방향 설정을 해주는 것이야말로 하이데거에게는 가장 거리가 먼 일이었다. 거꾸로 그에게는 거짓된 기대를 깨고 모호한 확실성을 파괴하는 일이 중요했다. 필요한 그 무엇인가를 모색하는 과정에서 그는 '사실상의 삶'(das faktische Leben: 하이데거는 '현사실적 삶'이라고 부른다 - 옮긴이)을 이루는 것을 다시 발견하고자 했다. 그러나 그것은 대체 어떤 종류의 사실이며, 하이데거가 인간적 '현존재'의 상을 위해 기획한 것은 무엇인가?

하이데거에게 이 현존재는 확실성과 안전성의 피난처가 아니라, 반대로 "짐"[9]이다. 그 종국에는 죽음이 기다리고 있다. 다른 사람들의 죽음이 아니라, 너의 죽음과 나의 죽음이 기다리고 있는 것이다. 하이데거는 현존재의 이러한 기본 조건을 인식하고 대처하는 것에 삶의 '본래성Eigentlichkeit'이 있다고 본다. 그러나 이러한 본래성에는 불안이 기다리고 있다. 이 불안은 어떤 특정한 것에 대한 불안이 아니라 바닥의 깊이를 알 수 없는 기본적인 불안이다. 그렇기 때문에 이러한 경험에서 도피하려는 것이 모든 인간의 자연스런 충동이 된다. 하이데거는 이러한 도피에 대해 다음과 같은 예를 든다. '염려Sorge',

말하자면 계획과 계산, 예견으로의 도피가 있고, 오락으로의 도피가 있으며, '세인世人, Man'으로의 도피가 있다. 이는 다시 말해 누구도 '그 자신'이 아니고 누구나 책임 없이 사라져버리는 공중公衆으로의 도피이다. 하이데거가 보기에 이 모든 도피 조치는 결국은 자기 자신 속에 은거하며 자기 자신에 대항하여 삶에 빗장을 지르는 쪽으로 귀착한다. 그에 반해 세계의 무게를 감당할 수 있다면, 공허에 대한 불안을 차단할 용기가 있다면, 고양된 정신을 마주해 이 위험한 현존재에서 자신을 주장할 수 있다면, 인간은 '본래적인' 방식으로 존재하게 될 것이다.

물론 하이데거는 자신의 철학이 초시대적인 분석으로 이해되기를 바랐다. 그렇지만 그의 사상은 여러 면에서 바이마르 공화국시대에 널리 퍼져 있던 분위기를 명백히 반영한다. 빌헬름 제국시대의 안정된 황금기가 끝난 후 대다수 국민들은 공화국과 친해질 수 없었다. 1920년대 중반에는 경제적인 부흥이 있었고, 로카르노 조약으로 서부 국경이 확정됨으로써 독일은 외교적 성과를 거둘 수 있었다. 그러나 이 모든 것으로 파벌과 현대 생활의 제반 현상들에 대한 깊은 회의를 제거할 수는 없었다.

구 세계는 지리멸렬해졌고, 사람들은 자신이 어디에 있는지 더 이상 알지 못했다. 오스발트 슈펭글러가 저서 『서양의 몰락』에서 진단하듯이, 깊은 위기의식과 진보의 거부, 기계 문명의 무차별주의에 대한 거부가 팽배해 있었다. 부르주아 계급의 젊은이들은 헤르만 헤세의 『데미안』과 같은 책들에 빠져들었는데, 이 책들은 고독으로의,

■ 한나 아렌트(1923년)

진정한 자신으로의 고통스런 길을 추천하며 그러한 진정한 자신이 될 때만 새로운 공동체가 생겨날 수 있다고 전했다. 막 전쟁을 경험한 사람들에게는 호락호락하지 않은 삶의 힘들과 다시 대결하기 위해 무질서한 의견과 유행들을 일소하고 싶은 욕구가 퍼져 있었다. 불투명하게 된, 오락과 임의성의 세계에서 많은 사람들은 '전선 없는 투쟁'을 하고 있는 느낌을 받았다. 바로 '전선 없는 투쟁'이라는 제목의 저서에서 카를 야스퍼스는 이렇게 말한다. "현대의 존재 질서에서 […] 사람들은 투쟁 전선들의 혼란스러움에 당황한다. […] 통일된 전선처럼 보였던 것은 방향을 바꾸어 자신에게 맞선다. 더욱이 모든 것이 온통 뒤죽박죽이며 변화무쌍하다."[10]

하이데거는 자신을 현존재의 전선들로 돌격하는 군인과 비교하며, 이 돌격은 누구의 도움 없이 혼자일 때만 감행할 수 있다고 강조한다. 하이데거가 다른 사람들에게 극히 다가가기 어려운 인상을 주고 개인적 결속을 막도록 유념했던 것은 그러한 신념 때문이었다. 그런 만큼 그가 한나 아렌트에게 열정적으로 빠진 것은 놀라운 일이다. 그러나 한나는 그 감각적 열정만을 일깨운 것은 아니었다. 그는 편지에서 그녀만큼 자신의 사상을 이해하는 이는 없다고 거듭 강조한다. 한나는 그의 좋은 정령이며, 그녀는 그의 사상에 영감을 주었다. 훗날 그는 그녀가 없었더라면 『존재와 시간』을 쓸 수 없었으리라고 고백한다.

한나는 예속적이라고 할 정도로 그에게 기울어져 있었다. 그녀는 "내 사랑으로 인해 당신이 더 힘들어져서는 안 되기 때문"[11]에, 묵묵히 순종하며 그의 은밀한 지시에 따랐다. 사랑에 있어서도 그는 선생이었고 그녀는 제자였다.

1925년 여름방학을 하이데거는 토트나우베르크의 오두막에서 보냈다. 한나는 쾨니히스베르크의 가족에게 갔다. 그곳에서 그녀는 앞에서 언급한 「그림자」를 썼다. 복잡한 이 글은 하이데거를 위해 쓰기로 한 것이지만, 왜 자신이 그에게서 떠나지 못하고 또 그러면서도 행복하지 못한가를 자신과 애인에게 설명하려는 시도로도 읽을 수 있다. 11년 후의 한 편지에서 그녀는 당시 마음의 움직임을 덜 두드러지면서도 철학적인 꾸밈을 덜어내어 이렇게 파악한다. "이미 어렸을 때부터 나는 사랑 속에서만 존재할 수 있으리라는 것을 알았다. 바로 그렇기 때문에 나는 파멸할 수 있을 정도의 불안을 갖고 있었다. 그리고 나는 내 독립성을 빼앗겼다."[12]

한나는 연상의 세상 경험 많은 선생이자 애인에게서 발판을 발견하기를 희망하며 그에게 바싹 붙어 있었다. 그렇지만 그녀가 발견한 것은 발판이 아니라 종속성이었다. 하이데거는 그녀에게 보낸 편지에서 아우구스티누스의 말 "그대가 있기를 원하네^{Volo ut sis}"를 인용한다. 그러나 한나는 이러한 관계 속에서 자신을 펼칠 수 없었다. 그러기에는 자신과 하이데거의 역할이 너무 고정되어 있었다. 하이데거는 그녀를 충실한 연인이며 자신의 저작들을 잘 이해하는 숭배자로 평가했다. 그녀는 자신의 다른 측면들을 보여주어서는 안 되었다.

한나는 하이데거와의 사랑에는 어떤 결정적인 것이 부족하다는 것을 안다기보다는 예감하고 있었다. 훗날 그녀는 그것을 "중간영역Zwischenraum"으로 일컫게 된다. 우리는 혼자서가 아니라 다른 사람과 함께할 때만 자신이 누구이며 무엇이 자신을 더불어 살고 있는 사람들과 묶어주는지를 발견할 수 있으며, 중간영역도 생겨날 수 있다. 또 그때야 비로소 기대와 확고한 신념을 통해 결정되는 대화가 아니라 불안과 유보 없이 누구나 자신을 드러낼 수 있는 대화가 이루어지는 법이다. 한나의 생각에 따르면 이러한 중간영역이 없으면 모든 사랑에는 '세계가 상실된다'. 그런 사랑은 정열에 불과하고 두 연인 사이에서 지푸라기처럼 타버린다.

한나가 그녀와 그의 철학에 대한 하이데거의 사랑이 서로 많은 관계가 있다는 것을 깨닫기까지는 여러 해가 걸린다. '세인'으로부터 등을 돌리고, 다른 사람들로부터 돌아서서 혼자서만 자기 자신을 발견할 수 있다는 하이데거의 생각은 흡사 영웅적인, 그러나 아주 고독한 신의 모습과도 같은 인간상으로 나아갔다. 한나 아렌트는 실존철학을 다루는 한 글에서 한때의 스승에 대해 이렇게 쓴다. "하이데거에게서 '퇴락頹落'으로 나타나는 인간 존재의 모든 양태는 인간이 신이 아니며 그런 인간들이 끼리끼리 함께 세상에 살고 있다는 것에 기인한다."[13]

하이데거에게 '퇴락' 즉 본래적인 삶으로부터 떨어져나가는 것을 한나는 진정한 인간적 행복으로 이해하게 된 것이다. 그녀에게는 바로 인간이 고독한 신이 아닌 것이 행복이며, 그런 인간들이 끼리끼리 함께 공동의 세계에 사는 것이 행복이다. 그 공동의 세계는 또한 서로 더불어서만 만들어낼 수 있는 것이다. 한나는 하이데거에게 한동안 묶여 있으면서, 그녀 말대로 '충실'한다. 또 하이데거에 대한 철학적 답을 찾고자 시도한다.

1925년 여름 한나 아렌트는 한 학기 동안 에드문트 후설에게서 공부하기 위해 프라이부르크로 간다. 그녀는 이제 마르부르크로 돌아오지 않는다. 그녀는 하이델베르크로 가려고 했다. 하이데거가 그렇게 하라고 충고했기 때문이다. 그녀는 그곳 대학에서 하이데거의 친구인 카를 야스퍼스에게서 박사학위를 딸 예정이었다. 24년 후 한나는 자신이 마르부르크를 떠난 것은 오로지 하이데거 때문이었다고 그에게 고백한다.[14]

한나에게 마르부르크를 떠나는 것은 억지로 하이데거에게서 벗어나려는 시도였다. 그렇지만 내면적으로는 오랫동안 그에게서 떨어지지 않는다.

5

헌신과 이성

"당신이 내게 보여준 길은 평생 가야 하는 길이었습니다."

1920년대의 한 유명한 대중가수는 쉽게 마음을 빼앗길 수 있는 아름다운 하이델베르크를 이렇게 노래했다. "하이델베르크에 내 마음을 빼앗겼네, 온화한 여름밤에/ 송두리째 사랑에 빠졌네, 장미꽃처럼 그녀의 입술이 미소지었네!/ 성문 앞에서 작별의 입맞춤을 할 때/ 하이델베르크에 내 마음을 빼앗긴 걸 알았네/ 네카강변에서 내 심장이 두근거렸네."

이 말은 한나에게는 해당되지 않았다. 그녀의 마음은 마르부르크에 있었다. 그녀는 마르틴 하이데거말고는 어떤 남자도 다시 사랑하지 않겠다고 굳게 결심했다. 아마 그녀는 일부러 하이델베르크의 새 주소를 그에게 알려주지 않았을 것이다.

그러나 하이데거에게 공간적 거리는 두 사람의 관계를 계속하지 않을 이유가 못 되었다. 그는 한나와 다시 접촉하고자 시도했다. 마침내 그는 하이델베르크로 간 한스 요나스를 통해 그녀의 주소를 알아내는 데 성공했다. 그는 그녀에게 편지를 썼고, 한나도 답장을 했다. 1926년 3월 말 하이데거는 한나에게 만나자고 제안했다. 그는 스위스로 여행을 가서 작은 고장에 머물 계획을 세웠다. 그는 한나가 그곳 역에서 자신을 기다리고 있기를 원했다. 준비가 되면 그에게 누구나 보낼 수 있는 그런 안부 그림엽서를 보내라고 했다. 한나는 준비가 되었다. 그리고 다시 여러 번 그런 식으로 몰래 만나기에 이른다.

한나는 자신이 하이데거의 영향에서 벗어나지 못하면 독자성을 완전히 상실할 것을 알고 있었다. 물론 마르부르크에서 다시 편지가 오면 그녀의 이런 결심은 사라지고 말았다. 언젠가는 만남을 청하는 하이데거의 편지를 받고 오랫동안 계획했던 여행을 부랴부랴 중단한 적도 있었다.

한나는 상대가 없어 벽 가에 앉아 있는 벽의 꽃이 아니었다. 그녀는 즐겨 사람들과 자리를 같이 했고, 또 빨리 사람을 사귀었다. 그러나 그녀는 그 누구에게도 전혀 마음을 맡길 수 없었다. 몇 년이 지난 후, 그녀는 자신을 완전히 이해한다고 느끼는 여자 친구를 발견하게 되었는데, 유감스럽게도 그 친구는 100년 전에 이미 죽은 사람이었다. 바로 18세기에서 19세기로 넘어가는 시대에 살았던 독일계 유대인 라헬 파른하겐이었다.

한나는 그녀의 편지를 읽고 그녀에 대한 책을 쓰게 된다. 라헬의 운명은 그녀 자신의 발전과 하이데거에 대한 사랑을 이해하고 묘사하기 위한 본보기가 되었다. 한나는 라헬을 아름답지는 않지만 똑똑한 여자로, 세상에서 자리를 찾기 위해 절망적인 시도를 하지만 유대인이라는 혈통 때문에 그 자리를 거부당하는 여자로 묘사한다. 라헬은 핑켄슈타인 백작과 결혼을 시도한다. 그렇게 함으로써 "눈에 보이고 알려지는"[1] 존재가 되기를 바란다. 그것은 그녀가 기대한 일종의 결혼 선물이다. 그렇지만 백작은 라헬을 버리고 그의 신분과 가문의 기대에 따른다. 라헬에게는 세상이 무너져버린 것이다. 그녀는 결코 다시는 그런 식의 사랑에 자신을 걸지 않으리라 맹세한다. 결코 다시는 누군가에게 자신을 열지 않을 것이며, 결코 다시는 다치지 않으리라 작정한다. 다만 기다리고자 한다. 라헬은 자신의 아픔에 몰두한다. 한나 아렌트는 거기서도 위험을 본다. 라헬은 거의 즐기다시피 슬픔 속에 뛰어들어 모든 미래와 희망을 버린다. 세상에 대한 그녀의 과도한 실망은 동시에 장점이 되기도 한다. 그녀는 더 이상 세상과 관계를 가질 필요가 없다. 한나는 비판적으로 쓴다. "희망 없는 절망이 자신을 훤히 알고, 어떤 경험도 그녀를 불안하게 하지 않는다."[2]

하이델베르크 시절 초기에 한나는 아직 자신과 이런 거리를 갖지 않았다. 그녀는 조심조심 하이데거의 그림자를 떨쳐버리려고 애쓰면서, 동시에 아무도 자신에게 접근하지 않도록 신경을 썼다. 그녀는 라헬 파른하겐처럼 지냈다. 그녀는 사람들과 어울려 모든 사람들과 온갖 것에 대해 이야기를 나누었지만 "사람들은 그녀에 관해 아무것도 알지 못한 채, 그 자리를 떴다."[3]

한나는 하이델베르크에서 많은 친구들을 사귀었고, 또 좀 더 가까운 관계를 맺기도 했다. 에르빈 뢰벤존이라는 이름의 한 남학생과는 잠시 연애를 하기도 했다. 한 다과모임에서 그녀는 역시 야스퍼스에게서 공부를 하고 있는 베노 폰 비제를 알게 되었다. 그는 훗날 문예학자로서 이름을 얻게 된다. 두 사람은 친구가 되었고 심지어는 결혼 얘기까지 있었다. 세 살 위인 폰 비제는 한나에게 매혹되었다. 특히 그녀의 눈에서 풍기는 '암시적인 힘'에 깊은 인상을 받았다. 그는 훗날 비망록에서 "그 눈을 보면 빠져들 수밖에 없었고, 두 번 다시 헤어나지 못할까 봐 두려움이 일었다"[4]고 회상한다. 그에게는 한나가 '여성 참정권론자'가 되려고 하지 않는 점도 마음에 들었다. 폰 비제에 따르면 한나는 사람의 마음을 잘 이해했고, 심지어는 종종 '소녀 같은 감상'에 빠지기도 했다. 그에 반해 한나의 '정확한 지성'과 자기 자신을 주장하려는 충동은 그의 마음에 거슬리는 측면이었다. 베노 폰 비제는 한나와 하이데거의 관계를 전혀 알지 못했다. 알았더라면 좀 더 신중한 판단을 내렸을 것이다. "그런데도 그녀는 자신이 당신이라 부르는 남성에게 완전히 헌신할 수 없었다. 왜냐하면 그녀는 자신의 뜻과는 달리 늘 지배하는 입장에 서야 했기 때문이다."

그래서 폰 비제는 한나의 곁에 있을 때면 종종 "열등감"을 느꼈다. 아마도 그 때문에 그는 한나와 부부가 되지 않았으리라.

■하이델베르크

　한나의 견해는 달랐다. 베노 폰 비제와의 관계로써 그녀는 바로 '당신이라 부르는 남성' 즉 하이데거에 대한 '완전한 헌신'에서 빠져 나오고 싶었다. 그녀에게는 자신을 지키는 동시에 다른 사람에 대한 사랑을 지키는 일이 중요했다. 훗날 남편이 된 하인리히 블뤼허에게 보낸 편지에서 그녀는 이렇게 쓴다. "나를 차갑다고 말하는 사람들의 사랑에서 나는 언제나 속으로 당신들은 그것이 내게 얼마나 위험한 일인지 짐작하느냐고 묻습니다."[5]

하이델베르크는 많은 점에서 마르부르크와 반대였다. 네카강변의 이 낭만적인 도시는 세계에 더 열려 있었고 자유주의적이었다. 오래 된 하이델베르크 대학은 막 뒤늦은 꽃을 피우고 있었다. 예를 들어 사회학자 알프레트 베버, 고고학자 루트비히 쿠르티우스, 독문학자 프리드리히 군돌프, 특히 카를 야스퍼스와 같이 독일에서 가장 저명한 학자들이 이 대학에서 가르치고 있었다. 또 마르부르크처럼 도당주의가 지배하고 있지도 않았다. 전문가들 사이에 싸움이 일어난다 해도, 사람들은 1920년에 세상을 떠난 유명한 사회학자인 막스 베버의 아내 마리아네 베버의 집에서 모였다. 베버 부인의 집은 일종의 살롱이었다.

하이델베르크 대학의 학생들은 대부분 완전히 비정치적이었다. 특히 철학이 그랬다. 정치적 투기장은 천박한 것으로 간주되었다. 그래서 이 투기장에 새로운 세력들이 등장하는 것을 괘념치 않았다. 1926년 정치계에 들어간 졸업생 하나가 하이델베르크로 왔다. 문학박사 요제프 괴벨스였다. 그는 200명의 청중 앞에서 강연을 했다. 1927년 8월 「하이델베르크 최신 뉴스」는 아돌프 히틀러가 처음으로 하이델베르크에 나타났다고 보도했다. 그는 '국가사회주의란 무엇인가?'라는 주제로 연설했다. 그의 강연에는 3,500명의 인파가 각지에서 모여들었다. 그렇지만 국가사회주의자들은 아직 정치적으로 아무런 역할을 하지 못했다. 하이델베르크 나치 돌격대의 규칙적인 모집 행진에서 25명 이상의 나치당원을 볼 수 있는 것은 드문 일이었다.

한나 역시 정치에 관심이 없었다. 그녀는 학업을 끝내고 싶었다. 말하자면 그래서 하이데거는 그녀를 카를 야스퍼스에게 보냈던 것이다. 하이데거와 야스퍼스는 친구였고, 여전히 철학적 '투쟁 공동체'로 묶여 있다고 느꼈다. 그러나 한나는 곧 두 스승 사이에는 큰 차이가 있음을 알게 되었다. 그녀에게 하이데거가 숭배하는 천재였다면, 야스퍼스는 존경을 요구하는 아버지의 모습이었다. 누군가 그녀를 '이성理性으로 향하도록' 교육하는 데 성공했다면, 그것은 한나 아렌트가 수십 년 후에 고백하듯이 야스퍼스였다.[6]

야스퍼스는 대단히 비전형적인 철학 교수였다. 북독일의 프리슬란트에서 태어난 그는 스스로도 언젠가 자신을 "북독일의 얼간이"라고 일컬었다. 그는 원래 의학을 공부했는데, 전공인 정신병학과 심리학에서도 교수가 될 정도로 성공했다. 1921년 38세의 나이가 되어서야 그는 하이델베르크에서 철학 강의 자리를 얻었다. 야스퍼스가 어릴 때부터 중병을 앓고 있었음을 생각하면 이러한 경력은 더욱 괄목할 만하다. 18세 때 선천성 심장 및 폐 질환을 앓았고, 10년 정도 더 살 수 있다는 진단을 받았다. 그는 그 10년을 넘어서 살아남았지만 그의 병은 다모클레스의 칼처럼 늘 그의 머리 위에 드리워져 있었다. 기력을 잘게 나누어 극도의 규율에 맞추어 살아야만 그는 자신의 일상생활을 극복할 수 있었다.

야스퍼스는 하이델베르크에서 지내기가 쉽지 않았다. 여러 동료들은 늦게 철학자가 된 그를 인정하려 들지 않았다. 그러나 대학생들은 그런 것에는 아랑곳하지 않고 모든 학부에서 그의 강의를 들으러 몰려왔다. 베노 폰 비제의 회상에 따르면 야스퍼스는 준비된 강의를 하는 것이 아니라, 강의 중에 그의 사상이 생겨나는 듯한 인상을 주었다. 야스퍼스는 정식화된 지식을 전달하려 하지 않았고 학생들이 스스로 생각하도록 이끌고자 했다. 그래서 그가 칸트나 헤겔 또는 니체를 다루는 것이 아니라 뮌헨의 무정부주의 철학자 카를 발렌틴을 다루는 일이 일어날 수 있었다.[7]

한나는 야스퍼스에게서 전에는 알지 못하던 것을 배웠다. 그것은 가차 없는 이성 또는 개방성이라 부를 수 있다. 사람들과 사귀면서 이제까지 늘 한나는 일말의 거리감을 지켜왔다. 언제나 그녀 내면의 한 구석에는 다른 사람들이 접근할 수 없고 다른 사람들로부터 자신을 분리시키는 것이 있었다. 그런데 야스퍼스는 자신의 사상을 가능한 한 명료하고 분명하게 또한 어떤 유보 사항 없이 표현하고자 시도했다. 그는 마음을 열었고 대화 상대도 그렇게 하기를 기대했다. 물론 이러한 태도는 자신을 여는 용기와 상대가 이런 개방성을 오용하는 것이 아니라 그것에 응답하리라는 신뢰가 있을 때에만 가능한 것이었다. 그럴 때에만 야스퍼스가 말했듯이 "의사소통"은 "우리 모두가 만날 수 있는 공간"이 될 것이다.[8]

한나에게 이러한 입장은 계시와도 같았다. 이제까지 그녀는 당연히 폐쇄된 내면성 속에서만 자기 자신을 발견할 수 있다고 생각해 왔다. 그런데 이제 그녀는 자신에 대해 뭔가를 경험하기 위해서는 외부로 발을 들여놓고 자신을 표현하며 또한 자신을 맡겨야 한다는 것을 알게 되었다. 그녀는 『인간의 조건』(독일어판 제목: "비타 악티바 또는 활동적 삶에 대하여")에서 이렇게 말한다. "누군가^{Jemand}로서 타인과 함께하며^{im Miteinander} 자신을 드러낼 위험을 감수할 수 있는 자는 자신과 같은 부류의 사람들과 함께하고 자신이 누구인지를 밝히며 원래의 타자성^{Fremdheit}을 [⋯] 포기할 각오가 되어 있는 사람이다."⁹

물론 하루 아침에 자신의 껍데기를 벗어버릴 수는 없었다. 그녀는 어린 시절의 불안들을 간단하게 떨쳐버릴 수 없었고 또 하이데거에 대한 사랑을 끝낼 수도 없었다. 그러나 야스퍼스의 영향을 받아 점차 자신에게 사로잡혀 있는 상태로부터 빠져나오는 길을 찾았다.

지금까지 그녀가 완전히 '순진'하고 정치에 관심이 없었다면, 이제 그녀는 자신을 바깥에서도 보기 시작했다. 이 말은 자신을 유대인으로 인식하기 시작했다는 뜻도 된다. 그녀의 이런 변화에는 다른 스승의 힘도 있었다. 독일 시온주의(통일국가를 만들기 위해 유대인을 팔레스타인으로 복귀시키려는 유대 민족운동 – 옮긴이) 운동의 지도자 쿠르트 블루멘펠트였다.

한나는 블루멘펠트의 하이델베르크 강연 때문에 그를 알게 되었다. 블루멘펠트를 초대한 사람은 한스 요나스였으나, 요나스가 너무도 수줍어하여 강연을 조직하는 데 약간의 어려움이 있었다. 그래서 한나가 협의를 끝내야 했던 것이다. 강연이 끝난 후 한나와 블루멘펠트는 팔짱을 끼고 하이델베르크의 밤거리를 거닐었다. 요나스는 그들 뒤를 어슬렁거리며 따라갔다. 한나와 블루멘펠트는 당장 서로 호감을 느꼈다. 블루멘펠트는 "그녀의 본질이 주는 매력"¹⁰에 끌렸고, 한나에게 그는 '독특한' 남자였다. 그녀는 아주 스스럼없고 사심 없이 여자를 사랑하는 모든 남자를 그렇게 불렀다. 그들은 노래하고 웃고 그리스 시를 읊조렸다. 블루멘펠트 역시 쾨니히스베르크에서 왔고, 한나의 할아버지 막스 아렌트와 격하게 논쟁을 벌인 적이 있었다. 한나는 42세의 블루멘펠트를 '숙부'라고 부르며 그가 '옛날 고리짝' 견해를 갖고 있다고 놀려댔다. 한나는 블루멘펠트의 모든 견해에 동의하지는 않았지만, 그는 그녀에게 이른바 '유대인 문제'의 범위가 얼마나 넓은 것인지 눈을 뜨게 해주었다.

■ 쿠르트 블루멘펠트

　'유대인 문제'는 모든 나라에 흩어져 있는 유대인들이 다시 근원의 땅, 팔레스타인으로 돌아갈 수 있을 것인가, 그 방법은 무엇인가 하는 문제와 밀접하게 관련되어 있었다. 유대인들 사이에는 서기 70년 로마인들에 의해 예루살렘이 정복당해 타버린 이후 선조들의 땅으로 돌아가고픈 마음이 늘 살아 있었다. 그러나 시온주의 정치 운동이 생긴 것은 19세기 말 차르 치하의 러시아에서 발생한 유대인 박해에서 비롯되었다. 1897년 바젤에서 열린 첫 번째 시온주의자 회의에서 테오도르 헤르츨은 시온주의 운동의 우선적인 목적,

즉 유대인 국가의 수립을 선포했다. 그렇지만 그것은 실천적인 전환이 완전히 불투명한 요구였다.

제1차 세계 대전 말까지 팔레스타인은 오스만 제국의 영토였고, 1922년에는 아랍 동맹국의 도움으로 오스만 제국을 물리친 영국의 손에 떨어졌다. 팔레스타인은 영국의 위임통치를 받았다. 영국인들은 시온주의 운동을 지원하는 동시에 그들이 독립성을 인정한 아랍 동맹국들에게 약속을 지켰다. 1917년의 유명한 '밸푸어 선언'에서 이미 영국인들은 '유대인 국민 주거지'의 건설을 촉진하겠노라고 약속했다. 그렇지만 이러한 약속에는 '그곳에 살고 있는 비유대인 공동체의 시민적 종교적 권리를 손상시킬 수 있는' 어떤 일도 일어나서는 안 된다는 점이 분명하게 덧붙여져 있었다. 게다가 '주거지'라는 단어가 독자적인 국가를 의미하는지도 확실하지 않았다. 또 아랍 주민들의 권리를 어떻게 보호해야 하는지도 불명확했다. 이러한 불명확성과 모순성들이 다음 몇십 년 동안 유대인과 아랍인들 사이의 적대감과 폭력의 원천이 되었다.

쿠르트 블루멘펠트는 '後동화 시온주의'를 주장했다. 다시 말해 그는 非유대적 환경에서 자랐기에 정체성이 분열되어 있으나, 아직 근본 문화에 소속감을 느끼고 있는 유대인들에게 호소하고자 했다. 블루멘펠트에게 시온주의는 다시 의식적으로 유대인이 되고 공개적이며 당당하게 유대인 고유의 운명을 고백할 수 있는 길을 의미했다.

한나에게 이 주장은 고려의 대상이 될 수 없었다. 유대 민족주의는 다른 모든 민족주의와 마찬가지로 새로운 불행의 싹을 내포하고 있다고 생각했기 때문이다. 그러나 블루멘펠트의 강령은 그녀에게도 적절한 문제들을 제기했다. 한나는 자신을 대체 무엇으로 이해하고 있는가? 야스퍼스가 그녀를 설득하려 했듯이 독일인인가? 한나는 독일 문화와 언어에 대해서는 혜택을 받았다고 느꼈지만, 독일 민족에 대해서는 그렇지 않았다. 하지만 그녀는 어떤 의미에서 유대인인가? 한나는 의심할 여지없이 유대인 가정에서 태어났다. 그렇지만 괴테와 칸트, 마르셀 프루스트의 책들을 읽으면서 자란 그녀는 유대인의 문화적 유산과는 아무런 관련이 없었다. 그런데도 그녀는 자신에게 낯선 유대 민족의 일원임을 고백해야 하는가? 아니면 많은 유대인들처럼 유대인임을 부정하고 독일인이라고 주장해야 하는가?

한나는 이제 그러한 문제들에 골몰하기 시작했다. 그러나 우선은 자신의 학업을 끝내고 야스퍼스 밑에서 박사 논문을 쓰는 것이 중요했다. 그녀는 '아우구스티누스의 사랑의 개념'을 주제로 논문을 쓰기로 그와 의견을 모았다. 한나가 학문을 표방하면서 개인적인 관심을 나타낼 수 있는 주제를 고르는 것은 이번이 처음은 아니게 될 것이다. 그녀는 야스퍼스에게서 "경험을 통해 알게 된 것"에서 출발해 역사를 이해하는 법을 배웠다.[11] 사랑에 대해서라면 벌써 약간은 알고 있다고 생각했고, 더 많은 것을 경험하고 싶었다. 그녀가 하이데거의 철학에는 전혀 나타나지 않는 현상을 연구한 것은 우연이 아니었다. 사실 한나의 대단히 추상적인 글에서 우리는 그녀가 마치 하이데거에게 없는 것을 추구하고 있는 듯한 인상을 받는다. 예를 들어 그녀는 상당히 자유롭게 아우구스티누스에 따라 '욕망하는' 사랑과 '추억하는' 사랑을 구별한다. 1963년 박사 논문을 다시 한 번 손질할 때 그녀는 다음과 같은 구절을 덧붙인다. "죽음의 공포와 삶의 불충분함이 욕망의 근원이다. 그에 반해 다른 한편으로 삶을 선사받은 데 대한 고마워하는 마음은 [⋯] 추억의 근원이다. 사람들은 곤궁한 가운데에서조차 삶을 평가한다. 궁극적으로 죽음의 공포를 완화시키는 것은 희망이나 욕망이 아니라 추억과 감사하는 마음이다."[12]

박사 논문에서는 아직 그녀의 사유가 그렇게 명료하지 않았다. 아무튼 이 논문은 분류하기가 어려웠고, 지도 교수였던 야스퍼스는 약간 당황하여 이 논문이 "사유의 존재론적 근원을 얻고자" 추구한다고 평가하면서 세 번째로 좋은 점수를 주었다.[13]

1928년 말 한나는 22세의 나이로 '철학 박사'가 되었다. 이제 어떤 직업을 선택해야 하는지의 문제가 다가왔다. 별 뚜렷한 생각은 없었다. 대학에서 경력을 쌓으라는 제안이 들어왔지만, 그것은 그다지 매력적이지 않았다. 한나는 장기간 계획을 세우는 스타일은 아니었다. 그녀는 대부분 자신이 몰두하고 싶고 대결하고 싶은 특정 이념들에 끌려다녔다. 그러한 이념은 이제 라헬 파른하겐에 대한 책으로 나타났다. 한나는 베를린으로 가서 그 책을 쓰고 싶었지만 경제적인 도움 없이 가능한 일은 아니었다. 가족으로부터는 더 이상 지원을 기대할 수 없었다. 그래서 그녀는 장학금을 신청하려고 스승 야스퍼스에게 추천서를 부탁했다. 야스퍼스는 그 이상의 일을 해주었고 한나를 위해 하이데거에게도 문의했다. 야스퍼스는 두 사람의 관계에 대해 전혀 모르고 있었으며, 하이데거가 한나와의 관계를 다소간 외교적으로 끝내려는 참이라는 것도 당연히 몰랐다.

그동안 하이데거는 철학자로서 성공을 거두고 있었다. 『존재와 시간』이 출간되었고, 에드문트 후설의 후임으로 프라이부르크 대학에 초빙되었다.

그는 한나와의 관계를 끝내야 할 시점이 되었다고 생각하는 것이 분명했다. 아무튼 그녀의 편지들은 그것을 추론하게 한다. 한나는 "이제 당신이 오지 않으리라는 사실을 이해하고 있습니다"라고 쓴다. 한나는 깊은 절망으로 빠져들어갔다. 한 극적인 편지에 그녀의 이런 감정이 잘 나타나 있다. "당신에 대한 사랑을 잃는다면 나는 살 권리를 잃을 것입니다." 이런 구절도 보인다. "당신이 내게 보여주는 길은 내가 생각한 것보다 더 길고 힘이 듭니다. 그것은 평생을 요구하는 길입니다."[14]

하이데거는 한나를 위해 대단히 호의적인 추천서를 써주었고, 한나는 독일 학술연구 보조단체로부터 장학금을 얻었다. 이 장학금은 한나가 생활을 꾸려나가는 데 중요했다. 사람들이 '황금의 1920년대'라고 부르듯 상대적인 안정과 경제적 확실성이 유지되던 몇 년이 지나갔다. 경제공황이 문턱에 와 있었고 독일은 큰 빈곤과 대량 실업의 상태로 내던져지게 되었다. 도처에서 비참한 모습이 그려진 현수막이 나타났다. 그 아래에는 "우리의 마지막 희망, 히틀러"라는 글귀가 쓰여 있었다.

6

독일과의 작별

"그런 무리하고는 조금도 연을 맺지 않으리라."

1929년 6월 중순에 카를 야스퍼스는 포츠담 근처 노이바벨스베르크에 있는 한나 아렌트로부터 4주 전에 결혼했다는 소식을 전하는 편지 한 통을 받았다. 야스퍼스는 이미 베노 폰 비제로부터 그 소식을 들어 알고 있었다. 폰 비제는 한나와 마찬가지로 겨울부터 베를린에서 살면서 계속 그녀와 연락을 취하고 있었다.

한나의 남편이 된 사람은 귄터 슈테른이었다. 두 사람은 이미 마르부르크 대학에서 함께 공부할 때부터 알고 지냈다. 그 후 오랫동안 서로 소식을 듣지 못하다가 베를린에서 열린 새해 무도회에서 우연히 만났다. 그리고 한나가 감기로 자리에 누워 있을 때 슈테른은 감동적으로 그녀를 보살폈다. 그후 곧 한나는 그의 집으로 이사했다.

권터 슈테른은 한나와 마찬가지로 완전히 동화된 유대인 가정에서 태어났다. 그의 아버지와 어머니는 아동 심리학 저작으로 학계에 이름을 떨치고 있었다. 종종 베를린에 있는 딸을 보러오는 한나의 어머니는 이 유명한 부모 때문에 사위를 대단히 자랑스럽게 여겼다.

그러나 부모의 명성은 권터 슈테른에게 별 도움이 되지 않았다. 이 시기 대부분의 지식인들이 그렇듯 그의 미래 전망도 그다지 장밋빛으로는 보이지 않았다. "아니, 학자시라구요? 그럼 뭘 먹고사시나요?" 이 말은 베를린 사람들이 좋아하는 농담조 질문이다.

권터 슈테른은 대학에서 자리를 잡기를 희망했다. 베를린에서는 그럴 기회가 좋지 않았으나, 프랑크푸르트에서는 가능했다. 시험 강의를 한 후 그는 교수 자격 논문을 쓰라는 권유를 받았다. 이를 위해 그와 한나는 하이델베르크로 갔다가 다음에는 프랑크푸르트로 갔다. 1931년 말 권터 슈테른은 논문을 끝냈고, 프랑크푸르트에서 심사 결정을 기다렸다. 그러나 실망스럽게도 논문은 통과되지 않았다. 이후 이른바 프랑크푸르트 학파의 일원이 된 철학자 테오도르 비젠그룬트 아도르노의 이의 제기가 결정적이었다.[•]

대학에서 경력을 쌓아가려는 계획이 좌절된 후 권터 슈테른은

[•] 이 일이 있은 후에 아렌트는 아도르노에 대해 "그는 우리집에 발도 못붙이게 하겠다Der kommt uns nicht ins Haus", 즉 '그와는 끝이다'라고 말했다고 한다. 이후 발터 벤야민의 유고를 출판하는 일과 관련해서도 두 사람 사이에 불협화음이 생겼고 아도르노가 하이데거를 비판하는 『본래성의 은어Jargon der Eigentlichkeit』를 발표했을 때도 아도르노에 대한 반감이 커지는 등 아렌트와 아도르노의 관계는 계속 불편했다. - 옮긴이

한나와 함께 베를린으로 돌아갔다. 그들은 할렌제구區에 있는 '대형 스튜디오'에서 임시 거처를 마련했다. 그곳엔 현대 조각물들이 잔뜩 세워져 있었다. 물론 그들은 이곳을 잠자는 데에만 이용할 수 있었다. 말하자면 낮에는 무용학교의 공간이었던 것이다.

어떤 식으로든 돈을 벌어야 했기 때문에 귄터 슈테른은 베르톨트 브레히트의 중재로 일간지 「베를리너 뵈르젠-쿠리어Berliner Börsen-Courier」의 문예란에 글을 쓰기 시작했다. 저널리스트로서 귄터 슈테른은 성공을 거두었다. 그는 연극 비평에서부터 '잡다한 소식'에 이르기까지 가능한 모든 것에 대해 글을 썼다. 당시 그와 같은 이름을 가진 여러 동료들이 있었다. 문예부 부장 헤르베르트 예링은 어느 날 기사의 절반이 '슈테른'이라는 이름으로 서명된 것에 주목했다. 그러자 귄터 슈테른은 자기를 달리 불러 달라고 제안했다. 그리하여 예링은 글자 그대로 그를 '달리' 불렀다. 귄터 슈테른은 그때부터 귄터 안더스(Anders는 달리, 다르게라는 뜻이다-옮긴이)가 된 것이다.

1920년대 말에서 1930년대 초 베를린에서의 생활은 화산 위에서 춤추는 격으로 무모한 생활이었다. 베를린은 여전히 세계적인 감각을 지닌 비등하는 거대도시였다. 수많은 극장, 연주회장, 카바레, 바, 카페에서 문화 생활과 밤의 생활이 꽃피어 났다. 사람들은 최신 버라이어티 공연물을 찾아 '스칼라'나 '빈터가르텐'으로 몰려갔다. 꿈의 공장 우파 영화회사(1918년에 창립된 독일 최대의 영화회사-옮긴이)에서는 프리츠 랑과 에른스트 루비취와 같은 감독들이 독일 무성영화를 세계적인 명성을 얻도록 이끌었으며, 막 유성영화를 제작하기 시작한 참이었다. 에밀 야닝스, 마를레네 디트리히, 그레타 가르보 또는 한스 알버스와 같은 영화 스타들은 관객들을 매혹했다. '쉬프바우담 극장'에서는 젊은 베르톨트 브레히트가 「서푼짜리 오페라」로 센세이션을 일으켰고, 의사이자 작가인 알프레트 되블린은 소설『베를린 알렉산더 광장』을 출판했다.

그러나 이 세계도시의 광채와 영광은 점점 사회문제들로 그림자가 드리워져 갔다. 1932년 독일의 실업자는 700만에 이르

■ 귄터 슈테른(안더스)와 한나 아렌트 부부

러 정점에 달했다. 베를린에서만도 65만 2,000명의 사람들이 세 식구 기준 일주일에 16마르크 50페니히의 지원금으로 살아가야 했다. 날마다 평균 7명이 절망감에 빠져 자살했다.

경제적 어려움이 커지면서 극좌와 극우 정당들이 인기를 끌었다. 1932년 11월 6일 실시된 제국의회 선거에서 공산주의자들은 독일 수도권 투표권자의 37퍼센트 이상을 얻었고, 국가사회주의자나치들은 26퍼센트를 얻었다. 대통령 힌덴부르크와 수상 프란츠 폰 파펜은 어떻게 히틀러를 정부로 끌어들일지 숙고하기 시작했다. 그들은

■ 라헬 파른하겐

이 떠오르는 사람을 잠시 자신들의 목적을 위해 묶어놓을 수 있을 것이라고 생각했다. 그러나 그것은 치명적인 오판이었다. 그런데도 그들은 히틀러가 1933년 1월 30일 수상으로 지명되었을 때에도 여전히 그 오판을 고집하고 있었다.

한나와 남편 귄터 안더스는 한푼이라도 벌어야 할 사람들 가운데 하나였다. 어쨌든 그들은 자신들의 거처를 마련했다. 그것은 한나가 야스퍼스에게 자랑스럽게 써보낸 것처럼 "누추하지는 않았다."[1] 그들의 집은 브라이텐바흐 광장 옆의 예술가 마을 가장자리에 있는 오피츠가街에 있었는데, 200마르크의 장학금으로는 집세를 내기에도 부족했다. 한나는 몇 푼이라도 벌기 위해 신문에 글을 쓰면서 라헬 파른하겐에 대한 책을 집필했다.

그녀가 라헬에게 매혹당한 것은 라헬이 덕이 있고 잘못이 없었기 때문이 아니었다. 라헬은 사회에서 받아들여지고 싶은 야심에서 종종 그릇된 길을 택했고 궁지에 빠졌다. 한나가 자신과 정신적으로 유사한 라헬 파른하겐에게 그렇게 감명을 받았던 것은 그녀가 "특별할 정도로 가차 없이 그리고 전혀 거짓 없이 모든 것을 자기 자신에게 시험"해 보았다는 점이었다. 라헬은 "우산 없이 소나기를 맞듯이" 인생을 맞기를 원했다.[2] 그토록 가차 없이 자신에게 솔직하고자 했기 때문에 라헬은 명쾌한 통찰에 도달했다. 한나는 이렇게 쓴다. "그녀는 '세계를 자신 속에 품고 있다'고 자만하는 순수한 내면성이 몰락해가는 것을 배웠다. […] 살고자 한다면 그녀는 자신의 존재가 느껴지게 하고 자신을 드러내는 법을 배워야 했다. […] 그녀는 자신의 독창성을 포기하고, 사람들과 더불어 사는 사람이 되어야 했다."[3]

라헬은 자신의 특수성에 대해 우스꽝스런 자부심을 벗어던졌기 때문에 유대인으로서의 운명 역시 개인적인 문제로 파악하지 않았다. 그녀는 자신이 유대인이라는 사실에서 '빠져나올 수 없음'을 통찰했다. 따라서 그녀가 유대인으로서 취할 수 있는 입장에는 두 가지 가능성밖에 없었다. 이러한 가능성을 서술하기 위해 한나는 프랑스의 유대계 저널리스트인 베르나르 라자르의 '파리아(Paria: 국외자를 뜻하며 동화되지 못한 유대인을 가리킨다. 이런 파리아 가운데 자신의 정치적 지위에 대해 자각하고 정치적 역할을 의식하게 된 자를 아렌트는 의식적 파리아라고 부른다―옮긴이)' 와 '파브뉴(Parvenu: 사회 질서에 순응해 출세한 사람으로, 생각은 천박하지만 돈만 많은 벼락부자를 가리키는 말이다. 동화된 유대인을 뜻한다―옮긴이)'라는 개념을 받아들였다. 유대인은 '파브뉴'가 되려고 할 뿐 아니라 시민도 되고자 한다. 유대인은 자력으로 자신이 속하지 않는 사회로 들어가는 길을 발견하고자 한다. 그에 반해 '파리아'는 자신의 곤궁을 덕으로 만들고 유대인으로서 사회에서 국외자로 머물며, 라헬이 말했듯이 "사랑, 나무, 아이들, 음악"이 있는 "참된 현실"에 대한 깊은 애정을 간직하는 사람이다.[4]

■ 베르나르 라자르

베를린에서 한나는 파리아 같은 존재로 발전해 갔다. 아무튼 그녀는 괴상하게 보였다. 그녀가 담배를 피우지 않는 모습은 거의 볼 수 없었다. 그녀는 마르크스와 레닌을 읽기 시작했다. 쿠르트 블루멘펠트와도 다시 만났다. 두 사람은 종종 친구들과 함께 '맘페 주점'에 앉아서 시온주의에 대해 토론을 벌였다. 한나는 예나 지금이나 시온주의를 비판적으로 보았다.

어느 날 블루멘펠트는 한나를 위해 하바나 시가 한 갑을 들고 오피츠가를 방문했다. 귄터 안더스는 이 선물을 달갑지 않게 여겼다. 그는 여자가 시가를 피우는 것을 마땅치 않게 여겼고, 그 밖에도 공기를 오염시킨다는 점에서 흡연을 싫어했다. 그러나 한나는 사람들 앞에서도 시가를 피웠다. 그것은 두 젊은 부부의 의견이 다른 처음 일은 아니었다. 한나는 점점 더 귄터 안더스에게서 멀어졌다. 그들의 관계는 그녀가 그에게 '결혼 의무'의 해약을 선언할 정도로 뒤흔들렸다. 훗날 한 편지에서 그녀는 "집은 지옥이었다"고까지 말한다.[5]

1933년 2월 귄터 안더스는 베를린을 떠나 파리로 갔다. 나치들이 베르톨트 브레히트의 주소록에서 자신의 이름을 발견했음을 알았기 때문이다. 브레히트 자신도 망명길에 오르기 위해 벌써 짐을 꾸린 트렁크 위에 앉아 있었다. 그러나 한나는 남았다. 이제 그녀는 베를린에 와 있는 어머니까지 돌보아야 했다.

귄터 안더스가 도피하고 며칠 후, 그러니까 2월 27일에 제국 의회 의사당에 불이 났다. 히틀러는 이 방화 사건을 긴급조치를 내리고 기본권을 무효화시킬 구실로 삼았다. 이제 자의적인 체포는 다반사가 되었고, 정적政敵에 대한 테러도 늘어났다.

베를린과 독일의 많은 유대인들은 그제야 국가사회주의자들의 반反유대주의를 알아차리기 시작했다. 한나가 보기에 그것은 벌써 몇 년 전부터 예고되었던 상황을 어처구니없게 오해한 것이었다. 그녀는 회상한다. "나치가 우리의 적임을 알게 된 건 히틀러의 정권 장악 때문이 아니예요! 정신이 모자란 사람들을 뺀 모든 사람에게 나치가 우리의 적이라는 것은 적어도 4년 사이에 너무도 자명한 일이 돼 있었어요."[6] 한나는 예를 들어 여전히 유대인들이 처한 위험을 믿고 싶지 않은 친구 안네 멘델스존보다 상황을 훨씬 더 현실적으로 평가했다. 한나가 보기에 나치의 목적은 분명했다. 마찬가지로 그녀의 태도 역시 명명백백했다. "유대인이라는 이유로 공격을 당한다면, 유대인으로서 자신을 방어해야 한다."[7]

그것은 나치의 반유대주의를 개인적인 비극으로 받아들이는 유대인들을 향해 한 말이었다. 그리고 그것은 정치적인 행동을 호소하는 일이었다.

한나는 방어에 나서고자 했다. 그리고 첫 번째 기회가 오자마자 당장 뛰어들었다. 블루멘펠트는 독일에서 무슨 일이 일어나고 있는

지를 외국에 알리기 위해 반유대주의를 외치는 자료들을 수집하려는 계획을 세웠다. 그는 한나에게 이 일을 맡아주겠느냐고 물었고, 그녀는 "물론"이라고 대답했다. 우선 "어떤 일을 할 수 있다"는 느낌이 그녀를 만족시켰다.[8] 그 몇 주일 동안 한나가 (주로 도서관에서) 한 일은 대단히 위험했다. 그것은 나치가 규정한 '흉악한 선전 책동'이라는 범죄 행위에 속하는 일이었기 때문이다. 사람들은 이보다 훨씬 더 경미한 일로도 체포되어 영원히 사라졌다.

어느 날 어머니와 함께 체포되었을 때 한나는 '멋진 수집물'을 갖고 있었다. 두 사람은 가까운 경찰서로 보내졌고, 따로따로 심문을 받았다. 마르타 아렌트는 아무것도 모르는 체했다. 대단히 운 좋게도 한나의 담당 형사는 "매력적인 젊은이"였다.[9] 그는 한나에게 담배를 구해주면서 감방으로 몰래 가지고 들어가는 방법까지 알려주었다. 그는 "열린 자세와 정직한 표정"을 하고 있었고 "나는 당신을 나가게 할 것이오. 변호사를 고용할 필요 없습니다. 유대인들은 현재 돈이 없습니다. 돈을 절약하시오"라고 말했기 때문에 그녀는 변호사 선임을 포기했다. 한나는 그 형사에게 호감이 갔지만 거짓말을 할 수밖에 없었다. 그는 한나의 말을 곧이곧대로 믿었다. 일주일 후 그녀는 다시 자유로운 몸이 되었다. 이 다행스런 석방을 축하하기 위해 어머니, 쿠르트 블루멘펠트, 안네 멘델스존과 함께 그녀는 긴 '술판'을 벌였다.

이 일이 있은 후 한나와 어머니는 베를린에서 사는 것이 위태롭다고 느꼈다. 그들은 도피하기로 결정했다. 한나를 놀라게 한 것은 나치의 공포정치보다는 여러 지식인 친구들과 친지들의 태도였다. 바로 이들이 나치 운동을 열광적으로 받아들였던 것이다. 박해받을까 봐 무서워서였다면 한나로서는 그나마 용서할 수 있었다. 그러나 그것이 아니라 그들은 자의적으로, 완전히 확신에 차서 그렇게 행동했다. 그녀는 훗날 이렇게 회상한다. "나빴던 것은 그들이 정말로 그렇게 믿고 있었다는 점이에요! […] 그 사람들은 히틀러에 대한 신념들을 날조해냈는데 그건 부분적으로는 굉장히 흥미로운 상황이에요! 정말로 환상적이고 흥미롭고 복잡한 현상이죠! 정상적인 수준을 훨씬 웃도는 상황입니다! 나는 그로테스크하다고 생각했어요. 그들은 자신들이 고안해낸 생각의 덫에 빠진 거죠."[10]

사실 독일인들은 히틀러에게 많은 것을 떠올렸다. 예를 들어 유대인인 오이겐 로젠슈토크-휘시는 한 강연에서 국가사회주의 혁명이 시인 횔덜린의 꿈을 실현하려는 독일인들의 시도라고 선언했다. 그리고 역시 유대인인 펠릭스 야코비는 한 강의에서 아돌프 히틀러를 로마 황제 아우구스투스와 비교했다. 한나는 위와 같이 말할 때 아마도 프라이부르크에 있는 마르틴 하이데거를 생각했을 것이다. 그는 1933년의 변혁을 형이상학적인 혁명으로 찬양했다. 그는 철학과 정치를 독특하게 혼합해 그러한 혁명에서 "우리 독일적 현존재의 완전한 변혁"을 기대했다.[11]

한나로서는 이런 식의 격정적인 구호들에 대해서는 거부감을 느낄 뿐이었다. 그녀는 그것들에 구역질을 느꼈고, 이제까지 자신이 속했던 이런 지식인들의 환경에 알레르기 반응을 일으켰다. 그녀는 독일과 결별할 때 다음과 같은 생각에 사로잡혔다. "그 사실을 절대 잊지 않을 것이다! 어떤 종류가 됐건 지적인 활동에는 두 번 다시 관여하지 않으리라. 그런 무리하고는 조금도 연을 맺지 않으리라."[12]

한나와 마르타 아렌트는 1933년 8월 불법적으로 이른바 '녹지국경'을 넘어, 샛길로 에르츠 산맥의 총총한 숲을 지나 독일을 떠났다. 체코 도피지원 조직의 도움을 받아 그들은 프라하, 제노바, 제네바를 거쳐 파리에 이르렀다.

7

하인리히 블뤼허

"이제 나도 마침내 행복이 무엇인지 알게 되었어요."

1933년 말까지 50만이 넘는 사람들이 독일을 떠났다. 그들은 '자리를 비우고' 떠남으로써 독일법에 따라 독일 국적을 상실했다. 최초로 국적을 박탈당한 사람들의 명단에는 하인리히 만(소설가이며 토마스 만의 형 - 옮긴이)과 쿠르트 투홀스키(비평가 - 옮긴이)와 같은 이들이 있었다.

약 2만 5,000명이 프랑스로 도피했다. 많은 프랑스인들은 이 피난민들을 그다지 반기지 않았다. 특히 '악시옹 프랑세즈'와 같은 극우파들은 도피자들에 대한 편견을 부추겼다. 'Ils mangent notre pain', 즉 '그들은 우리 빵을 먹는다'는 것이었다. 외국인들이 프랑스인들의 넉넉지 않은 일자리를 빼앗고 프랑스를 독일과 전쟁하도록 몰아넣으면 어쩌나 하는 불안도 있었다. 그러나 망명자들이 일자리를 찾는 것은 거의 불가능했다. 그렇게 하려면 체류 허가서가 필요한데, 이 '신분증명서'를 얻으려면 역설적으로 일자리가 있음을 증명할 수 있어야 했기 때문이다. 그래도 사람들은 어떻게든 상황을 타개하고자 시도했다. 파리의 망명객들의 생활이 어떤 모습이었는지를 한스 잘은 한 소설에서 이렇게 묘사한다. "사람들은 여기저기 돈을 빌리거나 외상을 하고 굶고 기다립니다. […] 어떤 사람은 글을 씁니다. 어떤 사람은 마지막 남은 돈을 세탁업이나 사진 대리점에 투자하고, 과자를 굽거나 이집 저집 다니며 소시지를 팝니다. 저기, 검은 뿔테 코안경을 쓴, 작고 겁에 질린 남자가 보이십니까? 그는 한때 베를린에서 유명한 산부인과 의사였습니다. 지금은 서류가방을 들고 파리를 돌아다니며 인조 꽃을 팔고 있지요."[1]

한나는 파리에서 안네 멘델스존과 한스 요나스를 비롯한 많은 옛 친구들을 만났다. 그리고 다시 귄터 안더스와 함께 살았다. 예나 지금이나 그녀는 그와 결혼한 상태였다. 그러나 두 사람은 이제 더 이상 별로 할 말이 없었다. 귄터 안더스가 1936년 미국으로 이민을 떠날 때, 두 사람의 결혼은 서류상으로만 계속되고 있었다.

한나의 처음 파리 생활은 다른 대부분의 망명객들과 다름없었다. 그녀는 값싼 호텔에 묵으며 시내를 이리저리 배회했다. 그녀가 파리에서 알게 된 작가 발터 벤야민처럼 그녀도 파리의 골목과 가로수 길에 반하기 시작했다. 훗날 그녀는 이렇게 쓴다. "파리에서는 이방인이라도 편안한 느낌을 갖는다. 여느 때라면 자신의 집처럼 이 도시에서 살 수 있기 때문이다."[2]

그러나 한나는 되는 대로 살아가는 보헤미안이 아니라, 매우 확고한 계획을 갖고 파리로 왔다. 지금 그녀의 처지는 자신이 유대인이며 또 유대인으로서 박해를 받고 있기 때문에 초래된 것임을 분명히 깨닫고 있었다. 유대인 박해가 오해이며 유대인 증오가 아무런 근거가 없는 일인지 아닌지는 한나에게 중요하지 않았다. 확실한 것은 이러한 증오가 세상에서 근절될 수 없다는 사실이었다. 유대인들은 이 사실을 받아들여야 했다. 그렇지 않고는 달리 방법이 없었다. 유대인 증오는 순전히 정치적인 문제이지, 개인적 태도의 문제가 아니었다. 따라서 한나 역시 정치적으로 대응하고자 했다. 그녀는 "실천적인 연구에, 전적으로 유대인과 관련된 연구"에 종사하고자 했다.[3]

　　그렇지만 그런 입장 때문에 한나는 상당히 외로웠다. 그녀가 파리에서 만난 대부분의 유대인 난민들은 유대인으로만 있고자 하지 않았다. 그들은 프랑스 유대인들처럼 인정받는 공민이 되고 싶어 했다. 그렇지만 프랑스 유대인들에게 라인강 건너편의 모든 유대인들은 '거세된 수탉'일 뿐이었다. 한나는 자신들의 운명을 정치적으로 파악하지 못하는 동포들의 무능함에 충격을 받았다. 그녀는 난민 경험을 다룬 글에서 반어적인 어조로, 자신을 드러내는 것이 아니라 가능한 한 순응하려고 하는 유대인의 부덕不德을 묘사한다. 그녀의 묘사에 따르면 독일에서 유대인들은 훌륭한 독일인이 되려고 했고, 프라하에서는 훌륭한 체코인이, 빈에서는 모범적인 오스트리아의 애국자가 되려고 했다. 그들은 자신들이 노여움을 불러일으킬 때 불

편해하고, 히틀러가 "그들을 참을 수 없어" 하는 것을 괴로워한다.[4]

난민은 자신들이 하찮게 여겨질수록 자신들의 과거를 미화하는 경향이 있다. 한나는 이러한 태도를 조롱하며, "과거에 세인트 버나드(체구가 크고 풍채가 당당한 품종의 개 – 옮긴이)였던" 시절을 슬프게 회상하는 "외로운 망명객 닥스훈트(굴속에 숨은 오소리 사냥용으로 체구도 작고 땅딸막한 품종의 개 – 옮긴이)"에 관한 일화를 이야기한다. 망명을 와서 자신의 품위에 떨어지는 일을 하면서 "당신은 내가 누군지 아십니까? 나는 베를린 카르슈타트 백화점에서 부장이었습니다"라며 한숨짓던 유대인이 한나는 잊히지 않는다.[5]

한나는 '이러한 썩어빠진 순응과 동화의 계략' 없이 자신의 길을 가고자 시도했고, 놀라운 고집으로 자신의 목표를 좇았다. 마침내 그녀는 (노동 허가 없이) 한 유대인 기관에서 일자리를 찾는 데 성공했다. 처음에는 '농업 및 수공업 훈련단체'에서 비서로 일했고, 다음에는 '청년 알리야'를 위해 일했다. 둘 다 젊은 유대인들이 장차 팔레스타인에서 기능공 혹은 농사꾼으로 살아갈 수 있도록 교육하는 단체였다. 몇 달 동안 한나는 제르멩 드 로트쉴트 남작부인의 개인 비서로 일하기도 했다. 프랑스에서 가장 부유하고 영향력 있는 가문의 하나인 유명한 로트쉴트 가문의 이 남작부인은 유대인 시설, 특히 고아원을 지원했다. 한나는 수용자들의 선발과 자금 사용의 감시를 도왔다.

"청년 알리야"에서의 일과 관련해 1935년 한나는 처음으로 청년들과 함께 팔레스타인에 갈 기회가 있었다. 그녀는 건설 작업에 깊은 인상을 받았지만, 키부츠를 방문했을 때 첫 반응은 회의적이었다. 훗날 그녀는 이렇게 회고한다. "나는 새로운 귀족주의라는 생각이 들었다. 이미 당시에 나는 사람들이 그곳에서 평화롭게 살 수 없을 것임을 […] 알았다. 결국 그것은 '네 이웃을 지배하라'는 쪽으로 나아가고 있었다."[6]

시온주의에 대한 한나의 입장은 변한 것이 없었다. 그녀가 시온주의를 지지하는 것은 그것이 유대인의 이익을 대변하는 정치적 수단을 모색하기 때문이었다. 그러나 독자적인 유대인 국가 수립이라는 시온주의의 목표는 거부했다. 파리에서 그녀는 고향도 국가도 없는, 말하자면 의식적인 '파리아'라는 것이 자랑스러웠다. 고향에 있는 것 같은 감정은 같은 뜻을 지닌 사람들과 함께 있을 때, 자유로이 말할 수 있고 이해받을 때 생겨날 뿐이었다. 파리에 있는 동안 그녀의 주위에는 그런 사람들이 모여들었다. 그 가운데는 특히 발터 벤야민과 변호사 에리히 콘-벤디트(68혁명을 이끌었고 녹색당 소속으로 유럽의회 의원을 역임한 다니엘 콘-벤디트의 아버지 — 옮긴이), 화가 카를 하이덴라이히, 한나에게 히브리어를 가르쳐주기도 한 동유럽 출신 유대인 카난 클렌보르트가 있었다. 사람들은 보통 동발가 10번지에 있는 벤야민의 집에서 만났다.

어느 날 한 기이한 독일인이 이 모임에 왔다. 모자를 쓰고 단장을 들고, 부유한 멋쟁이 같은 차림새를 하고 있었는데, 자신을 하인리히 라르손이라고 소개했다. 그는 사실은 찢어지게 가난한 독일 공산주의자로서 불법으로 파리에 체류하고 있었으며, 본명은 하인리히 블

뤼허였다. 그는 독일 신분증명서 신청서의 직업란에 종종 "배후 조
종자"라고 썼다.[7]

하인리히 블뤼허는 쿠르트 블루멘펠트와 비슷한 유형의 남자로,
한나가 매력을 느끼는 '독특한' 남자들 가운데 하나였다. 한나는 그
의 차림새 때문에 그를 '무슈(Monsieur: 영어의 미스터에 해당하는 프랑스어 –
옮긴이)'라고 불렀고, 블뤼허 역시 그녀의 비위를 맞추었다. 그러나 한
나는 아직 감정을 억누르고 있었다. 그녀에게는 지금 사생활보다 정
치적 과업이 중요했고, 귄터 안더스와 결별한 직후에 그렇게 금방
새로운 관계에 들어서고 싶지도 않았다.

1936년 8월 그녀는 유대인 세계회의에 참석하기 위해 제네바로
갔다. 상사병에 걸린 채 비 내리는 파리에 남아 있어야 하는 하인리
히 블뤼허는 그녀에게 좌절감을 불러일으키는 공산주의 동료들과의
다툼에 대해 알려주는 장문의 편지를 썼다. 그는 한나를 "나의 아내"
라 부르면서 "당신이 없으니 즐거울 이유가 하나도 없다"고 말했다.[8]

한나는 삼가는 태도로 답장을 썼다. "내가 당신을 사랑한다는 것,
내가 그것을 알고 있듯이 당신은 벌써 파리에서 그것을 알았습니다.
내가 그 말을 하지 않은 이유는 결과가 두려웠기 때문입니다. 오늘
그 말을 할 수 있는 것은 단지 우리 사랑을 위해 시도해 보자는 뜻입
니다. 내가 당신의 아내가 될 것인지, 될 수 있을지는 나도 모르겠습
니다. 내 의구심은 지워지지 않을 것입니다. 또 내가 기혼이라는 사
실도 지워지지 않을 것입니다."[9]

그렇지만 한나의 의구심은 빨리 '지워'졌다. 같은 해에 하인리히

와 그녀는 파리의 세르방도니가에 있는 한 호텔에 공동의 방을 빌렸다. 그 방의 가장 중요한 가구는 두 개의 알코올 버너, 축음기와 레코드판들이었다. 한나가 다음해에 어머니를 만나기 위해 다시 제네바로 여행을 떠났을 때, 그녀는 하인리히에게 이런 편지를 보낸다. "사랑하고 또 사랑하는 당신, 유일하게 좋은 것이 있다면 내가 당신의 것임을 너무도 잘 깨달았다는 점이에요."[10]

'무슈'를 완전한 이름으로 부르면 하인리히 프리드리히 에르네스트 블뤼허(그는 워털루 전쟁 때 나폴레옹에 대적해 싸운 프로이센 장군 게프하르트 레베레히트 폰 블뤼허의 후손이다 - 옮긴이)이며, 그는 1899년 베를린에서 태어났다. 그 역시 한나 아렌트처럼 아버지 없이 성장했지만, 잘 보호받는 환경에서 자란 것이 아니라 베를린의 프롤레타리아적인 환경에서 자랐다. 그의 어머니는 세탁부였고, 자신과 아들을 위해 꼭 필요한 정도밖에 벌지 못했다. 그래도 그녀는 하인리히가 교사가 될 교육을 받을 수 있도록 뒷받침할 수는 있었다. 그러나 제1차 세계 대전 때문에 그는 교육받는 일을 중단해야 했다. 전후에 터진 혁명적 사건들의 와중에서 19세의 하인리히는 로자 룩셈부르크와 카를 리프크네히트의 스파르타쿠스단에 가담했고, 나중에는 로자 룩셈부르크의 후계자이자 새로 창당된 독일 공산당[KPD]의 지도자인 하인리히 브란들러의 가장 가까운 측근이 되었다. 1933년 그는 공산당과 좌익에 대한 나치의 테러를 피해 외국으로 도피했다.

블뤼허 역시 파리에서 공산주의 친구들과 계속 접촉을 갖기는 했지만, 그 사이에 내적으로는 공산주의에 등을 돌렸다. 공산주의가 교조적으로 소련을 모범으로 삼았기 때문이다. 하인리히는 공산주의에 많은 기대를 걸었으나 맹목적인 당원이 되기에는 적당한 인물이 아니었다. 그러기에는 너무 지식과 경험에 대한 욕구가 강했다. 그는 내면에서 일어나는 충동으로 광범위한 지식을 자기 것으로 만들었다. 문학과 예술에 관심이 있었고 정열적으로 영화를 보러다녔다. 오페레타와 카바레 극의 유명한 대본작가인 로버트 길버트가 가장 친한 친구였다. 베를린에서 그는 자유사상가이자 사교가로서 삶을 영위했다.

파리에서 하인리히는 자신의 과거를 가능한 한 묻어두었다. 한나에게도 그랬다. 그녀는 조금씩 조금씩 그의 격렬한 삶을 알게 되었다. 우연히 제3자를 통해 하인리히가 벌써 두 번이나 결혼 경력이 있고 러시아 여인 나타샤 예프로이킨과의 두 번째 혼인 관계는 아직도 계속되고 있다는 것을 알게 되었다. 결혼을 숨겼다고 해서 하인리히와 헤어질 이유가 되지는 않았다. 반대로 그녀는 하인리히의 반反부르주아적 태도를 좋게 평가했다. 감상적이지 않지만 대단히 마음이 따뜻한 하인리히에게서 한나는 하이데거나 귄터 안더스에게서 찾지 못한 것을 발견했다. 그것은 그녀가 자신의 중요한 부분을 더 이상 부정하지 않아도 되는 그런 사랑이었다.

하인리히의 "선량한 성품"과 "똑똑함" 그리고 무엇보다도 "모든 것으로부터의 절대적인 독립성"[11]은 그녀가 전에는 알지 못했으나 오랫동안 갈망해 온 안정감을 느끼게 해주었다. 동시에 그녀는 친구들에 대한 욕구와 공적인 일에 대한 활기찬 관심, 정열적인 토론을 하고 싶은 기분을 그와 함께 나누었다. 그녀는 애정에 가득 차, 그리고 농담조로 하인리히를 "꼬마 아저씨Stups"라는 애칭으로 불렀다. 스위스 여행 중에 그녀는 '꼬마 아저씨'에게 이런 편지를 보낸다. "당신을 만났을 때 마침내 나는 더 이상 불안하지 않게 되었어요. […] 여전히 나로서는 '큰 사랑'과 내 정체성, 이 두 가지를 함께 얻을 수 있다는 것이 믿어지지 않아요. 정말

■ 하인리히 블뤼허

난 이 두 가지를 갖게 되었어요. 이제 나도 마침내 행복이 무엇인지 알게 되었어요."[12]

한나가 외국에서 유대인들을 위해 진력하고 있는 동안 독일에서 나치들의 반유대주의는 점점 더 노골적으로 드러났다. 이른바 '수정의 밤'이라고 불리는 1938년 11월 9일과 10일 사이의 밤에 유대인 상점과 집들이 파괴되었고, 유대인 교회당은 불태워졌으며 수천 명의 유대인들이 체포되었다. 이제 가족 중에 이른바 '유대인 피'를 갖고 있는 독일인들의 상황도 점점 더 위험해졌다. 한나가 존경하는 스승 카를 야스퍼스 역시 그랬다. 그의 아내인 게르트루트 야스퍼스가 유대인이었던 것이다. 아내와 이혼하는 것을 거부했기 때문에 그는 "유대인과 혼인한 대학 교수에 대한 조처"로 정직과 출판 금지를

당했다.[13] 야스퍼스 부부는 만약 게르트루트가 수용소로 보내질 상황에 처해지게 되면, 그렇게 되기 전에 함께 자살하기로 결정했고, 늘 독약을 지니고 다녔다.

프라이부르크에 있던 마르틴 하이데거는 이 사건들에 대해 침묵했다. 한때의 '투쟁 공동체' 동지의 접촉은 1936년 여름부터 중단되었다. 하이데거는 1933년 프라이부르크 대학 총장으로 선출되었고 나치당NSDAP에 가입했다. 그가 행한 취임연설에는 어떻게 그가 국가사회주의 편에 서게 되었는지는 나타나 있지 않다. 그의 제자 카를 뢰비트는 소크라테스 이전의 그리스 철학자들을 연구해야 할지 아니면 나치 돌격대에 들어가야 할지 몰랐다고 말한다. 한나 역시 하이데거가 스승 후설과 같은 유대인 동료들을 멀리하고 유대인 학생들에게 차별 대우를 했다는 이야기를 들었다. 훗날 하이데거는 이러한 비난들을 부인했다. 그는 자신이 공적인 직무상 더 나쁜 사태를 피하기 위해 그렇게 행동할 수밖에 없었다고 주장했다.

1938년 3월 오스트리아의 '합병'과 1년 후 체코슬로바키아 침입이 있은 후 1939년 9월 1일 독일의 폴란드에 대한 '전격전'이 시작되었다. 그것은 제2차 세계 대전의 서막이었다. 9월 3일 프랑스는 독일에 선전포고를 했다.

프랑스에 있던 한나는 아직은 안전하다고 느꼈지만, 그녀의 가족은 그렇지 않았다. 영국에 살고 있는 의붓언니 에바 베어발트는 파리에 있는 한나에게 오고 싶어 했다. 한나는 에바의 바람을 좋게 생각하지 않았다. 그녀까지 보살피고 싶지 않았던 것이다. 그러나 어머니 문제는 조금 달랐다. 마르타에게 쾨니히스베르크의 상황은 점점 위험해졌다. 그녀는 프랑스로 도피할 생각을 했다. 그러나 남편 마르틴 베어발트는 고향을 떠나고 싶어 하지 않았다. 마르타가 외국으로 가려면 그를 두고 떠나야 했다.

8

마지막 도피처 마르세유

"아무리 상황이 나빠도 '살고 싶은 욕구'가 있었다."

프랑스가 참전하면서 독일 망명객들의 상황도 극적으로 변했다. 지금까지는 초대받지 않은 손님이었다면, 그들은 이제 '바람직하지 못한 외국인'이었다. 독일인들은 나치에 쫓겨서 왔건 아니건 모두 '독일놈'으로 간주되었다. 특히 정치적 행동가들과 공산주의자들은 히틀러와 스탈린 사이의 불가침 조약이 체결된 후 히틀러의 스파이이자 대리인으로, 즉 '제5열'로 간주되었다.

1939년 9월 7일 17세에서 50세까지의 모든 피난민 남자들은 즉시 지정된 집결지로 출두하라는 공지가 발표되었다. 그중 하나는 롤랑 가로 경기장이었고, 또 하나가 파리 외곽의 콜롱브에 있는 이브 드 마누아르 올림픽 경기장이었다. 하인리히 블뤼허 역시 그곳으로 가야 했다. 운동장의 '멋진 잔디밭'에서 그는 여러 친구들을 만났는데, '불행한 벤지'도 그중 하나였다.

'벤지'는 발터 벤야민을 친구들이 부르는 애칭이었다. '불행한'이란 말은 블뤼허가 붙인 것이었다. 벤야민은 지금까지 평생 운명의 타격을 맞지 않은 적이 없었기 때문이다. 훗날 한나는 그를 다리를 걸어 자빠지게 하거나 손을 쳐서 단지를 떨어뜨리게 하는 동화책 속의 '곱사등이 난쟁이'와 같은 불운이 따라다니는 사랑스런 글쟁이라고 묘사한다. 세상을 모르고 서투른 벤야민은 언제나 그런 불운에 끌려다녔다. 그는 1939년 겨울에 폭탄 공격이 두려워 파리를 떠났는데, 파리에는 폭탄이 떨어지지 않았다. 벤야민은 '몽유병자라고 해도 좋을 만큼 서툴게' 모^{Meaux}라는 고장으로 가게 되는데, 그곳은 군사 연습장과 가깝기 때문에 대단히 위험한 지역이었다.[1]

블뤼허는 콜롱브 올림픽 경기장에서 '벤지'를 보살펴야 했다. 발터 벤야민은 이곳에서도 서툴렀다. 사람은 비가 오면 자신을 보호하거나 옷을 말려야 한다. 혹은 어떻게 밤에 다리를 부러뜨리지 않고 의자들을 넘어 화장실에 가는지 알아야 한다. 경기장 앞에는 여자들이 갇혀 있는 남편들에게 꾸러미를 건네주려고 길게 줄을 서 있었다. 그들이 얼마나 오래 그곳에 붙잡혀 있게 될지는 아무도 알 수 없었다. 하인리히는 한나에게 "사람들이 우리를 어떻게 하려는지 아무도 모른다"[2]고 편지를 썼다.

9월 중순 억류자들은 여러 수용소로 이송되었다. 하인리히는 파리 남서쪽에 있는 블루아에 가까운 빌레말라르 수용소로 가게 되었

■ 발터 벤야민

다. 그는 한나에게 편지를 보내 자신의 처지에 대해 안심시키려고 했다. 사람들은 "작전 중의 군인들처럼" 살고 있다고 그는 썼다. "그 말은 상당히 원시적으로 살고 있지만 그러나 절대적으로 충분하다는 뜻이오."[3] 사실 프랑스 수용소는 나치 독일에 세워진 노동 수용소와 강제 수용소와 비교할 수 없을 정도였다. 하인리히는 생활 필수품과 옷이 든 소포를 받을 수 있었고 심지어는 한나와 안네 멘델스존, 즉 안네 베유

의 방문을 받을 수도 있었다. 안네 멘델스존은 프랑스 철학자 에릭 베유와 결혼했기 때문에 이제는 안네 베유라고 불렸다. 그렇지만 하인리히는 그의 말대로 40세의 나이라 이제는 "이팔청춘"[4]이 아니었고, 짚을 깐 잠자리와 매섭게 추운 날씨는 그의 건강에 큰 해를 끼쳤다. 그는 신장 산통疝痛을 앓고 몇 주일 동안 누워 있어야 했다. 한나는 모든 연줄을 동원해 하인리히를 수용소에서 꺼내려고 시도했고, 하인리히는 마침내 그해 말에 파리로 다시 돌아왔다.

파리의 집에는 그 사이에 한나의 어머니도 와 있었다. 그녀는 쾨니히스베르크와 독일, 그리고 남편을 떠나기로 결정한 것이다. 나치

의 인종 광기에 희생된 여러 친척과 친구들과는 달리 마르틴 베어발트는 자연스런 죽음을 맞았다. 쾨니히스베르크의 한 양로원에서 심장마비로 세상을 뜬 것이다.

하인리히와 함께 살 수 있을까 하는 한나의 의구심은 마침내 완전히 사라졌다. 두 사람은 이전 혼인관계를 청산한 후 1940년 1월 16일에 결혼한다. 그러나 이 새 부부는 오랫동안 함께 머물 형편이 되지 않았다. 그 사이에 커다란 정치적 변혁이 다시 발생한 것이다.

5월에 독일 군대는 벨기에를 점령했다. 그에 대한 반응으로 프랑스에서는 새로이 외국인들이 억류되었다. 이번에는 남자들만 해당되는 것이 아니라, 자녀가 없는 기혼 여성들도 벨 디브라 줄여 부르는 벨로드롬 디버로 들어가야 했는데, 이는 한나의 어머니에게는 해당되지 않았으나 한나에게는 해당되는 일이었다. 그녀는 지시에 따라 이틀분의 양식과 식기(포크·나이프·컵 등), 담요를 가지고 가야 했다. 짐은 모두 합쳐 30킬로그램을 넘어서는 안 되었다. 한나는 마찬가지로 집결지로 출두해야 하는 하인리히와 작별을 하고 지하철을 타고 벨 디브로 갔다.

벨로드롬 디버는 둥근 유리지붕이 덮인 거대한 스포츠 궁전이었다. 이곳에 수용된 여자들은 대부분 정치와는 무관한 유대인이었다. 그러나 독일인과 결혼한 프랑스 여자들이라든가, 수십 년 동안 프랑스에 살고 있던 시민 계층의 여성들, 주인과 함께 파리로 온 하녀들, 또는 전쟁이 터지자 프랑스로 옮겨 온 독일 여성들도 있었다.

이렇게 마구 뒤섞인 사람들 사이에서 한나는 몇몇 친구들을 만났고 그들과 함께 집단을 이루었다. 여자들에게 짚으로 짠 자루가 주어졌고, 딱딱한 콘크리트 바닥에는 여기저기 짚을 깔아놓았다. 스포츠 궁전에서의 나날은 여자들에게 무척 고생스러웠다. 커다란 홀은 더웠고 공기는 먼지와 왕겨로 가득 찼으며 위생시설은 불충분했다.

독일군이 북프랑스를 넘어왔다는 소문이 돌았다. 밤낮을 가리지 않고 공습경보 사이렌이 울려퍼졌다. 지금까지는 줄곧 헛된 경보였다. 그래도 사람들은 독일 비행기의 공격을 생각하지 않을 수 없었다. '벨 디브'의 여자들은 자신의 안전을 도모할 수 없었다. 이 건물은 지하 대피실도 없었고, 유리지붕이 폭탄에 맞을지 모른다는 끊임없는 불안 속에서 살았다. 한나 아렌트의 친구로 역시 '벨 디브'에 있었던 케테 히르쉬는 훗날 이렇게 회상한다. "우리는 벌써 일주일 동안 벨 디브에 있었다. 그 사이에 독일군이 진격했다. 밤에는 프랑스 고사포의 둔중한 폭발음이 들렸다. 한나가 찾아와 건물 지붕에 폭탄이 떨어지는 경우 자신은 집단과 함께 우리 칸막이에 있는 난간 위로 올라가겠다고 말했다. '물론이지'라고 나는 말했다."[5]

약 2주일 후 여자들은 다른 곳으로 옮겨진다는 통보를 받았다. 그들은 트럭을 타고 센강변을 따라 루브르를 지나 역으로 향했다. 역에서 그들은 대기하고 있던 기차에 탔다. 하루 종일 기차는 남쪽으로 달려가서는 어떤 목적지에 도착했다. 그곳은 피레네산맥 기슭에 있는 작은 고장 이름을 딴 귀르 수용소로, 스페인 국경에서 겨우 30킬로미터 떨어져 있었다.

귀르 수용소는 약 100개의 프랑스 수용소 가운데 가장 큰 수용소였다. 원래는 1939년, 스페인 내전이 끝난 후 프랑스로 도피한 국제 여단의 군인들을 위해 세워진 것이었다. 1940년부터는 거의 여자 수용소로 쓰였고, 때로는 2만 명이 수용되었다. 이 수용소에는 382개의 바라크가 있었다. 각 바라크마다 50명에서 60명이 수용되었는데, 1인당 약 75센티미터의 좁은 공간을 사용할 수 있었다.

귀르 수용소는 가까이 있는 악명 높은 르 베르네 수용소처럼 죄수 수용소는 아니었다. 그러나 귀르 수용소에서의 생활이 '눈물 골짜기'가 된 이유는 재앙과 마찬가지인 위생 상황과 의약 공급의 부족, 극히 빈약한 식사 때문이었다. 바라크에서는 쥐와 이와 싸워야 했다. 비가 오면 구멍 난 지붕에서 물이 줄줄 새었고, 수용소의 흙바닥은 발목까지 빠지는 진창으로 변했다. 세면장은 몇 개밖에 없었고, '높은 성'이라 불리는 변소는 말뚝 위에다 집을 짓고 앉을 구멍 밑에 커다란 통을 대어놓은 것이었다. 매일의 식사는 '이집트 콩'이 든 수프와 빵 한 조각이었다. 리자 피트코는 귀르 수용소의 생활을 상기하며 이렇게 쓴다. "얼마나 그 이집트 콩이 싫었는지! 매일같이 나는 목에 걸리는 그 콩을 억지로 밑으로 내려보내야 했다."[6]

이런 외적인 상황들만이 여성들을 괴롭힌 것은 아니었다. 수지 아이젠베르크-바흐는 이렇게 회상한다. "수용소 생활을 참을 수 없었던 것은 짚자루도 아니었고, 불충분한 영양이나 비오는 날의 진창도, 60명이나 되는 여자들과의 정말 번거로운 공동생활도, 도처에 보이는 가시 철조망도 아니었다. 나를 참을 수 없게 한 것은 전망이 전혀 보이지 않는다는 사실이었다."[7]

여러 여성들에게 이 상황은 정말로 절망적이었다. 히틀러의 강제 수용소에서 도망쳐 왔더니, 이제는 구원자로 생각했던 프랑스인들에 의해 다시 수용소에 억류당했기 때문이다.

한나는 쉽게 절망하는 여성은 아니었다. 아무리 상황이 나빠도 그녀에게는 '살고 싶은 욕구'가 있었다. 그러나 '너무도 나쁜' 세계 상황을 볼 때 그녀 역시 어떤 생각을 떨쳐버릴 수 없었다. 12년 후 그녀는 쿠르트 블루멘펜트에게 귀르 수용소에서 자살을 하면 어떨까 곰곰이 생각했지만, 결국 "웃긴다"는 대답을 얻었다고 고백한다.[8] 개인적인 일과 정치적인 일을 구별할 줄 안다고 자부하는 한나에게 포로 수용소에서의 자살이란 대단히 무기력한, 웃기는 행동이었을 것이다. 이를 분명히 하기 위해 그녀는 귀르 수용소에서의 체험에 대해 훗날 이렇게 말한다. "귀르 수용소에서 […] 자살에 관한 소리를 들은 것은 단 한번뿐이었다. 그것도 집단행동을 위한 제안으로서의 자살이었다. 프랑스인들이 당황하도록 일종의 항의 행동을 제안한 것이다. 몇 사람이 우리가 '뒈지려고' 이리 실려왔냐고 말하자 갑자기 모두들 분위기가 바뀌며 열정적인 삶의 용기가 터져나왔다. 전체의 불행을 여전히 개인적인 불운으로 여기며 자신의 생명을 개인적, 개별적으로 끝맺음했던 사람은 비정상적이고 비사회적인 사람이며 사태의 일반적인 결말에 관심을 상실한 것이 틀림없다는 견해가 일반적이었다."[9]

귀르 수용소의 여러 생존자들은 수용소의 여자들 사이에 반항적인 자기 주장의 의지가 팽배했음을 증언한다. 그들은 화려하게 화장을 하고 제일 좋은 옷을 입고 마치 가로수길을 산책하듯이 수용소 지대를 산책하곤 했다.

철조망과 뉴스 전달이 금지되었음에도 신문들이 수용소로 몰래 들어왔으며, 새로운 소식들이 알려졌다. 사람들은 독일인들이 6월 중순에 파리를 점령했고 남쪽으로 진격하고 있음을 알았다. 이러한 소식을 듣고 여자들 사이에 공포가 일었다. 그들은 함정에 빠진 느낌이 들었다. 수용소가 독일의 수중에 떨어지면 어떻게 되는 거지? 게슈타포가 덮칠 때까지 아무 행동도 안 하고 기다리고 있어야 하는 건가?

수용소의 지휘부 역시 어떻게 행동해야 할지 몰랐다. 정부는 뒤로 물러섰다. 지금 프랑스의 권력은 80세가 넘은 필리프 페탱 원수에게 맡겨져 있었다. 그의 지휘 아래 프랑스는 독일과 휴전에 들어갔고, 그 결과 프랑스는 둘로 나뉘었다. 북부와 대서양 해안은 독일군에게 점령되었고, 남부는 점령되지 않았다. 점령되지 않은 지역에 속한 도시인 비시에서 페탱은 새로운 정부를 구성했다. 이른바 비시 정부였다. 그들은 히틀러와 협력했다. 불구대천의 원수가 졸지에 서로 협력하는 파트너가 된 것이다.

정치판에서 일어난 이러한 역전으로 수용소 사령부는 단시간에 완전히 동요에 빠졌다. 많은 수용소들의 문이 열리고 포로들은 자신의 운명에 내맡겨졌다. 귀르 수용소에서도 규율이 점차 풀어졌다. 아무도 더 이상 야간 외출을 통제하지 않았으며, 수용소 문의 감시도 대단히 느슨해졌다. 이러한 혼란 속에서 몇몇 여자들은 과감한 계획을 시도했다. 그들은 석방 문서를 훔쳐 수용소 소장의 서명을 위조했다. 이 서류로 약 200명의 여자들이 별 어려움 없이 수용소를 떠날 수 있었다. 한나도 그중 한 사람이었다. 리자 피트코는 사람들이 "블뤼허 부인"을 잊을 수 없다고 했다는 말을 남겼다.[10]

여자들이 귀르 수용소에서 도망친 것은 그들에게 주어진 단 한 번의 기회였다. 며칠 지나지 않아 수용소의 질서는 다시 잡혔고, 탈출은 불가능해졌다. 반유대주의 법들이 공포되고 독일 당국과의 협력이 시작되었다. 휴전 협정 19조에 따르면 비시 정부는 색출된 도망자들을 독일로 송환해야 했다. 1942년부터 귀르 수용소의 여러 포로들이 '노동력 투입'을 위해 아우슈비츠로 이송되었다.

프랑스 남부의 상황은 혼돈 그 자체였다. 스페인과의 국경에 있는 바세-피레네의 거리와 그림처럼 아름다운 마을들은 북쪽에서 온 피난민들로 꽉 찼다. 많은 사람들이 갈 곳을 모르고 무리를 지어 이곳에서 저곳으로 우왕좌왕했다. 체포될지 모른다는 두려움에 쫓겨 자꾸만 앞으로 몰려갔다. 사람들은 대부분 아직 독일인들의 통제를 받지 않는 유일한 프랑스의 국제항구 마르세유로 가고 싶어 했다. 마르세유는 함정에서 빠져나갈 수 있는 마지막 출구였다.

거리를 배회하는 굶주린 사람들 중에는 두 아이들과 함께 있던 독일의 여성 작가 안나 제거스와 독일 기자 아르투어 쾨스틀러도 있었다. 쾨스틀러는 스페인 내전에서 프랑코 장군에 대항해 싸웠고, 장기간에 걸쳐 스페인과 프랑스의 여러 감옥을 들락거린 모험적인 전력이 있었다. 독일인의 손에 잡히지 않기 위해 그는 최후의 탈출구로서 외인부대에 들어갔고, 이제는 프랑스를 빠져나갈 수 있는 가능성을 모색했다. 쾨스틀러는 어떻게 귀르 수용소에서 도망친 여자들을 나바르 지방에서 만났는지를 일기에 적고 있다. "주민들은 그들을 '귀르에서 온 여자들'이라고 불렀다. 나바렝스, 쉬, 제롱스를 비롯한 인근 여러 마을의 농부들은 그들에게 방을 쓰게 해주고 그 대가로 밭에서 일을 시켰다. 그들은 영양부족으로 기진맥진했지만 깨끗하고 단정했다. 모두들 알록달록한 천으로 터번을 만들어 쓰고 있었다."[11]

한나는 다른 여자들과 헤어져 처음에는 어느 마을에 숨었다. 리자 피트코는 한나를 다시 한 번 만나게 되는데, 그때 한나는 혼자서 초원을 걷고 있었다. 리자는 한나에게 귀르 수용소에서 도망쳐 나온 자기 일행과 함께 루르드로 가자고 제안했다. 그러나 한나는 거절했다. 혼자인 편이 탈출의 기회가 더 많으리라고 생각했기 때문이다. 그녀는 몽토방을 향해 걸었다. 200킬로미터가 넘는 거리였다. 몽토방은 도피자들이 만나는 장소였고, 한나는 그곳에서 하인리히 블뤼허의 행방에 대해 듣고 싶었다.

한나의 직감이 옳았다. 게다가 많은 행운도 따라주었다. 그녀는 몽토방에서 로테 클렌보르트, 콘-벤디트 부부, 안네 베유와 같은 옛날 친구들을 만났을 뿐 아니라, 전 재산을 꾸려 걸어서 혹은 수레를 타고 시내를 통과하는 사람들의 무리에서 하인리히를 발견할 수 있었다. 그가 갇혔던 수용소는 독일 군대가 접근하자 해체되었고, 풀려

■파리 시절의 한나 아렌트

난 남자들은 남쪽으로 향하는 피난민의 대열에 합류하게 되었던 것이다.

하인리히와 한나는 몽토방에서 한나의 어머니 마르타를 기다렸다. 마르타는 10월에 파리를 떠나 그들과 만났다. 그러나 그들의 형편은 극도로 위험해졌다. 비시 정부가 공포한 법률에 따르면, 유대인들은 자신이 있는 곳을 신고해야 하며 억류될 수 있었다. 귀르에서 도망친 많은 사람들은 다시 수용소로 보내졌다.

한나는 너무 늦기 전에 행동해야 한다는 것을 알고 있었다. 하인리히와 어머니와 함께 그녀는 마르세유로 떠났다. 미국 입국 비자를 얻어볼 생각이었다. 그러나 비자는 얻기 힘들었다. 미국 입국은 할당 비율이 정해져 있었고, 대기 시간은 길고 또 불확실했다. 또 이른바 '선서 진술서'가 필요했다. 이것은 미국의 한 시민이 이주민의 재정 보증을 맡겠다고 선서를 대신하는 것이었다. 한나가 비자 신청을 하는 데는 유대인 기구들과의 접촉이 도움이 되었고, 미국에 있는 귄터 안더스도 그녀를 위해 진력했다. 마침내 그녀는 그토록 바라던 긴급 비자를 얻었다. 그러나 마르타의 비자는 승인이 지연되었다.

그렇지만 비자를 갖고도 장애물이 있었다. 미국으로 가는 배들은 대부분 포르투갈의 중립 항구 리스본에서 떠났다. 그러나 리스본으로 가기 위해서는 스페인과 포르투갈의 통행 비자가 필요했다. 그것을 받기 위해서 종종 하루 종일 영사관 앞에서 장사진을 쳐야 했다. 운이 좋아 비자를 받아도 여전히 어떻게 프랑스를 빠져나가느냐가 관건이었다. 아주 드문 경우에만 비시 정부는 출국 허가를 내주었기 때문이다. 따라서 많은 사람들은 불법적인 통로로 프랑스를 떠나야 했다.

발터 벤야민도 이런 불법적 통로로 프랑스를 떠나려 한 사람 중 하나였다. 한나는 그를 마르세유에서 만났고, 벤야민은 그녀에게 '역사의 개념에 대하여'('역사철학테제'라고도 한다 — 옮긴이)라는 제목을 단 원고를 맡겼다. 벤야민은 모든 필요한 비자를 갖고 있었지만, 프랑스에서 꼼짝달싹도 하지 못했다. 그는 벌써 한 번 도망치려는 시도를 했었다. 친구 프리츠 프렝켈과 함께 프랑스 선원으로 변장하고 화물선에 숨어 들어갔던 것이다. 그러나 이 시도는 물거품이 되었다. 이번에는 걸어서 피레네산맥을 넘어 스페인으로 들어가고자 시도했다. 벤야민은 모르핀 정제 50알을 갖고 다녔는데 그중 절반을 오랜 친구 아르투어 쾨스틀러에게 주었다. 그의 말대로 "만일의 경우를 대비해서"였다.[12] 벤야민은 포르-방드르에서 도피를 도와주는 사람에게 문의했는데, 그 사람이 다름 아닌 한나와 귀르 수용소에서 괴로움을 함께 나눈 동지, 리자 피트코였다. 피트코는 심장병을 앓는 벤야민을 데리고 피레네산맥을 넘었다. 벤야민은 원고가 들어 있는 무거운 서류가방을 들고 갔다. 스페인 국경 바로 앞에서 그녀는 그가 이제 안전하다고 생각하고 그를 떠났다. 그러나 국경 마을 포르-부에서 벤야민은 국경이 조금 전부터 차단되었다는 소식을 들었다. 관리들은 그를 다음날 다시 프랑스로 돌려보내려고 했다. 그렇지만 다음날 벤야민은 세상을 떠났다. 밤에 약을 먹고 자살한 것이다. 동화속의 "곱사등이 난쟁이"가 끝까지 그를 따라간 것이다.[13]

한나와 하인리히는 운이 좋았다. 그들은 출국 심사가 잠시 느슨해진 틈을 타서 기차를 타고 리스본으로 갔다. 한나의 어머니는 한 여자 친구의 집에 남아 있어야 했다. 비자가 나오면 곧 뒤를 쫓아오기로 약속했다.

1941년 마침내 한나와 하인리히는 리스본에서 뉴욕으로 가는 배에 몸을 실었다. 마르타는 불과 몇 주일 후에 그들을 따라올 수 있었다.

뉴욕 95번가의 방 한 칸

"자유란 괴로움을 견뎌낸 데 대한 보상이 아니다."

유럽에서 나치를 피해 도망친 망명자들은 이곳에서 저곳으로 쫓겨다녔다. 한스 잘의 표현대로 사람들은 "얼음덩어리에서 얼음덩어리로" 건너뛰었다. 그에 반해 미국으로의 도피는 불확실성 속으로 들어간 것이었다. 한스 잘의 말을 빌면 "물속으로" 뛰어들어간 셈이었다.[1]

대서양 저편에서 그들을 기다리고 있는 것에 대해서 유럽의 도망자들은 단지 대단히 모호하고, 종종 모험적인 생각을 갖고 있었다. 단지 영화로만 미국을 알고 있는 사람이 많았다. 예를 들어 한스 잘에게 뉴욕은 커다란 저택에서 "언제라도 클라크 게이블이라든가, 캐서린 헵번, 혹은 스펜서 트레이시가 걸어나올 것만 같은" 영화 무대였다.

독일 이민자들은 대부분 새로운 고향을 발견하리라고 기대하지 않았다. 미국은 그들에게 마지막 피난처였다. 어쩔 수 없이 머물러야 하는 일시적인 체류지였다. 그들은 나치 유령이 사라지면 다시 유럽으로 돌아갈 것이었다.

하지만 나치가 추구한 '천년 제국'이 곧 종말을 맞으리라는 암시를 주는 것은 아무것도 없었다. 히틀러는 이탈리아와 일본과 함께 3국 동맹을 맺었다. 독일군은 유고슬라비아와 그리스를 점령하고 소련 공격을 눈앞에 두고 있었다. 미국은 여전히 중립을 지키고 있었다. 그럼에도 루스벨트는 히틀러에 대항해서 싸우는 영국과 같은 나라들에 무기와 군수품 지원을 관철시켰다. 미국과 독일의 관계는 '선전포고되지 않은 전쟁'이라고 말할 수 있을 정도로 점점 더 긴장감이 감돌았다.

한나 아렌트와 하인리히 블뤼허가 뉴욕에 도착했을 때 그들의 수중에는 약 50달러가 있을 뿐이었다. 그들은 원조기관의 지원에 의존했다. 우선 웨스트 95번가에 있는 누추한 셋집의 가구 딸린 방 한 칸이 할당되었다. 부엌은 공동으로 사용했다. 마르타 아렌트를 위해서 그들은 같은 집에 별도의 방을 세냈다.

새로 온 사람들에게는 무엇보다도 가능한 한 빨리 영어를 배워서 일거리를 찾아보는 것이 급선무였다. 유명한 학자나 예술가들도 종종 단순한 막일에 만족해야 했다. 정치학자인 한스 모르겐타우는 엘리베이터를 운전하는 일을 했다. 작곡가 파울 데사우는 양계장에서 일했다. 작가 발터 메링은 백화점 경비원이 되었다. 한스 잘은 비행기로 독일군에 뿌릴 알림 쪽지를 작성했다. 하인리히 블뤼허는 별로 직업을 갖고 싶은 기색이 없었다. 그는 한 공장에서 화학약품을 옮기는 일을 하다가 곧 그만 두었다. 차라리 하루 종일 집에서 뒹굴며 책을 읽거나, '사회연구를 위한 뉴스쿨New School for Social Research'(이하 뉴스쿨로 약칭 – 옮긴이)에서 독일어로 진행하는 세미나에 참석하는 편을 좋아했다. 한나는 그의 태도를 비난할 생각이 전혀 없었다. 그와 가까이 있을 때는 "유용한 일을 해야 한다"[2]는 강박 관념이 사라졌다. 그에 반해 마르타 아렌트는 사위에게 많은 것을 기대하고 있다는 것을 그가 알아차리게 행동했다. 하인리히가 영어 공부를 거부하고 있다는 것은 마르타가 보기에 순전한 게으름이었다. 그렇지만 하인리히에게 모국어를 포기한다는 것은 '스트라디바리우스'를 도둑질당한 것과 같았다. 새로운 언어는 "술집에서 연주하는 깽깽이"[3]밖에 될 수 없다고 그는 고집을 부렸다. 마르타는 편물공장에서 일거리를 맡아왔다. 67세의 나이로 낯선 세계에서 새로 시작하는 것은 힘든 일이었다. 그녀는 거의 집에 머물면서 한나와 하인리히를 위해 살림을 했다.

세 사람 중 가장 큰 의욕과 학습욕을 보인 사람은 한나였다. 그녀는 영어를 배우기 위해 망명자 기관에서 제공하는 기회를 이용하여 몇 주 동안 미국 가정에서 아이 돌보기 등의 집안일을 하고 약간의 보수를 받는 일을 했다. 7월 중순 한나는 매사추세츠주 윈체스터에 사는 기더즈 씨 집에 가게 되었다. 그들은 아이가 없는 부부로 전형

■1941년 무렵의 어머니 마르타

적인 미국식 단독 주택에 살고 있었다. 한나는 그 집에 흥미를 느끼고 또 그것에 매혹되어 뉴욕에 있는 하인리히와 엄마에게 "책이 있는 기계적인 집"⁴이라고 표현했다. 사실 그녀는 하녀 대우를 받으리라고 생각하고 있었다. 그러나 기더즈 부부는 그녀를 착취한다는 인상을 주지 않으려고 대단히 조심했다. 한나는 온갖 자유를 누렸다. 심지어는 집 안에서 담배를 피워도 되었다. 반면 집 주인 기더즈는 골초인데도 담배를 피우려면 정원으로 나가야 했다. 기더즈는 아내의 "청교도적 엄격함"⁵에 대단한 존경심을 품고 있었다. 그는 - 한나가 기더즈 부인의 채식주의를 묘사하듯이 - '건강한 식사를 위해 죽을 정도'인 아내의 신념에도 순순히 따랐다. 기더즈와 단 둘이 있게 되었을 때 한나는 '거대한 닭'을 요리해서 기더즈와 함께 '게걸스럽게 먹어치웠다'. 다만 감자튀김을 먹으라고 설득하는 데까지는 실패했다.

한나는 처음에는 키가 작고 적갈색 머리를 한 기더즈가 반유대주의자일지도 모른다고 의심했다. 그렇지만 그는 그녀에게 자신이 독일계 유대인이라고 고백했다. 그는 미국에서 태어났지만 독일어를 할 수 있을뿐더러 심지어 때로는 '작센 사투리'까지 구사할 수 있었다. 그러나 기더즈는 자신이 유대계이며 독일어를 할 수 있다는 사실을 마치 범죄나 되는 것처럼 세상에 숨기고 지냈다.

주인들이 일하러 나간 낮 동안 한나는 정원에 누워 책을 읽을 수 있었다. 주인 가족은 저녁에 돌아오면 한나와 밤늦게까지 이야기를 나누고 싶어 했다. 한나가 하인리히에게 하소연한 바에 따르면 그들은 한나가 '베르사유 조약에서 영혼의 불멸에 이르기까지 세상의 모든 수수께끼'를 풀어주기를 기대했다. 주말이 되면 한나는 그들의 친구와 친지 방문에도 함께 갔다. 이런 모임에서 그녀는 '밤에서', 말하자면 유럽 전쟁의 암흑에서 온 사람으로서 언제나 대화의 중심이 되었다.

한나는 계획했던 것보다 일찍 기더즈 가정과 작별을 했고, 8월 중순에 뉴욕으로 돌아왔다. 그 사이에 영어를 배우며 화학약품을 옮기는 것보다는 더 나은 일자리를 발견한 하인리히가 몹시 그리웠기 때문이다. 하인리히는 미국을 전쟁에 개입하게 하려는 한 위원회의 위임을 받아 독일 역사에서 일어난 전쟁에 대해, 나치의 만행에 대해 연설문과 기사를 썼고, 이 글들은 라디오로도 방송되었다.

한나는 하인리히의 일에 활발하게 참여했다. 이렇게 함으로써 그녀는 베를린과 파리에서 몰두했던 문제들과 다시 연결고리를 찾기도 했다. 그녀가 '쿠르첸'이라는 애칭으로 부르는 옛 친구 쿠르트 블루멘펠트를 다시 만나자 그녀는 완전히 본래의 활동분야를 찾은 것처럼 활기를 띠었다. 시온주의자 블루멘펠트는 뉴욕에서 '유대인 군대'를 주제로 강연을 했다. 그것은 유대인들 사이에서 당시 격렬히

논의된 문제이자 한나의 정치적 관심사에도 꼭 들어맞는 문제였다.

한나 아렌트는 유대인들이 군대를 조직해 전쟁에 참여해야 한 다고 주장했다. 그것은 전쟁 선동이나 군사주의와는 아무 관계가 없 었다. 그녀는 독일에서 도피한 후에 내린 결론을 이제 자신의 민족 을 위해 내린 것이다. "유대인이라는 이유로 공격을 당한다면, 유대 인으로서 자신을 방어해야 한다." 과거에 이미 그녀는 이렇게 주장 했고, 유대인의 사회적 과업에 참여했다. 이제 그녀는 유대인들은 유 대 민족으로서 나치의 박해에 응답해야 한다고 주장하는 것이다. 유 대인들은 이제 다른 사람들의 도움에 기대지 말 것이며, 어떤 식으 로든 적응한다든지 어떤 대가를 치르고서라도 살아남으려고 해서는 안 된다는 뜻이었다. 유대인들은 직접 무기를 들고 유럽의 다른 민 족들 가운데 하나로서 히틀러에게 대항한다면 마침내 자신의 운명 을 제 손 안에 거머쥐고 존엄성을 되찾을 것이었다.

그녀는 미국에 머문 지는 불과 몇 달밖에 되지 않았지만 놀라울 정도로 빠르게 자신의 주장을 펼칠 토론의 장을 발견했다. 그녀가 독일어 잡지 「아우프바우^{Aufbau: 건설}」에 공개서한을 보내자 편집장 만 프레트 게오르게는 그녀가 피력하는 논거의 힘에 깊은 감명을 받고, 그녀에게 문예란의 자유기고가로서 활동하기를 제안했다.

「아우프바우」에 1941년 11월부터 격주로 '이것은 당신을 가리 켜 하는 말이다'라는 제목으로 한나의 칼럼이 실렸다. 제목만큼이나 내용도 독자의 마음을 흔들어 깨웠다. 하인리히는 그녀의 정열적이 고 가차 없을 정도로 객관적인 이야기 방식을 "도끼 같다"고 말한다.

그녀는 첫 기고에서 이렇게 쓴다. "히틀러에 대항한 유대 민족의 현실적인 전쟁만이 유대인 전쟁에 관한 뜬소문에 종말을 준비해 줄 것이다. 그것은 가치 있는 종말이다. 자유란 선물이 아니다. [⋯] 자유란 괴로움을 견뎌낸 데 대한 보상이 아니다."[6]

한나는 동유럽에서 나치의 유대인 박해와 팔레스타인에서 영국인들의 변화된 정책을 배경에 두고 이 글을 썼다. 점점 더 많은 유대인들이 유럽에서 팔레스타인으로 이주하고, 아랍인들에게서 유대인의 우세에 대한 저항이 점점 더 커지자 영국인들은 이주민의 수를 제한하기로 결정했다. 이주민들을 수송하는 배들은 팔레스타인의 항구에서 거부되었다. 수송선 '스트루마'의 침몰과 같은 재앙이 발생했다. 스트루마호는 오랫동안의 외교적인 줄다리기 끝에 다시 바다로 끌려가 운명에 맡겨졌던 것이다. 과도하게 많은 사람과 짐을 실은 데다 기동능력이 없는 그 수송선은 예상대로 가라앉았고, 여기서 구출된 생존자는 단 두 사람이었다. 다른 760명의 승객들은 모두 물에 빠져 죽었는데, 그들 중 절반이 여자와 아이들이었다.

이러한 정책의 결과로 지하운동단체 '이르군단'과 같은 전투적인 유대인 집단들이 생겨나 영국의 시설물과 사람들을 공격했다. 한나 아렌트는 메나힘 베긴 휘하의 이런 테러리스트들을 "폭약 속물"이라고 부르며 비판했다. 그들은 친구와 적이라는 완전히 시대에 뒤떨어진 이분법에 매달리며 무책임하게 행동한다고 생각했기 때문이다. 그녀는 유대인들의 위험한 경향, 즉 반유대주의를 '자연스런 현상'으로 간주하고, 선택된 민족으로서 적대적인 세계에 에워싸여 있다는 잘못된 믿음에 빠지는 경향에 대해 경고한다. 마찬가지로 독자적인 유대인 국가가 반유대주의를 피해 도망갈 수 있는 유일한 장소가 되리라는 시온주의의 기대에 대해서도 경고한다. 그녀는 칼럼에서 팔레스타인이 '달에' 있는 것이 아니라 아랍인들로 에워싸여 있고, 그들에게 협조를 구해야 한다는 사실을 거듭 상기시킨다. 독자적인 유대인 국가는 이러한 양해를 불가능하게 할 것이다. 왜냐하면 유대인 국가 내에서 비유대인들은 언제나 소수로서의 권리밖에 갖지 못할 것이기 때문이다. 그 밖에도 유대인 국가는 영국이나 미국과 같은 강대국의 손에 자신을 내맡기지 않을 수 없게 될 것이다. 그리고 그 결과는 약속의 땅과는 전혀 다른 모습이 될 것이라고 예언했다. 다시 말해 스파르타와 같은 '전사족戰士族'이 될 것이며, 적대적인 아랍인들로 에워싸인 상황에서는 군사적 방어가 최우선이기 때문에 모든 경제적 발전과 문화적 진보는 질식되고 말 것이다.

한나 아렌트가 보기에 유대인 주거지는 아랍 이웃들과 화해하고 평화적으로 더불어 살 때에만 살아남을 수 있었다. 이를 이룩하기 위해서는 모든 민족국가적 계획과 작별을 고해야 한다. 예루살렘 히브리 대학의 학장인 유다 마그네스가 제안했던 두 민족국가의 제안역시 그녀는 아직 충분치 않다고 여겼다. 그녀가 염두에 둔 것은 일종의 지중해 연방 혹은 그보다 훨씬 큰 유럽 민족의 연방으로서, 여기서 팔레스타인은 제자리를 찾고 더 이상 다수와 소수가 존재하지 않으며 각기 다른 민족적, 정치적 요소들이 같은 권리를 갖고 공존하게 될 것이라 보았다.

이어지는 몇 년 동안 한나 아렌트는 「아우프바우」를 비롯한 여러 잡지에 50편이 넘는 칼럼을 썼다. 심지어는 미국 시온주의자들의 정책에 영향을 주기 위해 '청년유대인단'을 결성하기도 했다. 그렇지만 그녀의 뜻은 성공을 거두지 못했다. 대다수의 시온주의자들은 1942년 5월 뉴욕 빌트모어 호텔에서 열리는 미국 시온주의자 회의에서 확정되었던 방향에 따르기로 결정했다. 이 회의에서 사회민주주의 성향의 시온주의자 벤 구리온은 독자적 유대인 국가 수립에 대한 오랫동안의 꿈을 굽히지 않고 고수하자는 요구를 관철시켰다. 아랍인들과의 관계는 더 이상 아무런 역할을 하지 않았다. 한나 아렌트가 그토록 간절하게 경고했던 바로 그 길로 들어서기 시작한 것이다.

많은 동지들이 포기하고 "군대에서 나팔수밖에 남지 않게"[7]된 후, 그녀 역시 물러났다. 어쨌든 그녀는 오랫동안 특정 단체나 정당과 결속하는 것을 중요하게 생각하지 않았다. 그녀는 독립적으로 머물고 싶었다. 또 천성으로 보아도 자신을 '행동의 인간'으로 여기기보다는 오히려 정신적인 일을 좋아했다. 다른 한편으로는 어떤 대가를 치르고서라도 미국에서 강단 경력을 쌓으려는 유대인 학자들을 혐오했다. 그녀는 "찬란한 잡동사니 나라에서 그런 비참한 몰골로 타락하느니 차라리 굶어죽기로" 결심했다.[8]

한나의 가족은 아직 굶어죽을 정도는 아니었다. 그렇지만 그들의 생활 형편은 대단히 궁색했다. 마르타와 하인리히, 한나는 계속해서 집세를 지불해야 하는 가구 딸린 방에서 살았다. 한나가 잡지에 글을 쓴다지만, 그것은 그다지 많은 수입이 되지 못했다. 하인리히는 NBC 방송국에서 독일어 뉴스 보도자라는 새로운 직업을 찾았다. 그러나 그는 금방 일을 그만두었다. 기사도 작성해야 했기 때문이다. 하인리히는 영어로 말은 잘할 수 있었지만 글을 쓰는 것은 어려워했다.

가난과 전망 부재는 한나에게 별 대수로운 일이 아니었다. 그녀는 종종 모든 어려움을 넘어설 수 있을 것 같은 느낌을 주는 어린애 같은 용기에 사로잡혔다. 그러나 유대인 말살에 대한 소식이 미국으로 전해지자 상황이 바뀌었다. 나치의 반유대적 태도나 재산몰수 그리고 수용소는 이미 알려졌다. 그러나 체계적인 대량 학살에 대해서 미국 사람들이 알게 된 것은 1943년 초의 일이었다. 블뤼허와 아렌트 가족에게 그것은 충격이었다. 훗날 한나는 그 시절을 이렇게 회상한다. "마치 지옥의 문이 열린 것 같았다. 다른 모든 것이 어떤 식으로든 다시 한 번 좋은 쪽으로 바뀔 수 있으리라는 생각을 하고 있었기 때문이다. […] 그러나 그게 아니었다. 그런 일은 결코 일어나서는 안 되었다. […] 우리 모두가 감당할 수 없는 일이 벌어진 것이었다."[9]

그럼에도 한나는 벌어진 사태를 극복하고자 시도한다. 그녀는 나치와 대결하기 시작했다. 그녀는 나치의 말살 작업에는 역사에서 유례를 찾아볼 수 없는 무엇인가가 있으리라고 확신했다. 어떤 전통들이 사라졌길래 그런 일이 생길 수 있었을까? 역사의 지하에 숨어 있던 어떤 발전이 그런 일이 일어나는 데 기여했을까? 한나는 도서관을 뒤지며 나치 테러와 반유대주의, 제국주의에 대한 기록과 책들을 무수히 읽었다. 그 사이에 새로운 직업을 얻었기 때문에 그녀는 이 모든 일을 쉬는 시간에 해야 했다. 그녀는 이제 '유럽 유대문화재건 위원회'의 연구소장이 되었고, 동료 연구원들과 함께 유럽 여러 국가들에 있는 유대인 문화재 목록을 만들어야 하는 과제를 맡았다.

제2차 세계 대전의 종말은 눈으로 내다볼 수 있었다. 미국은 일본의 진주만 공격을 받은 후 전쟁에 들어섰다. 연합군은 아시아와 유럽의 전쟁 무대에서 앞으로 진격했다. 1944년 6월 6일 연합군은 노르망디에 상륙했다.

뉴욕의 독일 망명객들은 회의에 가득 찼다. 고향으로 돌아가야 할 것인가? 아니면 이 모든 일이 일어난 지금 고향이라는 것이 존재하지 않는 것은 아닐까? 한스 잘에 따르면 독일 망명자들은 저녁에 종종 허드슨강가에서 만났다. 뉴저지에 속하는 건너편 강가에서 불빛이 올라왔고, 사람들은 강물과 떠내려가는 오물들을 물끄러미 바라보며 자신들이 역사라는 강물 속으로 떠내려가는 쓸모없는 쓰레기 같다는 느낌을 받았다.

한나와 하인리히 역시 허드슨강변과 센트럴파크를 오랫동안 거닐었다. 이 산책에 대해 한나는 시 한 수를 지었는데, 그 마지막 연은 다음과 같다.

낚시꾼들이 강가에서 조용히 낚시를 하고
나뭇가지는 외롭게 걸려 있다.
길 위에는 차들이 달린다

쉬지 않고 맹목적으로.
아이들은 놀고, 어머니들은 소리친다.
거의 영원한 모습.
한 쌍의 연인이 지나간다,
시대의 짐을 지고.[10]

10

책임 문제

"'우린 그런 짓을 하지 않았다'고 외치는 속물들의 합창을 듣게 될 것이다."

1945년 5월 전쟁이 끝날 때까지 한나 아렌트와 하인리히 블뤼허는 유럽에 남은 친구들의 운명을 전혀 모르고 지냈다. 차츰 차츰 살아 있다는 신호들이 오기 시작했다. 안네 베유는 파리에서 전갈을 보내 왔다. 한스 요나스는 하이델베르크에서 영국 군인으로서 모습을 나타냈다. 한나의 옛 친구이자 스승인 카를 야스퍼스 역시 "지옥의 활극"[1]을 무사히 뚫고 나왔다. 그녀는 당장 그에게 편지를 쓰고 하이델베르크로 원조물자를 꾸려 보냈다. 완전히 파괴된 독일은 모든 것이 부족했기 때문이다.

야스퍼스는 경멸과 폄하의 시절이 지난 후 갑자기 다시 존경받는 사람이 되었다. 말하자면 더 나은 독일을 상징하는 간판과 같은 존재가 된 것이다. 그에게는 이러한 "놀라운 역전"[2]보다 한나가 그에게 끝내 충실했다는 점이 더 중요했다. 그는 한나의 미국 생활에 대해 몹시 알고 싶어 했다. 한나는 자신이 '일종의 자유기고가'가 되었다고 알렸다. 다음 편지에서는 이렇게 쓴다. "선생님, 저는 전혀 존경받는 입장이 되지 못했어요. 오히려 저는 오늘날에는 사회의 가장자리에서만 인간답게 존재할 수 있다는 생각을 갖고 있답니다. 거기서는 사회로부터 돌멩이질을 당하든 굶어죽든 다소간 유머를 갖고 모험을 할 수 있습니다. 여기서 저는 상당히 유명하고 어떤 문제에 대해서는 약간의 권위를 갖고 있습니다. 다시 말해 사람들이 저를 신뢰하고 있어요."[3]

사실 그녀는 그 사이에 뉴욕에서 많은 친구와 친지들을 얻었다. 그녀의 버팀목은 예나 지금이나 하인리히였다. 그러나 "한 인간에 대한 고정관념"은 그녀에게 "우정의 왜곡이자 붕괴"[4]를 뜻했다. 한나는 누군가와 우정을 맺으면, 사회적 금기를 넘어섰다. 그래서 그녀는 미국인들이 대부분 유대인들을 정치적으로 지원하긴 하지만 유대인들과 아무런 관계를 맺지 않으려 한다는 것을 곧 확인하게 되었다. 유대인들은 자기들끼리 머물렀다. 따라서 한나의 한 유대인 여자 친구의 경우는 전혀 드문 일이 아니었다. 이 여자 친구는 미국에서 태어났지만 한나의 집에서 평생 처음으로 비非유대계 미국인들과 사귀게 되었다.

한나에게는 비유대계 미국인들과의 교제가 당연한 것이었다. 무엇보다도 「파르티잔 리뷰Partisan Review」에 글을 발표하고부터는 그랬다. 이 「파르티잔 리뷰」는 당시 미국에서 영향력이 큰 잡지로서, 자유주의 성향을 띠었고 일군의 유명한 작가들과 지식인들이 만들고 있었다. 한나는 편집인 윌리엄 필립스와 필립 라브, 비평가 알프레드 케이진, 작가 로버트 로웰과 같은 사람들을 알게 되었다.

1945년 필립 라브의 집에서 열린 파티에서 그녀는 메리 매카시를 소개받았다. 여섯 살 아래인 매카시는 「파르티잔 리뷰」에 연극 비평을 쓰고 있었고, 그 밖에도 자신의 유년과 청소년기를 다룬 소설을 써서 주목을 받고 있었다. 두 여인의 첫 만남은 한바탕 소동으로 끝났다. 한나는 메리의 파티용 수다에 격분했다. 메리는 파리를 점령한 독일군에 대한 프랑스인들의 적대적인 태도를 화제에 올렸다. 그러면서 히틀러가 어떻게 자신의 희생자들로부터 사랑받기를 기대했는지 딱할 정도라고 말했다. 이 말을 위트로 받아들인 사람도 있었지만, 한나는 화를 버럭 냈다. 한나는 메리 매카시에게 자신이 히틀러의 희생자이며 수용소에 있었다고 말했다. 메리 매카시는 변명을 하고 사과를 했지만 아무 소용이 없었다. 한나는 용서하지 않았다.

두 사람이 다시 이야기를 하게 되기까지는 얼마간의 시간이 지나야 했다. 잡지 「폴리틱스Politics: 정치」의 발행인인 드와이트 맥도널드의 집에서 만난 후 메리 매카시와 한나는 같은 지하철을 기다렸다. 그리고 두 사람은 서로 화해하고 평생 우정을 나누었다. 두 사람은 여러 면에서 매우 달랐다. 한나에게 안정된 삶은 무엇보다도 중요했다. 그에 반해 메리 매카시는 새로운 모험과 경험에 빠져들기를 좋아했다. 그녀는 어떤 곳에서도 오랫동안 머물지 않았고, 연애 생활도 상당히 요동쳤다. 그녀는 벌써 두 번이나 이혼을 했다. 두 번째 남편 에드먼드 윌슨과의 사이에서는 아들 로이엘이 있었다. 한나는 메리의 변덕을 쫓아가기가 종종 힘들었다. 그러나 그녀는 언제나 다시 그녀의 편을 들었다. 똑똑하고 솔직한 성격과 순박하고 진심 어린 마음씨를 높이 샀기 때문이다. 거꾸로 메리는 사물의 질質에 대한 한나의 확고한 감각과 이러한 감각의 바탕이 되는 한나의 교양에 매혹당했다. 미국의 많은 지식인들처럼 메리도 유럽의 문학과 철학을 발견하기 시작했다. 한나는 이 문화의 화신이었다. 메리 매카시에게만 그런 것이 아니었다.

알프레드 케이진은 한나가 친구들 사이에 끼친 첫 번째 영향을 이렇게 회상한다. "내가 40대 후반의 그녀를 알게 되었을 때 그녀는 매력적이고 정열적인 유대 여성이었다. 그녀는 상냥하고 재치 있고 혀가 매서운 만큼이나 여성적이었으며, 믿을 수 없을 정도로 교양이 있었다. 새로운 우정에 매혹되면 그녀의 유대인 용모와 칼칼한 목소리는 명상에 잠긴 듯한 다정함으로 변했다. […] 그녀는 나와 다른 사람들을 매료시켰다. 왜냐하면 그녀의 새로운 고향과 영문학에 대한 관심은 그녀의 억양과 열정과 마찬가지로 그녀 자신의 일부가 되었기 때문이다. 그녀는 플라톤, 칸트, 니체, 카프카, 심지어는 둔스 스코투스(1266~1308. 이성을 비판한 스코틀랜드 출신의 중세 스콜라 철학자로서 하이데거가 교수 자격 논문에서 다룬 바 있다. 둔스 스코투스는 신의 고유한 본질은 우리 이성에 의해 포착될 수 없다고 주장한다. 세계는 신의 창조물이며 따라서 신에 대한 지성의 투시 불가능성을 공유하므로, 우리 주변의 사물 또한 그 불가사의한 본성을 유지한다는 것이다—옮긴이)에 대해 마치 그들 모두가 그녀와 그녀의 정력적인 남편 하인리히 블뤼허와 함께 웨스트 95번가의 누추한 셋집에서 살고 있는 것처럼 열정적으로 토론했다."

한나는 신세계에 익숙해지기 시작했다. 그렇지만 정신적인 고향은 구세계인 독일의 문화와 언어였다. 그러나 이 구세계는 제3제국 때문에 그림자가 드리워졌다. 어떻게 이러한 야만에 이를 수 있었을까 하는 물음보다 한나를 더 골몰하게 만든 문제는 없었다. 그녀는 「파르티잔 리뷰」에 기고한 글들에서 답변을 모색했다. 또 카를 야스퍼스의 고무를 받아 야스퍼스와 돌프 슈테른베르거가 창간한 독일 잡지 「디 반틀룽」Die Wandlung: 변화」에 이미 1944년에, 그러니까 전쟁이 끝나기 전에 썼던 글을 보냈다. 이 글에서 그녀는 책임 문제를 다루었다.

집단 책임 혹은 결백을 이야기하는 것은 아무런 의미가 없다. 그런 것은 존재하지 않는다. 왜냐하면 책임이란 한 개인에게만 해당될 수 있는 것이기 때문이다. 그녀는 그렇게 쓴다. 누군가 책임이 있다면, 그것은 나치가 악마적인 계획에 이용할 수 있었던 특정 유형의 인간이다. 그리고 이런 유형은 광신자나 사디스트 혹은 치정 살인자가 아니라, 아주 평범한 가장, 다시 말해 자신의 사생활을 무엇보다도 우선하는 '가정을 충실하게 돌보는 가장'이다. "그는 연금과 생명보험, 아내와 아이들의 안정된 생존을 위해 의견과 명예, 인간적 존엄을 철두철미 희생시킬 각오가 되어 있던 사람임이 드러났다."

한나 아렌트에게 이러한 '속물' 유형을 특징짓는 것은 무엇보다도 모두에게 공통되는 세계는 어떤 모습일까, 그 세계는 어떻게 지속될 것인가 하는 물음에 대한 완전한 무관심이다. 자기 집안의 안정된 삶을 위해 평상시에는 파리 한 마리도 참을 수 없는 가장이 범죄와 살인도 저지를 각오가 되어 있었다. 이런 전제에서 그는 자신이 모든 책임을 부인할 수 있는 죽음의 기계장치 속의 한 부품이 되었던 것이다. 한나는 전쟁이 끝나기 전에 이미 이렇게 예언한다. "이번에 커튼이 내려지면, '우린 그런 짓을 하지 않았다'고 외치는 속물들의 합창을 듣게 될 것이다."[5]

하이델베르크에서 야스퍼스는 이따금 하이데거와 편지를 주고받고 있음을 알렸다. 예전의 '투쟁 동지들' 사이의 관계는 1936년 여름에 단절되었다. 그들의 길은 1945년에야 다시 이어졌다. 하이데거는 전쟁이 끝난 후 '정화위원회' 앞에 서야 했고 자신의 결백을 맹세했다. 그러나 결국 그는 프랑스 군정 당국에 의해 강의 자격을 박탈당했다. 이 판결에는 카를 야스퍼스의 평가서가 큰 역할을 했는데, 야스퍼스는 하이데거의 '사유방식'에 의심을 표명하며 그것을 "자유롭지 못하고 독재적이며 소통 능력이 없다"고 일컬었다.[6] 1946년 초 하이데거는 육체적·정신적으로 무너졌고 건강을 되찾은 후에도 뒤로 물러난 채 살았다. 그러나 하이데거는 특히 프랑스에서 천재적 철학자로서의 명성을 날리기 시작했다. 야스퍼스를 포함한 많은 동료들이 그가 다시 강의할 수 있도록 강의 금지 처분을 취소해 줄 것을 주 정부에 제안했다. 그럼에도 야스퍼스는 하이데거에 대한 회의를 떨칠 수는 없었다. 하이데거가 보낸 편지들에서도 야스퍼스는 개전의 정을 찾아볼 수 없는 '순수하지 못함'을 느꼈다.

한나는 야스퍼스처럼 조심스러운 태도로 하이데거를 판단하지 않았다. 야스퍼스가 하이데거를 '순수하지 못한' 사람이라고 했다면 그녀는 '비겁한 사람'이라고 판단했다. 그러면서 '정말 인격이 없다'는 말을 덧붙였다. 하이데거가 무

■ 카를 야스퍼스

너진 후 처음 쓴 글 「휴머니즘에 관하여」도 그녀는 그다지 좋게 보지 않았다. "문명을 욕하고 존재^{Sein}를 y자$^{[Seyn]}$로 쓰면서 토트나우베르크에서 살았던 삶은 사실 쥐구멍 속으로 숨는 것과 같아요. 그렇게 숨어든 건 순례를 하듯 자신을 찾아와 경탄을 표하는 사람들만 보면 된다고 생각하기 때문이지요."[7]

뉴욕은 진실로 토트나우베르크가 아니었다. 한나는 종종 눈 코 뜰 사이 없이 많은 사람들을 만났다. 그녀는 '유럽 유대문화재건위원회'를 이끌었다. 그녀의 작은 사무실은 콜럼버스 원형광장에 있었는데, 이웃에는 초라한 담배가게들과 어두컴컴한 고물상들, 지저분

한 돌팔이 의사들이 불법 낙태를 해주는 영락한 사무실 건물들이 있었다. 이따금 알프레드 케이진이 사무실 가까운 곳에서 커피나 한 잔 하자며 한나를 찾아왔다. 그러면 한나는 새로운 경험에 대한 기대로 가득 차 환한 표정으로 케이진을 맞았다. 한번은 비가 쏟아지는 콜럼버스 원형광장에 멈추어 서서 케이진에게 카프카가 토마스 만보다 훨씬 더 위대하다는 것을 설득하기도 했다.

위원회의 일은 한나의 시간을 많이 앗아갔지만, 생활을 하기에 충분한 돈이 벌리는 것은 아니었다. 게다가 브루클린 칼리지에서 유럽 역사에 관한 강의도 맡았다. 생계비를 벌게 된 것은 쇼켄 출판사에서였다. 그녀는 1946년부터 이 출판사에서 편집자로 일했다. 이 출판사의 사장은 잘만 쇼켄으로, 한나는 그를 '유대인 비스마르크'라고 불렀다. 쇼켄은 1933년 베를린에서 출판사를 세웠고 뉴욕으로 이주한 후 재건했다.

사무실 일은 그녀에게 특별하지 않았다. 그녀는 '사람을 바보로 만드는 과도한 긴장'과 '사무실의 만성적인 나태'로 고생했다. 이러한 '과도한 긴장'은 무엇보다도 끊임없이 사람들이 그녀의 사무실을 드나드는 데서 왔다. 그녀는 "얼굴과 이름들이 혼돈으로 뒤얽힌 정도로"[8] 많은 사람들을 알아야 했다. 그러나 몇몇 이름과 얼굴들은 기억에 남았다. 젊은 작가 랜달 자렐이 그 예이다. 그의 강한 감수성과 정열적인 성격은 그를 '동화 세계에 나오는 인물'처럼 보이게 했다. 한나는 그에게 독일 역사를 알려주었고, 자렐은 그녀에게 영국과 미국 문학을 안내했다. 랜달 자렐이 말을 놓자며 성이 아닌 이름을 불러달라고 부드럽게 요청하자 한나는 당황했다. 그녀에게는 그의 이름이 성보다 더 친밀한 호칭으로 느껴지지 않았기 때문이다.

한나와 하인리히가 정기적으로 만난 또 다른 작가는 오스트리아 출신 작가 헤르만 브로흐였다. 브로흐는 고국에서 섬유공장을 하고 있었는데, 문학을 위해 살기로 작정하고 작가가 된 사람이었다. 한나는 브로흐의 『베르길의 죽음』을 당대의 중요한 작품으로 여겼다. 하지만 '성자와 같은 생활'을 하려 하는 그의 경향은 그녀의 마음에 들지 않았다. 브로흐는 최소 생활비로 지내면서도 자신의 기력과 시간을 주저 없이 다른 망명자들을 돕는 데 바쳤다.

쇼켄 출판사에서 한나는 2년 동안 일했다. 이 무렵 그녀에게 가장 중요한 과제는 카프카의 일기 출간이었다. 그녀는 1924년에 사망한 프란츠 카프카를 높이 평가했고, 기회가 있을 때마다 사람들에게 그의 텍스트를 주목하게 했다. 당시 미국에서 카프카는 거의 알려져 있지 않았다. 그래서 한 파티에서 대체 그 '프랜시스'(프란츠의 영어식 발음 - 옮긴이) 카프카가 누구냐는 질문을 받는 일도 있었다.

한나 아렌트에게 카프카는 근대의 '광기'를 가장 인상 깊게 묘사한 작가였다. 그 광기란 법에 외견상으로 자연적인 필연성을 부여해 놓고는 그 법에 복종하는 것이 바로 인간의 과업이라고 주장하는 일이다. 이러한 현상에 관심을 가진 이유는, 나치 지배 기간에 집단적으로 '말살의 기계장치'에 가담하는 일이 어떻게 일어날 수 있었는가라는 물음에 대한 답을 그녀 자신이 찾고 있었기 때문이다. 그녀는 자신의 개인적 생존을 위해 살인자가 되는 '충실한 가장'이라는 인간 유형을 탄핵했다. 그러나 이로써 어떻게 이러한 '유형'의 인간이 생길 수 있었는가에 대한 설명이 되는 것은 아니었다. 이러한 유형의 인간에게는 이전의 모든 문화적이고 윤리적인 통념이 더 이상 의미를 갖지 못했다. 한나 아렌트는 이 문제를 줄곧 파고들었다. 카프카는 난공불락의 전능한 법정에, 혹은 신과 같이 선악을 결정하는 성주城主에 대항하는 개인의 투쟁을 문학적으로 묘사했다. 하지만 한나 아렌트의 재능은 역사적이고 철학적인 사유였다. 그녀는 끝내 전체주의적인 나치 국가로 나아간 발전과정을 찾아내기 위해 역사를 훑었다.

한나는 뉴욕에서 충만한 삶을 살았다. 요구 사항이 많은 직업을 갖고 있었고, 마음에 담고 있는 책을 썼으며 많은 친구들을 사귀었다. 그러나 한나의 어머니는 그렇다고 할 수 없었다. 마르타 아렌트에게 미국은 영영 낯선 존재였다. 그녀는 95번가의 가구 딸린 방에서 은둔의 삶을 살았다. 그녀는 사위를 잘 이해하지 못했다. 하인리히는 여러 직업을 전전한 끝에 다시 재야학자로 살아갔다. 그는 독자적인 철학적 구상으로 전 서구 사상에 최후의 일격을 가하려는 지고한 계획을 갖고 있었다. 그 밖에도 그는 한나가 책을 쓰는 데 자극과 조언을 주는 대화 상대자였다.

1948년 초 74세의 마르타 아렌트는 런던에 있는 의붓딸 에바 베어발트의 집에서 여생을 보내기로 결정했다. 얼마 후인 7월에 한나는 어머니와 작별하고 퀸 메리호까지 배웅을 나갔다. 7월 27일 한나는 뉴햄프셔에서 휴가를 보내던 중에 에바 베어발트의 전보를 받았다. "지난밤 어머니가 주무시다가 세상을 뜨셨어. 화장을 준비 중 – 에바." 마르타 아렌트는 배에서 천식 발작을 일으켰는데, 거기서 영 회복되지 못했던 것이다.

한나는 "슬프면서도 홀가분한" 마음이 들었다. 그녀는 평생에 "이 일처럼 잘못한" 것은 없었다고 하인리히에게 편지를 쓴다.[9] 그녀는 어머니를 충분히 보살펴주지 못한 것을 자책했다. 그러나 동시에 그녀는 자신이 무너지지 않고는 마르타 아렌트의 기대를 채워줄 수 없었다는 것도 알고 있었다. 이러한 분열적 감정보다 한층 더 심각했던 것은 하인리히가 장모와 함께 사는 일이 얼마나 힘들었을까 하는 생각이었다.

하인리히는 다음과 같은 답장을 보냈다. "히틀러와 스탈린은 당신 어머니가 우리에게 준 부담보다 훨씬 큰 부담을 주었오. [⋯] 나는 내 편한대로 거리낌 없이 살아왔어요. 이제 나는 양심의 가책을 느끼기 시작했소. 결혼은 그것을 강화시켰고요. 노인네는 단지 그것을 참을 수 없게 만들었을 뿐이오. 그분은 나도 늘 알고 있던 권리, 개인적이며 부르주아적인 관점의 제한적이긴 하지만 강력한 권리를 너무도 분명하게 내 눈앞에 보여주었오. 그러나 진짜로 나를 분노케 한 것은 끊임없이 당신의 피를 빨아먹으면서도 당신이 이룬 믿을 수 없을 정도의 성과를 전혀 존중하지 않는다는 점이었소."[10]

하인리히가 "믿을 수 없을 정도의 성과"라고 표현한 것은 우선 한나가 지난 몇 년 동안 작업해 왔고 이제 막 끝내려 하고 있는 책을 말한다. 그녀는 쇼켄 출판사와 브루클린 칼리지의 일, 정치적 활동과 언론 활동 이외에도 '유대문화재건'을 위해 활동하면서, 1분이라도 자유로운 시간이 있으면 그 책을 쓰는 데 바쳤다. 이를 위해 그녀는 엄청난 양의 책들을 읽고 정리해야 했다. 게다가 그녀는 이 책을 영어로 집필하려는 야심을 갖고 있었다. 마침내 빽빽하게 쓴 500쪽의 원고가 완성되었다. 이 책은 『전체주의의 기원』이라는 제목으로 나오게 될 것이다(독일어판 제목: 『전체주의 지배의 요소와 기원』). 그리고 이 책은 한나 아렌트를 세계적으로 유명하게 만들 것이다.

그러나 원고는 오랫동안 인쇄에 들어가지 못했다. 인쇄가 될지도 아직은 결정되지 않았다. 보스턴의 한 출판사는 계약을 하겠다고 했다가 취소했다. 하버드 대학의 한 교수에게 감수를 의뢰했는데 상당히 비판적인 결과가 나왔기 때문이다. 알프레드 케이진은 이 원고를 하코트 출판사의 로버트 지로에게 보냈다. 그는 원고를 읽고 감탄했고, 출간하기로 결정했다.

1949년 여름 한나와 하인리히는 마침내 가구 딸린 셋방을 떠나 새로운 집으로 이사할 수 있었다. 할렘구와 인접하여 상당히 불안한 지역인 모닝사이드 드라이브에 있는 집이었다. 가까운 모닝사이드 공원은 산책을 하기에는 너무 더웠다. 새로운 아파트의 문에는 두 개의 열쇠와 빗장으로 보안장치가 되어 있었다. 거실 창문에서 공원과 '크라카우 피아노 공장'이 내려다보였다. 한나는 복도의 벽에 프란츠 카프카의 대형 사진을 걸어놓았다. 거실에는 왕처럼 수염을 기른 플라톤의 흉상 사진을 걸었다. 자주 방문한 알프레드 케이진은 이 집을 지배하는 망명의 분위기에 거듭 압도당했다. 한나는 종종 독일의 여러 친구들과 헤어져 있어 얼마나 괴로운지를 이야기했다.

그해 말 옛 친구들을 다시 만나는 기회가 생겼다. 쇼켄 출판사를 그만둔 후 그녀는 '유대문화재건' 사업을 맡았는데, 이 일로 유럽으로 여행을 가야 했다. 그녀는 야스퍼스를 방문하기로 마음을 먹었다. 직무상 불가피하게 프라이부르크도 가게 될 것이다. 하이데거를 만날지는 알 수 없었다.

11월에 한나는 여행을 떠났다. 평생 처음 그녀는 비행기를 탔다. 하인리히는 한나를 '우리 골초'라는 애칭으로 불렀는데, 그는 그의 '골초'가 연어처럼 부서지기 쉬운 '깡통' 속에 들어가 대서양을 건너는 것을 못 견뎌했다. 한나는 하늘을 난다는 것에 흥분했다. 그러나 하인리히는 비행기에 대한 반감을 거두려 하지 않았다. "작별의 손수건도 제대로 흔들 수 없잖아."[11] 그가 투덜거렸다.

11

근본악

"독일인들은 위선과 어리석음으로 살아가고 있어요."

1949년 12월 독일을 여행할 때 한나 아렌트의 나이는 43세였다. 전체주의에 대한 저서는 아직 출간되지 않았고, 그녀는 '유대문화재건위원회'의 대표로서 왔지 저자로서 온 것은 아니었다. 그렇지만 그 사이에 그녀는 전체주의 체제에 대한 전문가가 되었고, 몇 년 전만 해도 그런 식의 테러 정부에 장악된 나라가 어떻게 변했는지 보고 싶어 했다.

한나 아렌트가 4년 넘게 쓴 『전체주의의 기원』은 전체주의 지배의 속성을 기술하려는 큰 구상을 지닌 시도였다. 여기서 그녀는 나치 정부만이 아니라 소련의 스탈린주의도 주목했다. 둘 다 그녀에게는 전체주의적 통치형식이었다. 그러나 이 체제들은 다른 독재나

폭력정치에 비해 어떤 점에서 두드러지는가?

처음 절멸 수용소의 학살에 대해 들었을 때 한나와 하인리히는 그 소식을 믿을 수 없었다. 그런 식의 계획이 무엇을 의미하는지 전혀 이해되지 않았기 때문이다. 군사적 견지에서도, 경제적 견지에서도 말살 계획은 아무런 이익이 없었다. 반대로 조직과 직원을 유지하는 데는 엄청난 경비가 들었고, 결국은 전쟁을 수행하는 데 막대한 손실을 초래했다. 바로 이러한 무의미성에 나치 테러의 유례 없는 속성이 있다는 것을 한나 아렌트는 서서히 이해하기 시작했다.

『전체주의의 기원』에서 한나 아렌트는 히틀러를 역사 속의 칭기즈칸이나 다른 폭군들과 비교하는 것을 단호하게 거부했다. 그녀의 신념에 따르면, 역사 속에서 이와 유사한 어두운 장들을 찾아본다고 해서 전체주의 정치의 특수성을 이해할 수 있는 것은 아니다. 공격 전쟁은 언제나 존재했다. 오스트레일리아, 아메리카, 아프리카에서처럼 민족 전체의 말살은 새로운 일이 아니었다. 역사에서 광기에 사로잡히고 피에 굶주린 독재자들은 얼마든지 있었다. 이러한 예전의 만행들과 폭군들은 아무리 끔찍하다 해도, 어떤 식으로든 이해할 수 있었다. 다시 말해 노골적인 소유욕이라든가 순전한 권력욕과 같이 비천한 충동에 지나지 않더라도 그 동기는 찾을 수 있었던 것이다.

그렇지만 나치의 죽음 공장의 경우는 그런 것이 아니었다. 여기서는 인간의 건전한 판단력이 "완전한 무의미성"[1]과 대면하게 된다. 이 절대적 무의미성이 가장 끔찍하게 훈련되는 곳이 바로 강제 수용

소였다. 수용자들은 그들의 고통을 어떤 죄에 대한 벌로 생각할 수
없었다. 가스실로 보내진 사람이 진짜 범죄자인지 전혀 비난할 여지
가 없는 사람인지는 이 체제에서 아무 상관 없는 일이었다. 말살된
것은 실제로 이미 '죽은', 권리와 존엄을 빼앗긴 인간들이었다. 공장
식으로 행해진 말살에서는 할당량을 엄수하는 일이 더 중요했다. 일
상적으로 처리하는 '인종 청소' 뒤에서 범죄는 자취를 감추었다.

　한나 아렌트는 이러한 죽음의 기계장치 뒤에 '미친 논리'가 작동
하고 있는 것을 본다. 이 논리는 엘리트 인종이 테러와 완벽한 조직
을 통해 미래 세계를 지배한다는, 전혀 터무니없는 관념을 현실화하
고자 한다. 이러한 목표를 관철하는 데 있어서 사람들은 단지 이 역
사적 과업을 집행하는 데 쓰이는 '재료'에 불과했다. 하수인들에게는
사심 없이, 다만 역사 법칙과 자연 법칙에 대한 비인간적이고 초인
간적인 충성심으로 자신들의 과업을 완수할 것이 요구되었다. 이 살
인적 계획의 배우들은 양심의 가책으로부터 그들을 해방시키는 지
고한 도덕과 비밀결사를 맺었다. 하인리히 히믈러는 친위대 특수기
동대원들 앞에서 다음과 같이 말한 바 있다. 수천의 시신 앞에서 '당
당하게 견뎌내는 것은 칭찬받을 일'이다.

　역사적 과업의 이름으로 대량 학살을 자행하는 이런 시도는 한
나 아렌트에게 너무나 끔찍한 일이며, 모든 인간적인 것을 넘어서는
일이었다. 그리하여 그녀는 '근본악'이라는 개념을 도입한다. "모든
것이 가능하다는 사실을 증명하려는 과정에서 전체주의 지배는 뜻
하지 않게 근본악이 존재한다는 것을 발견했다. 근본악의 본질은 인

간이 처벌할 수도 용서할 수도
없다는 데 있다."[2]

세계를 이데올로기의 계율
에 따라 변화시킬 수 있다는
것을 증명하기 위해, 나치는
방해가 되는 경험들을 차단하
고 허구적 세계를 구축해야 했
다. 나치는 현실을 광기의 체
계로 대치하려 한 것이다.

이러한 가상의 세계는 공
동체 혹은 '운동'을 대단히 잘
구축했다. 그러나 그것은 현실

■ 아우슈비츠 강제 수용소 입구

적으로 공동 행동을 할 수 없는, 고립된 개인들의 공동체였다. 외부
에서 볼 때는 마치 '정신병원'처럼 보이는 것이 이 체제 속의 사람들
에게는 완전히 이성적이고 조화롭게 여겨졌다. 이러한 허구적 세계
가 붕괴되자마자 '운동' 역시 붕괴했고, 남은 것은 다시 그 예전의 사
람들, 고립되고 '고향을 상실한' 개인들이었다.

전체주의 지배를 떠받치고 있는 인간들에게는 공통된 세계가 존
재하지 않는다. 그들은 단지 이데올로기를 통해 결속될 뿐이다. 그렇
지만 한나 아렌트는 이러한 '고향을 상실한' 사람들을 이미 오래 전
부터 잘 알고 있었다. 그들은 근대의 현상이다. 한나 아렌트는 『전체
주의의 기원』의 가장 많은 분량을 차지하는 제3부에서 직접적이든

간접적이든 이러한 '고향을 상실한' 사람들을 다룬다. 긴 역사적 서술과 역사적 인물들의 성격 연구, 일화와 문학적 예들에서 어떤 발전이 그런 인간을 낳았는지 보여주고자 한다. 이때 그녀는 역사의 필연적인 과정이란 것을 믿지 않는다. 현재와 과거의 그 어느 것도 꼭 일어나야 했던 것은 없었다. 어떤 것도 과거에서 분명하게 도출될 수 없다. 한나 아렌트는 이렇게 쓴다. "사건은 자신의 과거를 밝힌다. 그러나 사건은 결코 과거에서 도출될 수 없다."[3] 전체주의 지배라는 사건 역시 자신의 과거를 밝히고 '결정화crystallization: 結晶化'와 '밑바탕의 흐름들'을 드러나게 할 수 있다.

한나 아렌트에 따르면 역사에서 나타나는 밑바탕에 깔린 흐름들 중의 하나는 무한한 권력을 향한 충동이다. 이 충동은 제국주의에서 가장 강력하게 나타나기에, 그녀는 책의 세 장 가운데 한 장을 제국주의에 할애한다. 그녀는 이러한 충동을 결코 만족할 줄 모르는 충동으로 간주한다. 제국주의적 상인은 "하늘의 별들에게 화가 난다.

● 이마누엘 칸트는 결정화를 "응집에 의해서, 다시 말해 갑작스런 응고에 의해서, 즉 액체 상태로부터 고체 상태로의 점차적인 이행에 의해서가 아니라, 오히려 이를테면 하나의 비약에 의해" 일어나는 형성 작용이라고 설명하며 물이 얼음으로 변하는 것을 예로 든 바 있다. (『판단력비판』, 249) 한나 아렌트는 역사의 인과적 필연성이나 불가피성을 강조하는 역사관을 비판하며, 『전체주의의 기원』의 집필의도에 대해서도 전체주의의 "기원을 다룬 것이 아니라 […] 전체주의로 결정화한 요소들에 대한 설명"을 하려 했다고 말한다. 따라서 한나 아렌트가 찾고자 한 것은 "전체주의의 원인 또는 기원이 아니라, 갑자기 분출하여 우연하게도 전례 없는 전체주의 현상으로 결정화한 밑바닥에 잠복한 숨은 흐름들과 요소들이다."(리처드 J. 번스타인, 『한나 아렌트와 유대인 문제』, 118) 한나 아렌트는 파편처럼 흩어져 있는 결정화한 흐름들과 요소들을 찾는 행위를 "진주조개잡이"로 비유하는데, 이는 발터 벤야민으로부터 영향을 받았다고 평가된다. 발터 벤야민은 역사서술에 몽타주 기법을 도입해 "실로 자그마한 개별적 계기들에 대한 분석을 통해 전체 사건의 결정체를 찾아내고자" 했다.(발터 벤야민, 『아케이드 프로젝트 1』, N2,6)-옮긴이

그것은 그가 별들을 합병할 수 없기 때문"이다. 국가의 경계들이 무너지면서 예전에는 제한되어 있던 갈등들도 증폭된다. 영국인은 '백인'이 되고, 독일인은 '아리아인'이 된다. 이들은 태어날 때부터 주인의 지위를 부여받으며 노예종족, '흑인' 혹은 '유대인'과 구별된다.

인종주의와 제국주의는 짝을 이룬다. 세상을 지배하는 소명을 부여받았다고 느끼는 집단은 지배에 동참할 권리가 없다고 여긴 열등한 인종을 차별한다. 따라서 왜 유대인들이 나치즘을 불붙이는 불꽃이 되었는지, 왜 바로 유대인들이 숙적이 되었는지도 이해할 수 있다. 국가사회주의는 제국주의의 모든 경향을 극단으로 몰고갔다. 나치는 스스로를 세계를 지배하는 역사적 과업을 지닌 선택된 민족의 초국가적 운동으로 여겼다. 그렇기 때문에 자신과 유사하게 세계적으로 널리 퍼져 있고, 또 자신과 유사하게 선민의식을 지니고 있는 모든 집단이 적이 되어야 했다. 그 적은 무엇보다도 유대인이었다. 유대인은 국가를 이루지 못하고 전 세계에 흩어져 살지만, 가족의 끈과 특별한 역사적 사명에 대한 믿음으로 서로 묶여 있는 민족이었다. 나치는 이러한 특별한 운명을 지닌 유대인이 전 세계를 대상으로 음모를 꾸미고 있다고 선전했다. 그리고 나치는 정말로 유대인에 의해 세계의 토착민족이 약화되었고 그에 대응한 음모만이 이 세계를 구할 수 있는 것처럼 행동했다.

유대인이 세계 음모를 꾸미고 있다는 선전이 어쩌면 허위가 아닐까 하는 질문은 전혀 제기되지 않았다. 사람들은 마치 그것이 진실인 것처럼 행동했고, 그리하여 그것은 진실이 되었다. 광기가 간단하게 진실로 둔갑한 것이다. 그러나 이러한 거짓의 건물을 받쳐주는 기둥인 조직과 테러가 더 이상 기능하지 않게 되자마자 전체주의 체제의 기본적인 허약함이 드러난다. 마치 비누거품처럼 펑 터지며, 사람들은 꿈에서 깨어나고, 더 이상 그 꿈을 인정하고 싶어 하지 않는다.

한나 아렌트는 전체주의 선전의 본질적 약점이 드러나는 것은 패배의 순간이라고 말하며 이렇게 쓴다. "대중을 보호해준 허구 세계가 붕괴되는 순간, 대중은 예전의 고립된 개인의 지위로 되돌아간다. 이들은 변화된 세계에서 새로운 과제를 맡든가, 아니면 허구로 인해 일순간이나마 구원받았던 처지에서 다시 예전의 절망적인 불필요한 존재로 추락한다. […] 어리석은 사기에 지나지 않는 듯이 아주 조용히 그들은 과거를 포기하게 될 것이며, 필요하다면 부정할 것이다. 그리고 어떤 새로운, 훨씬 많은 것을 약속하는 허구를 두리번거리며 찾아보거나, 옛 이데올로기가 다시 힘을 얻고 새로운 대중운동이 일어날 때까지 기다릴 것이다."[4]

한나가 돌아와서 본 독일은 전후의 혼란과 혼돈을 뒤로 하고, 민주주의 산업국가로 발전해가고 있었다. 화폐개혁이 실시되었고, 서부지역은 서로 뭉쳐서 1949년 최초의 연방의회 선거가 열렸다. 연방 대통령으로 테오도르 호이스가 선출되었고, 전 쾰른 시장 콘라트 아데나워가 연방 수상이 되었다.

한나는 '유대문화재건'을 위한 일로 바쁘게 움직였다. 그녀는 이 도시에서 다음 도시로 이동하며 빽빽한 일정을 소화했다. 그녀는 사람들과 이야기를 나누며 깜짝 놀랐다. 한나는 하인리히에게 편지를 쓴다. "결코 다시 돌아오지 않으려는 당신 생각이 옳았다는 것을 알고 있나요? 감상感傷이 목구멍으로 올라온 다음 목에 걸려 있어요. 독일인들은 위선과 어리석음으로 살아가고 있어요. 어리석음의 냄새가 하늘을 찌를 듯해요."[5] 한나는 독일인들이 '전쟁 없는 히틀러'를 그리워하며, '파괴된 현실'에서 도피하기 위해서라면 어떤 '속임수'도 옳다고 생각하고 있다는 인상을 받았다. 그들은 자기 연민에 빠지거나 아니면 아무 생각 없이 일에만 몰두했다.

훗날 독일 방문에 대한 글에서 한나는 "끊임없이 바삐 일하라"는 독일적 강제와 "쉬지 않고 무엇인가를 하라는 탐욕스런 욕구"[6]가 역겨웠다고 쓴다. 그녀가 보기에 전체주의 통치가 끼친 영향은 특히 의견과 사실을 간단하게 동일시하는 데서 나타났다. 제3제국에 대한 명백한 사실들을 마치 자유분방하게 다룰 수 있는 단순한 의견들로 취급했다. 한나는 독일에서 유일하게 칭찬할 만한 예외는 베를린 주민들이라고 생각했다. 베를린에서 그녀는 젊었을 때의 친구 에른스트 그루마흐를 방문했다. 이 도시는 폐허가 되었으면서도 여전히 소련의 봉쇄에 시달리고 있었다. 그럼에도 한나는 베를린 주민들이 "당당하고 인간적이며 유머가 있고 똑똑하고 재치까지 있다"고 생각했다. 그녀가 자동차를 타고 폭격을 맞아 파괴된 도시를 돌아보고, 동베를린에서 스탈린 현수막을 지나갈 때 젊은 운전기사가 주위의 폐허를 가리키며 말했다. "허 참, 우린 저토록 위대한 민중의 친구를 가졌더랬지요. 저것이 그가 사랑하는 민중에게 남겨놓은 거랍니다."[7]

한나는 주어진 상황에 대해 그런 식으로 냉정하게 판단하는 태도를 독일의 다른 곳에서는 발견하지 못했다. 심지어 지식인들에게서도 마찬가지였다. 그녀는 그들이 특별히 세련된 방법으로, 다시 말해 모든 문제에서 본질적이고 형이상학적인 원인을 물으면서도 정작 현실은 간과한다는 인상을 받았다. 그들 주변이 파괴된 원인을 나치에게서 찾는 대신, 그들은 "아담과 이브가 낙원에서 쫓겨나게 된 사건"[8]까지 거슬러 올라갔다.

12월 중순 한나는 바젤에 있는 야스퍼스의 집에 도착했다. 카를 야스퍼스와 그녀 사이에는 당장 격의 없는 대화가 시작되었다. 한나는 야스퍼스와 나눈 대화를 이렇게 평가했다. "오, 이런 말을 하면 그의 감정이 상할 텐데, 하는 식의 생각은 하지 않았습니다. 무슨 말을 해도 감정이 상하지 않으리라는 것을 알 정도로 우정에 대한 믿음이 너무도 컸죠."[9]

물론 하이데거에 대해서도 이야기했다. 야스퍼스는 한나에게 그에게서 온 편지들을 보여주었다. 한나는 처음으로 하이데거와의 옛 관계를 고백했다. "오, 정말 흥미로운 일이군." 카를 야스퍼스가 말했다.

야스퍼스를 방문한 후에도 한나는 하이데거를 보고 싶지 않았다. 하이데거가 야스퍼스에 반대해 꾸몄다는 책동을 풍문으로 듣고 난 후라 더욱 그랬다. 그렇지만 그녀는 마치 자석에 끌린 듯 프라이부르크로 갔다. 미국에서 하이데거에 대한 글을 발표했을 때, 그녀는 그를 마지막 '낭만주의자'라고 불렀다. 이 말에는 하이데거가 옛날부터 그녀에게 끼쳤던 마법에 대한 의미도 숨겨 있지 않았을까? 어쨌거나 한나는 하이델베르크 시절의 친구인 후고 프리드리히에게 하이데거의 주소를 물었다. 그리고 1950년 2월 7일 순전히 직업적인 이유라고 내세우며 프라이부르크에 갔다.

그녀는 묵고 있는 호텔에서 하이데거에게 쪽지를 보냈다. 서명도 없이 그냥 '저 왔어요'라고 알리는 쪽지였다. 저녁 6시 반경 하이데거가 호텔로 왔다. 원래는 한나를 저녁때 집으로 초대한다는 편지를 안내데스크에 맡겨두고 그냥 떠날 생각이었다. 그런데 한나에게 자신이 왔다고 알리고 말았다. 따라서 한나는 나중에야 안내데스크에서 하이데거의 편지를 확인할 수 있었다. 그녀의 묘사에 따르면, 방에 들어선 그는 그녀 앞에서 마치 "비 맞은 푸들"처럼 서 있었다. 그때 그녀의 마음속에 어떤 생각이 스쳐지나갔는지를 이틀 후 하이데거에게 쓴 편지에서 이렇게 묘사한다.

"호텔 보이가 당신 이름을 말했을 때(난 당신을 기다리고 있지 않았어요. 그때까지 당신의 편지를 받지 못했거든요.) 마치 갑자기 시간이 멈춰버린 것만 같았어요. 전에는 내 자신에게도 당신에게도 그리고 아무에게도 이런 고백을 한 적이 없어요. 프리드리히가 내게 당신 주소를 알려준 후, 다행히 내 충동의 힘 덕분에 용서받지 못할 불충을 저지르고 내 삶을 그르치는 일은 피할 수 있었다는 것을 한순간 깨달았어요. 하지만 한 가지는 아셔야 해요. […] 내가 그렇게 했다면 그건 단지 자부심 때문이었을 거예요. 순진무구하고 정신 나간 어리석음 때문에 그랬을 뿐, 그 이유에서 그러지는 않았을 거라는 얘기죠."[10]

"용서받지 못할 불충"이란 하이데거와 모든 연결고리를 끊어버리는 일이었을 것이다. 한나는 자신이 그런 불충을 저지른다면, 그것은 '자부심'에서, 다시 말해 하이데거에게 다시 빠져드는 것에 대한 두려움 때문이지 '이유'가 있어서, 다시 말해 그의 나치 전력 때문이 아님을 통찰했다.

그녀는 하이데거의 초대를 받아들여 그의 집에서 저녁 시간을 보냈다. 엘프리데 하이데거가 집에 없었기 때문에 단 둘이 만났다. 이 날 저녁 두 사람 사이에는 대단히 솔직한 이야기가 오고갔던 것 같다. 한나는 하인리히 블뤼허에게 다음과 같은 편지를 썼다. "우린 평생 처음으로 서로 대화를 나누었어요."[11]

하이데거는 다음 날 한나가 떠나기 전에 다시 한 번 자기 집에 와서 아내를 만나기를 원했다. 처음에 싫다고 하던 한나는 나중에는 승낙했다. 호텔로 돌아오면서 그녀는 '반쯤 잠에 취한' 상태에서 하이데거가 안내데스크에 맡겼던 편지를 읽었다. 그 편지에는 그의 아내 엘프리데가 그들의 옛날 관계에 대해 알고 있다고 쓰여 있었다.

다음 날 아침 하이데거 집에서의 만남은 무척 긴장된 상태에서 이루어졌다. 하이데거는 아내와 한나가 우정을 맺기를 바랐다. 나중에 보낸 편지에서도 그랬듯이, 그는 아내 엘프리데가 그의 외도를 용서했고 그들이 다시 옛 우정을 잇는다면 그것을 인정할 것임을 한나에게 확신시키고 싶어 했다. 한나와 엘프리데가 서로 껴안으며 작별인사를 하는 것을 보고 하이데거는 그것을 화해의 표시이자 삼자동맹을 시작하는 표시로 받아들였다.

하지만 한나의 입장은 달랐다. 한편으로 그녀는 엘프리데 하이데 거가 반유대주의적 태도를 전혀 숨기지 않는다는 사실을 지나칠 수 없었다. 또 엘프리데가 남편과의 불륜 때문에 한나가 양심의 가책을 드러내기를 기대하는 것도 신경에 거슬렸다. 프라이부르크를 떠난 이틀 후 한나는 엘프리데 하이데거에게 편지를 보냈다. 여기서 그 녀는 지난날의 사랑에 대해 아무런 후회를 하지 않는다고 강조했다. 하인리히에게는 프라이부르크에서 하이데거 부부를 만난 날 저녁 에 편지를 썼다. "오늘 아침에 엘프리데와 논쟁을 했어요. 그녀는 지 난 25년 동안, 혹은 어떤 식으로든 나에 관한 일을 하이데거에게서 알아낸 후부터 그의 삶을 지옥으로 만든 것 같아요. 그리고 하이데 거는 원래 기회만 나면 거짓말을 늘어놓기로 악명 높은 사람이지만, 우리 세 사람의 기이한 대화에서 느낀 바에 따르면, 내가 한때 자기 삶의 열정이었음을 지난 25년 동안 단 한 번도 부정하지 않은 것 같 아요. 그 여자는 내가 이 세상에 살아 있는 한 모든 유대인을 익사시 키려 하지 않을까 두려워요. 그 여자는 정말이지 놀랄 정도로 어리 석어요."[12] 바덴바덴, 라슈타트, 비스바덴, 코블렌츠, 카셀, 마르부르 크-이 도시들이 한나의 여정이 이어진 곳이었다. 거기에다 파리에 있는 안네 베유를 방문하고, 런던에 들러 에바 베어발트를 방문했다. 이 여정의 끝 무렵, 그녀는 '조금 명해졌고' 요통이 생겼다.

3월 15일 한나는 미국으로 돌아오는 길에 올랐다. 이번에는 하 인리히가 마음을 놓도록 배를 탔다. 그는 한나에게 배멀미를 막는 약을 보내주었다. 한나는 배를 타고 여행하는 것을 좋아하지 않았다.

특히 사람들로 만원일 때는 그랬다. 마치 '일등 강제 수용소'에 있는 것처럼 여겨졌기 때문이다.

하인리히는 한나가 없는 동안 혼자 있는 고즈넉함은 버림받은 외로움과는 전혀 다른 것임을 깨달았다. 그가 언젠가 편지에 썼듯이, 혼자 있을 때면 그 고즈넉함을 즐겼다. 그렇지만 버림받은 외로움이라면 괴로웠을 것이라고 말했다.

물론 하인리히는 혼자 있는 기회가 많지 않았다. 한나가 유럽에 있는 동안 그는 집 일부를 크라우스코프라는 이름의 화가에게 빌려 주었는데, 그는 아내와 아기와 함께 이사를 왔다. 하루는 그와 크라우스코프 가족은 한밤중에 계단실로 도피해야 했다. 아래층 집에서 불이 났기 때문이다. 하인리히는 뉴욕에 사는 친구 힐데 프랭켈에게도 신경을 써야 했다. 그녀는 암에 걸려 치료를 할 수 없는 상태였다. 하인리히는 친구들로부터 감수성이 풍부하지만 단호한 기질을 지니고 있다는 평가를 받고 있었기 때문에 '뒤로 갈수록 그 앞보다 더 끔찍해지는 다섯 가지 정신적 위기들'을 무마하기 위해 구원자로 나서야 했다. 무엇보다도 그는 케이진 부부, 즉 알프레드 케이진과 캐롤 케이진의 결혼을 구해야 했다. 그다음에는 헤르만 브로흐와 안네마리 마이어-그래페가 결혼할 때 그는 결혼 입회인 노릇을 해야 했는데, 결혼식 후 샴페인을 돌아가며 마실 때 결혼의 정의에 대해 간단한 인사말을 했다. 그는 이렇게 말했다. "결혼은 모든 것을 두 배로 만듭니다."

하인리히는 그 사이에 51세가 되었지만, 그의 능변과 교육적 재능을 제대로 펼칠 수 있는 직업을 아직 갖지 못하고 있었다. 적당한 자리를 찾으려는 그의 시도는 이제까지 모두 실패로 끝났다. 그는 한나에게 "이따금 난 페스트 환자처럼 여겨진다오"라고 한탄했다.

어쨌거나 아주 뜻하지 않게 그에게 전망이 열렸다. 그린위치 빌리지에 있는 예술가 클럽에서 한 행사가 있었는데 강연자들이 나타나지 않았다. 궁여지책으로 사람들은 손님들 사이에 있던 하인리히에게 대신 맡아달라고 부탁했다. 하인리히는 즉흥 강연을 했고, 그 강연은 모든 사람을 매료시켰다. '압도적인 성공'이었다. 이제 사람들은 그에게 또 다른 강연들을 맡기고 싶어 했다.

한나 아렌트가 독일과 유럽에서 체험했던 상황은 미국의 정치적 지형도에도 영향을 끼쳤다. 서구 세력과 동구 블록 사이에는 냉전이 펼쳐졌다. 이 대결은 전 세계적 갈등을 초래했다. 베를린처럼 둘로 나뉘어 있던 한국에서 1950년 6월 공산주의 북한이 미국의 영향을 받는 남한을 정복하고자 시도했다. 전쟁이 터졌고, 그것은 결국 국가의 분단에는 아무런 변화도 미치지 못한 채 새로운 세계 대전의 위험을 야기했으며, 미국에서 공산주의 세력의 확장에 대한 두려움을 불러일으키는 데 기여했다.

1951년에 한나 아렌트의 『전체주의의 기원』이 출간되었다. 이 책은 열렬한 호응을 받았고, 한나 아렌트는 책을 상세하게 평한 한 잡지의 표지에 나오기도 했다.

같은 해에 한나 아렌트는 미국 시민권을 얻었다. 17년간의 도피와 망명 끝에 무국적자 신분에서 벗어난 것이다.

12

마녀사냥

"나는 이따금 도저히 믿을 수 없는 모험을 감행했어요."

1952년 초 하인리히는 여전히 시민권을 기다리고 있었다. 그는 정치적 과거 때문에 밀고를 당할까 봐 두려웠다. 미국에서는 공산주의에 대한 반감이 팽배했다. 로널드 레이건이라는 이름의 배우가 반反공산주의자들을 이끌고 있었던 할리우드에서는 웃고 있는 러시아 어린이들이 나온다는 이유로 영화들을 상영금지 목록에 올릴 정도였다.

1951년 의회가 반공법을 공포하자 '빨갱이 몰이'가 행해졌다. 특히 공화당 상원의원 조지프 매카시가 두각을 나타냈다. 매카시는 '반미反美활동조사위원회' 위원장이었고, 특히 예술가와 지식인에 대한 추적이 시작되었다. 의심이 가는 사람은 모두 이 위원회에 출두해야 했다. 거부하거나 비난이 확인되었는데도 위원회에서 잘못을 뉘우치는 모습을 보여주지 않는 사람은 블랙리스트에 올랐다. 이것은 대부분의 경우 직업의 박탈과 사회적 추방을 의미했다. 종종 한때 공산주의자였다가 스탈린의 범죄에 대한 환멸에서 이 마녀 사냥에 가담한 사람들도 있었다. 배우 게리 쿠퍼라든가 감독 엘리아 카잔과 같은 적지 않은 유명인사들이 이 위원회를 지원했고, 자신을 구하기 위해 동료들에게 불리한 진술을 했다. 그 결과 한나가 카를 야스퍼스에게 쓴 편지에서 드러나듯, 불안감이 "독毒구름처럼 모든 정신생활 위에 드리워졌다."[1]

한나와 하인리히 역시 이러한 불안감에 싸여 있었다. 하인리히만 시민권 때문에 걱정한 것이 아니었다. 미움을 받는 이민자들 역시 이미 획득한 시민권을 박탈당할 위험이 있었다. 그런데도 한나는 '미국을 더 미국적으로 만들려는' 모든 시도를 비난하는 글을 발표했다. 그녀가 보기에 이러한 시도 뒤에는 이미 『전체주의의 기원』에서 전형적으로 전체주의적이라고 탄핵했던 사상, 즉 현실을 미래의 어떤 추상적 목표에 맞추려는 이념이 숨어 있었다. 그러나 민주주의란 폭력적인 방법으로 수립할 수 있는 어떤 완결된 모델이 아니라는 것이 그녀의 논거였다. 민주주의란 '살아 있는 것'이며, 의견의 일치만큼이나 대립도 필요하다. 그리고 민주주의는 이 생명력을 빼앗길 때 파괴된다.

하인리히 역시 나치의 유대인 박해를 연상시키는 광적인 공산주의자 사냥에 격분했다. "그들은 이제 얼마나 빨리 '미국 태생'이 지배자 인종으로 발전하기를 원하게 될 것인가"라고 말하며 흥분했다.[2] 그가 특히 불안감을 참기 어려웠던 것은 얼마 전에야 비로소 새로운 고향에 제대로 발을 붙였기 때문이다. 예술가 클럽에서 성공을 거둔 뒤, 그에게 뉴스쿨에서 한나의 전 남편인 귄터 안더스가 맡고 있던 자리를 맡으라는 제안이 들어왔다. 귄터 안더스는 유럽으로 돌아가기로 결정했다.

하인리히는 뉴스쿨에서 예술에 대해 강연했다. 그것으로써 그가 정치적 위험으로부터 벗어나려고 한 것은 결코 아니었다. 그가 보기에 예술작품, 특히 현대 예술작품은 언제나 자유의 경험이 중요하며 따라서 대단히 정치적이었다. 하인리히는 미리 원고를 준비하지 않고 자유롭게, 하지만 대단히 집중해 이야기했고, 청중은 그를 '놀랍고 뛰어나다'고 평가했다. "그는 이제야 제 역량을 발휘하기 시작했어요." 한나는 쿠르트 블루멘펜트에게 그렇게 써보낸다. 하인리히는 제 길을 찾은 것이다.

알프레드 케이진에 따르면 매카시 시대의 사회적인 히스테리의 한가운데서 한나 아렌트는 그의 큰 버팀목이었다. 그녀는 여러 친구들에게 이를테면 '지적인 용기'를 주었다. 용기는 한나에게 정치적으로 근본이 되는 덕목이었다. 용기는 그녀에게 개인적 안전에 대한 불안을 극복하고 공동의 세계를 보살피는 것을 뜻했다. 언젠가 그녀는 격정적으로 이렇게 피력했다. "용기는 세계의 자유를 위해, 삶에 대한 염려로부터 인간을 해방시킨다."[3]

모닝사이드 드라이브 130번지의 작은 집을 방문한 사람들도 이러한 자유를 느낄 수 있었다. 자주 그 집을 찾는 손님 중 한 사람은 알프레드 케이진이었다. 그는 매번 정말 특별한 결혼의 연극을 체험했다. "두 사람과 이야기를 나누고 있을 때마다 대화는 느닷없이 독일어로 바뀌고, 돌발적으로 등장한 어떤 철학 사상에 대해 부부싸움이 터졌다. 하인리히는 꽉 다문 입술 사이로 파이프를 물고, 마치 고집 센 철학자에 대항해 전투를 벌이는 것처럼 으르렁거리며 자신의 논거를 펼쳤다. […] 한나는 사람들을 진실과 대면하게 했다. 그녀는 사람들을 우정과 대면하게 했다. 그렇게 그녀는 내가 체험한 남편과 아내 사이에 벌어진 가장 정열적인 세미나의 동반자인 하인리히에게 도전했다."[4]

한나와 하인리히는 플라톤 사진 아래 놓인 육중한 안락의자에 손님과 함께 앉았다. 사람들은 담배를 피우고 한나가 좋아하는 온갖 종류의 견과며 크래커를 먹었다. 한나가 그리스 폴리스에 도취해 이야기를 하고 있노라면, 그녀를 중단시킬 수 있는 것은 복도를 건너 화장실로 가는 세입자뿐이었다. 화장실의 물을 내리면 집 전체가 진동을 했기 때문이다. 그러면 한나는 잠시 멈추었다가 이어서 이전처럼 열정적으로 플라톤이나 근대 경찰국가에 대해 말을 계속했다. 케이진은 이렇게 회상한다. "두 사람은 정말로 철학적인 삶을 살았다. '그들의' 철학이 아니라 '시대를 관통하는 사유'로서의 철학적인 삶을 산 것이다."[5]

한나는 친구들 중에서도 예술가들에게 거역할 수 없는 매력을 발휘했다. 로버트 로웰과 특히 랜달 자렐에게 그랬다. 자렐은 뉴욕에

올 때면 꼭 한나와 하인리히에게 들렀다. 그는 사전에 한나에게 일
정표에 '미국 문학 주말'이라고 적으라고 예고했다. 그가 집 안에 들
어서면 한나는 언제나 모든 것이 마법에 걸린 듯한 느낌을 받았다.[6]
비록 자렐은 시를 한 줄도 쓰지 않았지만, 그는 그녀에게 시인이었
다. 그의 시적인 기질은 그의 주위에 빛을 발산했다. 몇 시간 동안 그
는 미국 작가들의 글을 그녀에게 읽어주었다. 그러면 한나는 그에게
괴테와 횔덜린, 릴케에 대한 감동을 일깨워주었다.

　자렐은 모국어보다 독일어를 더 좋아하다시피 했지만, 체계적으
로 배우는 것은 끈질기게 거부했다. 그 대신 그림 형제의 동화를 사
전이나 문법책 없이 읽는 편을 택했다. 자렐이 비약적인 발전을 이
루었다면, 그가 식사 준비를 하고 있는 한나를 쫓아 부엌에까지 가
서 이런저런 이야기를 나눈 덕택이었다. 한나가 그의 비위를 맞추며
부드럽게 내쫓으면 그는 하인리히 방으로 찾아갔다. 이내 두 사람의
목소리가 점점 커지며 서로 상대의 견해를 누르려고 들었다. 자렐은
약혼자 마리아 폰 슈라더에게 이렇게 말했다. "아, 글쎄, 한나의 남편
이 나보다 더 열정적이야!" 그는 블뤼허-아렌트 부부에 대해 이렇
게 썼다. "두 사람은 이따금 정말로 고래고래 소리를 친다. 그들은 재
미있는 가짜 싸움을 펼치고, 정말로 기이한 방식으로 집안일을 분담
한다. 그가 그녀를 놀리는 것보다 그녀가 더 많이 그를 놀린다. 내가
보기에 그들은 아주 행복한 부부이다."[7]

　자렐은 탐닉할 정도로 문학을 좋아하기 때문에 때때로 동화 속
의 인물처럼 느껴졌지만, 한나에게는 세상에서 꿈의 성으로 도망친

사람이 아니라, 반대로 세상에 '당당하게 맞서는' 사람이었다. 그는 어린이 같은 순진함과 경탄의 능력을 지닌 현실주의자였다.

일종의 탈脫 세속과 함께 하는 현실주의-그것은 한나가 어떤 사람에게 자꾸만 매력을 느끼는, 모순적으로 보이는 속성이다. 예를 들어 러시아계 유대인으로 미국에서 정치학을 가르치는 발데마르 구리안도 그랬다. 구리안은 엄청난 거구인데, 어린이와 같은 감수성을 지녔고 엄청난 독서를 했다. 한나는 그를 '대단히 용기 있는' 사람으로 여겼다. 그는 세상을 속속들이 잘 알고 있어서 "자신의 타고난 순진무구함을 다치지 않고 생생하게 유지"[8]하기 위해서는 온갖 용기가 필요했기 때문이다.

한나의 친구 메리 매카시도 비슷한 경우이다. 언젠가 한나는 그녀를 벌거벗은 임금님의 새 옷에 놀라는 아이와 비교했다. 메리는 한나의 요리솜씨를 그다지 좋게 여기지 않았음에도-어쨌든 한나는 자신을 훌륭한 요리사라고 생각했다-모닝사이드 드라이브에 있는 한나의 집은 "진짜 자석"[9]이 되었다. 메리는 그 사이에 세 번째 결혼을 했다. 상대는 보든 브로드워터였다. 그녀는 미국 지식인들을 풍자하는 소설을 썼다. 그녀는 미국 지식인들이 자유에 적대적인 미국 정부의 정책에 반대하는 대신, 사이비 문제들에 얽혀 들어가 '어리석은 신중함'을 보이고 있다고 비판했다. 메리는 심지어 작가로서의 경력을 포기하고, 하인리히가 표현하듯이 "자유를 위한 진짜 투사가 되기"[10] 위해 법학을 공부할 계획을 세우기도 했다.

메리 매카시는 모닝사이드 드라이브의 방문을 회상하며 블뤼허와 아렌트 부부의 약점, 즉 아이가 없다는 점을 건드린다. 한나는 아주 실제적인 이유를 들었다. 그녀는 메리와 마찬가지로 자주 드나드는 한스 요나스에게 이렇게 설명했다. "우리가 젊었을 땐 돈이 없었고, 돈 여유가 생겼을 때는 너무 늙어버렸어."[11]

아이가 없었기 때문에 한나와 하인리히는 더욱 서로에게 의존했는지도 모른다. 많은 친구와 친지가 있음에도 두 사람은 서로에게 가장 든든한 버팀목이 되었다. 어쩌면 하인리히보다는 한나에게 더 해당되는 말이다. 그녀는 언제나 취약한 그의 건강을 염려했다. 그는 벌써 53세였다. 그녀가 여행을 떠나면 그는 규칙적으로 편지를 써야만 했는데, 그 이유는 편지가 오지 않거나 늦게 오면 한나가 끔찍하게 화를 내기 때문이었다. 노여운 나머지 공격적이 되는 때도 있었다. 단순히 오랫동안 하인리히와 연락 없이 지내는 것을 견딜 수 없었기 때문이다. 교육에 대한 글에서 그녀는 공적인 영역과 사적인 영역을 구별하는 것이 얼마나 중요한지 강조한다. 아이들은 남이 모르는 사적인 영역에서 안정감을 발견한다는 것이다. 그러한 안정감은 아이에게 평생 중요하다. 그러나 공적인 영역에서는 자신을 드러내는 법을 배워야 한다. 이것은 한나에게도 해당되는 말이었다. 하인리히의 곁에서 그녀는 다시 용감하게 공적인 영역으로 나아가는 데 필요한 안정감을 발견했다. 그녀는 쿠르트 블루멘펠트에게 이런 편지를 쓴다. "하인리히가 뒤를 받쳐주고 있으면 내게는 아무 일도 일어나지 않을 수 있어요. 그래서 나는 이따금 도저히 믿을 수 없는 모험을 감행했어요. 안정감이 주는 용기를 가지고 말입니다."[12]

1952년 3월 한나는 다시 용감하게 세상으로 나간다. 그녀는 유럽으로 가고 싶었다. 이번에는 훨씬 오랫동안, 그러니까 7월까지 머물 계획을 세웠다. 그녀는 다시 '유대문화재건'을 위해 임무를 다해야 한다고 생각했다. 그러나 여행의 주요 이유는 다른 것이었다. 한나는 구겐하임 장학금을 내다보고 있었다. 그것은 다음 2년 동안 돈벌이 생각을 할 필요가 없다는 뜻이 된다. 그녀는 장학금을 이용해서 책을 쓸 생각이었다. 그것에 필요한 참고문헌들은 유럽의 도서관들에서 찾을 수 있었다. 그 책은 『전체주의의 기원』을 보충하게 될 것이며, 마르크스주의에 대한 좀 더 기초적인 평가가 될 것이었다. 미국의 악명 높은 반공주의자들이 그녀가 히틀러와 스탈린을 함께 놓은 데 갈채를 보내는 것이 전혀 마음에 들지 않았기 때문이다. "소인배 바보"들이나 마르크스를 무시한다고 한나는 야스퍼스에게 써 보냈다.[13] 그녀는 그 문제를 그렇게 단순하게 처리하고 싶지 않았다.

한나는 전혀 다른 전제 아래서 두 번째 유럽 여행을 떠났다. 『전체주의의 기원』은 아직 다른 언어로 번역되지는 않았지만, 획기적인 저서를 쓴 저자라는 소문은 이미 빠르게 퍼지고 있었다. 그녀는 베를린, 튀빙겐, 맨체스터에서 강연을 하기로 했다. 또 미국으로 돌아온 후에는 명문 프린스턴 대학에서 강의를 하는 최초의 여성이 되어 달라는 영예로운 제안을 받았다. "우리 골초가 유명해졌네." 하인리히가 감탄하며 말했다.

파리의 유명인사들이 모두 이 주목받는 미국 유대인 여성을 알고 싶어 했다. 한나는 그야말로 '모든 사람들이' 만나고 싶어 하는 인물이 된 것이다. 알베르 카뮈 역시 그녀와 만나고 싶어 했다. 한나는 그를 프랑스에서 가장 중요한 인물로 생각했다. 그에 반해서 장-폴 사르트르를 만나는 것은 중요하게 여기지 않았다. 그녀가 보기에 그와 그의 추종자들은 모든 현실에 대한 시선을 상실할 정도로 역사의 필연적 과정에 대한 믿음에 빠져 있었다. 그들은 그녀의 표현대로 하면 "헤겔식으로 정리된 달 위에서" 살았다.[14]

한나는 파리에 도취해 있었다. 당장 새 책을 쓰기 시작하겠다는 계획을 수정하고는 16년 전에 하인리히와 함께 들렀던 장소와 카페들을 찾아다녔다. 그녀는 뷔시가街에서 포도주와 치즈, 빵을 샀고, 서점들을 여기저기 기웃거렸다. 안네 베유와 함께 알반 베르크의 「보체크」와 라이프치히 성 토마스 합창단의 공연을 보러갔다. "믿을 수 없을 정도로 아름다웠다." 알프레드 케이진과 그의 새로운 여자 친구 앤 비어스타인과 함께 샤르트르의 유명한 성당을 구경했다. 그녀는 하인리히에게 편지를 쓴다. "정말 아름다워요. 찬란하기 그지없는 봄의 햇살이 푸른 창문을 뚫고 들어와 파란색을 한층 파랗게 만들었어요. 이제야 나는 건축에 눈을 뜨게 되었어요. 얼마나 완전한 기적인지를 전에는 몰랐어요."[15]

바젤에 들러 야스퍼스 부부를 찾아보는 것은 당연히 한나가 해야 할 일이었다. 카를 야스퍼스는 여전히 마르틴 하이데거와의 관계 때문에 스트레스를 받고 있었다. 하이데거에게 내려진 강의 금지 조치는 그 사이에 풀렸고, 그에게는 옛 친구 야스퍼스와 다시 화해하는 것이 중요했다. 1950년 3월 야스퍼스에게 보낸 편지에서 하이

■ 야스퍼스 부부

데거는 참회의 뜻을 나타낸다. "내가 1933년 이후 당신 집을 더 이상 찾지 않은 이유는 그곳에 유대인 부인이 살고 있기 때문이 아니라, 내 자신이 부끄러웠기 때문입니다."[16] 야스퍼스는 그의 솔직한 말에 고맙다고 하면서도, 책임에 대해서는 면죄해주려 들지 않았다. 그는 하이데거를 꿈꾸는 소년으로, 폐허를 앞에 두고도 계속 분주하게 뛰어다니는 소년으로 여긴다고 대답했다. 하이데거는 야스퍼스의 이런 반응을 자신이 내민 손을 물리치는 것으로 받아들였다. 한나는 엘프리데 하이데거가 야스퍼스의 비타협적인 자세에 대한 책임을 자신에게 전가할까 봐 염려되었다.

한나는 하이데거가 그녀의 유럽 방문을 알고 있으리라 짐작했지만, 의도적으로 자신이 왔음을 알리지 않았다. 신문들은 그녀의 등장과 강연에 대해 상세히 보도했다. 이제 그녀는 그에게 주소를 알려주고 5월 18일에 프라이부르크로 간다고 알렸다. 그녀는 그곳에 꼬박 일주일을 머물 생각이었다. 사람들의 입에 오르내리는 것을 피하기 위해 일 때문에 꼭 그곳을 방문해야 하는 것처럼 꾸몄다.

한나는 프라이부르크 여행이 '사탕처럼 달콤한 여행'이 되지는 않을 것이며, '엘프리데 하이데거와의 난처함'을 계산에 넣어야 한다는 것을 알고 있었다. 그렇지만 프라이부르크에서 보낸 처음 며칠은 최악의 예상을 넘어섰다. 한나는 하인리히에게 다음과 같이 쓴다. "그 여자는 질투심 때문에 거의 제정신이 아니었어요. 그가 나를 말끔히 잊어주기만을 바라면서 보낸 세월 동안 그녀의 질투심은 점점 더 강렬해졌겠지요. 그가 없는 자리에서 그 여자는 내게 반유대주의에 가까운 말을 뱉어냈어요. 아무튼 이 여자의 정치적 신념은 […] 지금까지의 어떤 경험에도 흐려지지 않았고, 너무도 완고하고 악의적이고 원한에 사무친 어리석음이 담겨 있어서, 그에게 일어난 모든 일을 이해할 수 있을 정도였어요. […] 간단히 말하자면, 나는 그에게 제대로 비난을 퍼부었고, 그 후로는 모든 것이 상당히 좋아졌어요."[17]

한나는 자신이 느닷없이 프라이부르크에 나타나 하이데거 부부를 뒤죽박죽으로 만들어 놓음으로써 진짜 '강력한 촌극'을 벌였음을 깨달았다. 처음의 곤란한 상황이 진정된 후에 그녀는 다시 떠날 준비를 하려고 했다. 그러나 그녀는 존경하는 스승이자 연인이었던 사람이 정치적으로 그토록 헤맸고, 지금은 거짓 속으로 도피한다는 사실을 받아들이고 싶지 않았다. 한나는 그에게 답변을 요구할 의무가 있음을 느꼈다.

한나와 엘프리데 하이데거 사이의 조심스런 접근의 여지는 남아 있지 않았다. 하이데거 역시 두 사람이 서로 친해졌으면 하는 바람을 포기한 것이 분명했다. 한나는 이제 모든 일을 뒤에서 꾸미는 사람이 그의 부인임을 깨달았다. 하이데거의 나치 과오, 그의 솔직하지 못한 거짓된 태도는 엘프리데의 영향이었다. 그에게 퍼부을 수 있는 비난은 기껏해야 이 영향에 저항하기에는 그가 너무 나약하다는 것이었다. 한나는 마르틴 하이데거와 단 둘이 있게 되자, 보통 때 그에게서 그토록 거슬리게 느껴지던 모든 것이 떨어져나감을 느꼈다. 그녀는 그의 "기본적인 선량함"과 "감동적인 신뢰성" 그리고 진정한 "무기력과 무방비"를 확신했다.[18]

한나는 자신이 하이데거의 수호자이며, 그의 정신적 균형과 철학적 작업의 수호자임을 느꼈다. 그녀의 말에서 위대한 마법사 하이데거에 대한 옛 경탄을 느낄 수 있었다. 그녀는 하이데거의 '컨디션이 아주 좋다'고 생각했고, 그가 마련해준 귀빈석에 앉아 그의 강연도 들었으며 강연 내용에도 감탄했다. 그녀 자신의 작업에 대해서는 물론 한마디도 하지 않았다. 한나가 언제나 '마치 글을 한 줄도 쓰지 않았고, 앞으로도 쓰지 않을 것처럼' 행동해야 한다는 것은 두 사람의 암묵적 합의였다.

비록 하이데거는 아내가 더 이상의 흥분을 하지 않도록 하고 싶었을지라도, 한나는 이번의 방문을 그쯤에서 끝내지 않았다. 그녀는 제네바와 프라이부르크를, 다시 말해 그녀에게 가장 큰 영향을 미친 두 스승 사이를 왔다갔다했다. 그녀는 야스퍼스와 하루 종일 대화를 나눌 수 있었고, 하이데거에게서는 솔직한 말을 얻어내야 했다. 한번은 하이데거와 '몰래 보덴제 근처'에서 만났다. 그녀가 곁에 없으면 그가 다시 의기소침한 상태로 돌아갈까 봐 걱정이 되었기 때문이다. 그녀는 가능한 한 오랫동안 그를 '안정'시키고 싶었다.

한나는 다시 자신의 공적인 의무로 돌아가야 했다. '유대문화재건'을 위해 문화성과 도서관들과 협상을 할 목적으로 그녀는 마인츠와 슈투트가르트, 뮌헨으로 여행을 계속했다. 베를린에 들르려던 계획은 그만두었다. 이 분단 도시의 상황은 대단히 긴장되어 있었다. '총 협약'에서 서방 강대국들의 수비 규약이 파기되고 1952년 5월 27일 독일이 '유럽 방위 공동체'에 대한 조약에 서명을 한 후, 베를린에서는 '국경 안보 조처들'이 강화되었다. 동서 베를린 사이의 경계선은 4국 규약에 의거해 개방되기는 했지만, 무엇보다도 통행이 차단되었고 전차와 버스 연결이 중단되었으며 서베를린과 독일민주공화국동독 사이에는 차단지대가 형성되었다.

6월 말 한나는 맨체스터 대학에서 강연하기 위해 영국으로 갔다. 그녀에 따르면 영국인들은 세계에서 가장 문명화된 국민이지만 "가장 지루한 국민"이기도 했다. 그들은 삶을 "나쁘게 해석"하는 데 특별한 재능이 있는 것 같았다. 그래서 한나가 파리로 돌아왔을 때 제일 먼저 한 일은 안네 베유와 함께 '본격적으로' 잔뜩 먹는 것이었다.

그녀는 파리에서 다시 독일로 돌아왔다. 그녀가 공부했던 하이델 베르크 대학과 마르부르크 대학에서 강연 초청을 받았던 것이다. 그녀는 두 곳의 분위기에 실망했다. 하이델베르크에서는 파벌과 '비참할' 정도의 수준이 마음이 거슬렸고, 학생조합원들이 거리를 채우고 있는 마르부르크는 '정신적으로 죽은' 것으로 생각되었다.

한나는 두 대학에서 '이데올로기와 테러'[19]라는 주제로 강연했다. 이 강연은 그녀의 전체주의에 대한 정의를 압축 요약한 것이다. 동시에 그녀는 여러 국가 형태들의 기초가 된 인간 경험들을 보여주고자 했다. 전제정치에서의 삶은 공포와 불신으로 규정되며, 공화정에서는 모두가 동등하다는 신념이 지배적이고, 따라서 '혼자가 아님'이 기쁨인 반면, 전체주의적 지배의 중심 경험은 고립이다.

이러한 고립은 테러의 결과물이다. 이러한 테러의 특수한 점은 그것이 다른 사람들과의 결속을 파괴할 뿐 아니라, 개개인이 자기 자신과의 결속을 상실하게끔 영향을 주는 데 있다. 자기 자신에 대한 비판적 관계는 고독할 때 가능한데, 여기서는 그런 관계가 상실된다. 그에 따라 자신의 경험과 생각으로써 저항할 점을 찾을 수 있을 마지막 상대가 사라지게 되는 것이다. 고독과 고립은 같은 것이 아니다. 고립 속에서 사람은 그 자체로는 논리적이지만 현실과는 동떨어진 사상 세계에 고치를 틀고 들어앉기 쉽다. 따라서 이렇게 고립된 사람은 이데올로기의 희생이 되기 십상이다. 이데올로기란 다름 아닌 '조직화된 고립'이며, 다음과 같은 속성을 띤다. 즉 이데올로기는 입증되지 않은 가정에서 출발하고, 여기서 계속 논리적으로 모든 결론을 이끌어내는 것이다.

이러한 의미에서 한나 아렌트는 왜 고립을 피해야 하는가라는 질문에 대해 종교개혁가 마르틴 루터의 대답을 인용한다. 루터에 따르면 외로운 인간은 "언제나 하나를 다른 것으로부터 추론하고 최악의 경우만 생각한다."[20]

한나는 계획했던 것보다 더 오래 유럽에 머물렀다. 그녀는 야스퍼스의 제안을 받아들여 그들 부부와 함께 생모리츠에서 휴가를 보냈다. 그곳에서 보낸 날들은 그녀에게 '잊지 못할' 추억이 되었다. 산을 산책하면서 야스퍼스가 그녀를 '제대로 받아들이는' 토론을 즐겼다. 그녀는 하인리히에게 질스마리아에 있는 니체 하우스의 사진이 박힌 엽서를 보냈다. 그녀는 이렇게 쓴다. "내가 사랑하는 당신, 니체가 […] 한 사람은 항상 오류이며 두 사람과 더불어 진리가 시작된다고 말했어요. 나 혼자서는 어쨌든 절대로 할 수 없었을 거예요."[21]

그동안 하인리히는 뉴욕에서 경력을 쌓았다. 바드 칼리지에서 그에게 교수가 되어 새로운 교안을 개발하고 도입할 것을 제안했던 것이다. 하인리히는 면접에서 강한 인상을 남겼다. 사람들은 그를 '소크라테스적인 인물'이라고 평가했다. 또 그가 독일의 풍자화가 빌헬름 부쉬의 말을 빌려 이야기하듯 '좋은 사람은 좋은 것을 얻기에' 시민권 문제도 처리되었다.

1952년 8월 7일 하인리히 블뤼허는 미국 시민이 되었다.

노동의 피안

"이따금 교양 있는 사람들을 보아야 해요⋯"

1952년 말 한나 아렌트와 하인리히 블뤼허는 20년 만에 처음으로 다시 투표권을 행사할 수 있었다. 트루먼 대통령이 또 한 번의 재출마를 하지 않았기 때문에 그 후임을 뽑는 선거였다. 한나는 말솜씨가 좋고 총명한 일리노이 주지사 애들레이 E. 스티븐슨을 찍었다. 그러나 스티븐슨은 떨어지고 고루한 세계 대전 장군 드와이트 D. 아이젠하워가 당선되었다. 부통령은 한나가 보기에 "어중이떠중이들에 대한 호소력"을 갖고 있는 캘리포니아주 상원의원 리처드 닉슨이 되었다.

한나는 선거 결과에 실망했다. 새 정부에서는 상원의원 매카시의 소행을 중지시키기를 기대할 수 없다고 보았기 때문이다. 그녀는 분노해 카를 야스퍼스에게 전 사회가 그동안 "밀정 체제"로 타락했다고 전했다. 이런 체제에서는 "일정 직업을 가진 사람" 즉 일자리의 안전을 무엇보다도 우선적으로 생각하는 사람들만 존재한다고 보았다.[1] 그녀는 이러한 '도당'으로부터 몸을 움츠리고 싶지 않았다. 그래서 메리 매카시, 잡지 「폴리틱스」의 발행인 드와이트 맥도널드, 유명 저널리스트 리처드 로베레, 영향력 있는 역사학 교수 아서 슐레신저와 같은 친구들과 함께 「크리틱Critic : 비평」이라는 이름의 새로운 잡지를 창간하고자 했다. 그러나 자금이 부족했기 때문에 결국 포기하고 말았다.

그렇지만 이미 한나 아렌트는 유명인사가 되었기에 다른 방식으로 공적인 토론에 개입할 수 있었다. 그녀는 여러 회의에 참석했고, 명문 하버드 대학과 프린스턴 대학으로부터 강의를 해달라는 초대를 받았다. 그녀는 이러한 영예를 얻었다 해서 감동하지는 않았다. 또 목소리가 작아지지도 않았다. 사회학자들과 맞붙기 시작했을 때 그녀는 하버드에서 소동을 일으킬 준비를 했다. 사회학자들 사이에는 가장 다른 현상들을 서로 비교하는 일, 특히 공산주의와 종교를 비교하는 일이 유행이었다. 개념들을 명확하게 구별하는 것을 가장 중요하게 생각하는 한나로서는 그런 일은 자의성에 문을 활짝 열어 놓는 것으로 여겼다. 그 책임은 한 현상이 사회에서 갖는 기능에 대해서만 질문을 던지는 관찰방식에 있다고 보았다. 벽에 못을 박을 때 망치 대신 구두 뒤축을 사용할 수도 있는 일이다. 그렇다고 해서 구두가 망치는 아니다.[2] 한나가 보기에 구두와 망치, 나아가 공산주의와 종교를 동일시하는 사람은 "부드럽게 말해서 상당히 비과학적"이다.[3] 하버드 대학의 사회학자들 사이에서 그녀의 이러한 비난이 분노를 일으켰다. 그녀는 야스퍼스에게 편지를 썼다. "정말 웃기는 일이었어요. 정말 어찌할 바를 모르겠고요."[4]

한나 아렌트는 그녀에게는 완전히 속물적으로 여겨지는 저 고상한 프린스턴 대학에서 1955년 10월 이른바 크리스천 가우스 세미나를 이끈 최초의 여성이 되었다. 그녀는 자신이 예외적인 여성이며 해방적 선구자의 모습으로 비치는 것이 대단히 못마땅했다. 그렇지만 프린스턴 대학의 초청은 그녀가 여성이라는 것과 아무 관계가 없는 일이었다. 그녀는 한 인터뷰에서 이렇게 대답했다. "여자로서 교수가 된다는 것에 전혀 신경 쓰지 않습니다. 여자로 존재하는 것에 아주 익숙해져 있기 때문입니다."[5] 그녀는 남자를 그저 남성이라는 속屬에 속한 사람으로 대하듯이 아주 당연하게 여자로 존재하고 싶었다. 자신이 전통적으로 남자들에게 맡겨진 일을 한다는 이유만으로 왜 덜 여자다워야 하는지 이해할 수 없었다.

한나 아렌트에게 프린스턴 대학의 강의는 마르크스주의에 대한 자신의 심화된 사상을 정리하고 청중에게 강연할 수 있는 최초의 기회가 되었다. 그녀에게 카를 마르크스는 니체나 키르케고르처럼 전통에 강력하게 결속된 시대에서 근대로 이행하는 시기에 위치한 사상가들 가운데 하나였다. 그들은 확고한 척도들에 의거할 수 없었고, 과학적 회의와 기술 진보를 특징으로 하는 세계에서 '난간 없이 ohne Geländer' 제 길을 찾고자 시도했다.[6] 한나 아렌트에 따르면 마르크스는 이 근대 세계와 전통 사이의 '단절'과 '모순'을 매끄럽게 다듬은 것이 아니라, 자신의 저작 속에, 특히 노동과 관련된 관념에 받아들였다.

그리스 문화의 전통에서 볼 때 노동은 생존을 위한 필요악이었다. 노동은 인간을 '필연성의 노예'로 만들었고 동물과 동일한 위치에 있게 했다. 그렇기 때문에 노동하는 인간은 경멸을 받았고 자유롭지 않은 존재로 여겨졌다. 사적 영역인 가정에서도 오로지 육체적 생존을 안전하게 하는 일이 중요했다. 그러나 인간이 자연적인 종속성을 넘어서, 자유롭게 존재하면서부터 다른 자유로운 시민들과 함께 공동의 안녕에 자신을 바칠 수 있는 영역이 생겨났다. 이 영역은 공공생활로 이해되는 폴리스였다.

인간의 자연적인 종속성을 억지로 용인할 수밖에 없게 하는 노동은 말하자면 진정 '좋은 삶'을 위한 전제에 불과했다. 이 '좋은 삶'의 본질은 다른 자유로운 시민들과 공동생활의 문제들을 상의하고 함께 행동하는 데 있었다.

근대가 시작되면서 노동에 대한 이러한 입장은 완전히 전도되었다. 마르크스는 이러한 전환을 가장 인상 깊게 포착했다. 노동은 이제 자연이 인간에게 부과한 질곡이 아니라, 인간이 세계를 변화시키고 자신을 실현하는 지고한 창조력이 되었다. 마르크스의 격정적인 서술에 따르면, 인간은 노동을 통해 자기 자신을 창조한다. 인간과 동물을 구별하는 것은 이제 이성이 아니라 노동이다. 인간은 '노동하는 동물animal laborans'이다.

마르크스는 이러한 노동의 찬미에 모순되는 역사의 진행상을 그린다. 마르크스는 역사 발전은 폭력적인 혁명을 통해 궁극적으로 국가와 계급이 없는 사회로 나아가는 법칙을 따른다고 주장한다. 이 '자유의 나라'에서 생산력이 높아져서, 실행되어야 할 노동은 점차 감소되다가 마침내 완전히 없어지기에 이른다. 그렇다면 노동을 담당하던 인간들은 무엇을 할 것인가? 마르크스에 따르면 미래의 인간들은 "오늘은 이것을 하고 내일은 저것을 하며, 각자 모두 사냥꾼이나 어부, 목동이나 비평가가 되지 않고도 아침에는 사냥을 하고 오후에는 낚시를 하며 저녁때는 가축을 돌보고 식사 후에는 비평을 할" 수 있다.[7]

한나 아렌트가 보기에 마르크스에게서 나타나는 이러한 기이한 모순은 단순한 사유상의 오류가 아니다. 그러한 모순은 그의 전 저작을 관통하며 전통과 근대 사이의 갈등을 반영한다. 마르크스는 노동이 역사의 진정한 동인으로 인식된 시대와 대결했다. 동시에 그는 필수 노동을 넘어서는 의미 있고 사람을 행복하게 하는 행위에 대한 전통적인 관념을 구하고자 했던 것이다. 그렇지만 그런 식의 행위를 통해 마르크스가 생각해낼 수 있었던 것은 고작 "시간을 죽이는 용도의 취미나 오락과 같은"[8] 목적에서 자유로운 활동밖에 없었다는 것이 한나 아렌트가 도달한 결론이다.

전통적으로 정치적 행위를 노동의 피안에서 인간이 행복을 찾을 수 있는 장으로 알고 있는 곳에서, 마르크스는 여가와 한가로움밖에 생각해낼 수 없었다. 그러나 한나 아렌트가 보기에 이러한 여가는 노동과 마찬가지로 생산과 소비의 법칙에 종속된다. 노동과 소비의 이러한 순환 속에서 인간은 완전히 자기 자신에게 되던져지며, 한나 아렌트가 근대 세계의 특징으로 보는 '고립'이 생겨나는 것이다.

하버드 대학과 프린스턴 대학에서 강의하고, 뉴욕 대학에서의 행사들에 참여하면서 한나는 처음으로 충분히 공적인 활동을 했다. 그녀는 게으름을 부려도 좋았고, 자신과 하인리히의 생활비를 벌기 위해 규칙적인 일을 갖지 않아도 되는 여유를 누릴 수 있었다.

하인리히는 아비투어(고등학교 졸업시험이자 대학입학 자격시험 – 옮긴이)는 고사하고 학교를 졸업한 적이 없었지만, 그 사이에 인기 있는 교수가 되었다. 그의 말로는 꿈에도 생각지 못했던 일이었다. 그는 바드 칼리지에 새로 취임해 월요일에서 목요일까지는 뉴욕 북쪽의 작은 마을 애넌데일 온 허드슨에 있는 칼리지에 머물렀다. 목요일 오후에는 뉴욕으로 돌아왔다. 금요일에는 이전에 가르쳤던 뉴스쿨에서 강의와 세미나가 있었다. 그는 그 일을 매우 중요하게 생각했다. 그다음에는 더 이상 입을 열고 싶지 않을 정도로 기진맥진해했다.

하인리히는 학생들을 깐깐하게 대했는데도 대단히 인기 있는 선생이었다. 바드 칼리지에서 그는 누구나 필수적으로 들어야 할 기초 강의를 했다. 세미나와 강의에서는 학생들이 익히 알고 있는 사실을 비틀어 충격을 주거나 새로운 시각을 갖도록 하는 것을 좋아했다. 그런 사실이 학생들을 몰려오지 못하게 막지는 않았다. 하인리히의 영어 발음은 베를린식의 강한 억양 때문에 알아듣기 어려웠지만, 학생들은 개의치 않았다.

1954년 랜달 자렐은 유머와 위트로 미국 대학 생활을 희화화하는 소설을 출간했다. 이 소설에는 중년 부부가 나오는데, 한나 아렌트와 하인리히 블뤼허가 모델이다. 자렐의 책에서 그들은 고트프리트와 이레네 로젠바움이라고 불린다. 고트프리트는 오스트리아 출신의 작곡가이자 음악교수이고, 이레네는 한때 가수생활을 했던 러시아계 여성이다. 로젠바움 부부는 구세계에서 온 물건들과 추억들로 가득 채워진 빌라에서 살고 있다. 그들이 고향 생각에 빠져 횔덜린과 괴테에 대해 열정적인 대화를 이끄노라면 손님들 역시 다른 세계로 옮겨가 있는 듯이 느낀다.

고트프리트 로젠바움은 친절하고 변덕스러운 교수이다. 그가 태연하게 독일 민요를 흥얼거리며 학생들과 함께 캠퍼스를 거닐고 있으면 동료 교수들은 그에 대해 고개를 설레설레 젓는다. 성격만큼이나 그가 쓰는 말도 독특하다. 예를 들어 한 여자 동료에게 화가 나면 그는 이렇게 투덜댄다. "I do nodt like de tune she says zings to."(그녀가 하는 말투가 마음에 들지 않아.) 고트프리트는 영어 발음이 어려웠다. 특히 'th' 발음이 어려웠다. "그는 그것을 때로는 d처럼, 때로는 t처럼, 때로는 z처럼 발음했다. 그러면서 몇 년 지나면 제대로 된 발음이 나올 거라고 웃으면서 다음과 같이 덧붙였다. ass shure ass Fadt."(운명처럼 확실한 일이오.)

자렐의 소설에 등장하는 로젠바움 부부와 한나 아렌트와 하인리히 블뤼허 부부는 또 한 가지 공통점이 있다. 바로 손님들을 좋아하는 것이다. 모닝사이드 드라이브의 새해 전날 밤 축하 파티는 유명하고도 악명 높았다. 그곳에는 해마다 '단골손님들'이 모두 초대되었다. 잡지 「코멘터리Commentary: 논평」의 공동 발행인인 노먼 포드호레츠의 보고에 따르면 한나의 신년 파티 초대를 받은 자는 '뭔가를 해낸' 사람이다.

한나는 『전체주의의 기원』으로 '국립예술문예원'의 문학상을 수상함으로써 한층 더 명성이 높아졌다. "정말 명예로운 일이지만, 사실 아주 우습다." 그녀는 그렇게 말했다. 버클리에 있는 캘리포니아 대학 역시 그녀에게 교수직을 제안했다. 그러나 그녀는 전임교수는 되고 싶지 않았다. 그녀는 '직업 사상가'에 대해 좋지 않은 생각을 갖고 있었다. 게다가 그녀는 여행과 연구, 하인리히와 친구들에게 쓸 시간을 갖고 싶었다. 그러나 캘리포니아 대학은 끈질기게 그녀를 설득했다. 결국 한나는 1955년 초 한 학기 동안 강의를 하러 캘리포니아로 갈 것에 동의했다. 거의 4개월 동안이나 하인리히와 떨어져 있게 될 것이기에 그녀로서는 아주 어려운 결정이었다.

1954년 여름방학을 한나와 하인리히는 거의 해마다 그랬듯이 뉴욕 북쪽 캐츠킬산의 작은 마을 팔렌빌에서 보냈다. 그들은 외딴 목조가옥 체스트넛 론 하우스에서 살았다. 하인리히는 조용히 다음 학기를 준비했고, 한나는 수영을 하러 갈 수 있었다. 그녀는 수영을 매우 좋아했다. 또 방해받지 않고 원고를 쓰거나 편지를 쓸 수 있었다. 이따금 한나의 영어 텍스트를 수정해 주는 로즈 페이틀슨 같은 친구들이 들렀다. 한나는 메리 매카시 역시 찾아와 주길 원했으나 그녀는 시간이 없었다. 아들 로이엘을 보살피고 새 소설을 계속 써야 했기 때문이다. 이때 메리의 생각은 줄곧 자신이 쓰고 있는 소설이 한나의 마음에 들 것인가밖에 없었다. 때로는 그 생각이 방해가 되기도 했다. 특히 '섹스 장면'이 등장할 때면 그랬다. "막 유혹하는 장면을 쓰고 있는데, 네가 내 소매를 잡으며 '중지'라고 말하는 거야. 내 상상 속에서 너의 항의가 어찌나 강력한지 나는 전부 바꿔 썼고, 모든 것을 여주인공 대신 남자의 눈으로 쓰고 있어."[9]

메리는 변호사가 되려는 계획을 포기했다. 교육과정이 너무 길고 낭비적임을 새삼 깊이 깨달았던 것이다. 공산주의자 사냥꾼 조지프 매카시의 정치생명은 그녀의 개입 없이도 끝나가는 것처럼 보였다. 가을에 '군사청문회'가 열렸는데, 여기서 매카시의 폭로와 탄압 히스테리는 알맹이 없는 억측으로 드러났다. 1954년 12월 상원에서 매카시를 향한 비난 결의문이 채택되어 매카시와 그의 조력자들은 정치적으로 끝장났고, 모든 허깨비가 종말을 맞았다. 이 허깨비는 미국 역사에서 어두운 장으로 남았다. 많은 사람들의 삶이 파괴되었고 자살을 하거나 국외로 내쫓긴 사람도 많았으며, 정부에 대한 신뢰는 오래도록 손상을 입었다.

1955년 2월 초 한나는 캘리포니아 대학의 객원 교수직을 맡기 위해 기차를 타고 캘리포니아로 갔다. 그녀가 뉴욕과 그 인근 이외의 미국을 구경한 것은 이번이 처음이었다. 그녀는 로키산맥의 눈 덮인 정상과 시에라네바다의 황홀한 광경에 감격했다. 기차 검표원과 함께 그녀는 달빛 속의 미시시피강에 감탄하며, 이 기회에 미국 철도 노동자의 임금 및 연금 체계에 대해 많은 것을 알게 되었다. 한나는 하인리히에게 다음과 같이 쓴다. "아름답고 아름다운 세계예요."

버클리에서 한나를 맞이하는 태도는 놀랍기도 하고 재미있기도 했다. 그녀가 강의를 하게 될 정치 연구소의 소장은 나타나지 않았다. 대신 그녀의 작은 방에 다른 손님들이 찾아왔다. 한 소녀는 샌프란시스코와 버클리의 전체 거리를 보여주는 지도를 가져왔고, 또 다른 '귀여운 아이'는 사전을 갖다 주었으며, 또 다른 여대생은 한나에게 라디오를 선물하고 싶어 했다. 그리고 마침내 한 학생 단체의 두 대학생이 나타나 함께 커피를 마시러 가자고 했다.

규율과 질서 속에서 학창시절을 보낸 독일과 달라서 한나는 캘리포니아 대학의 자유로운 분위기에 익숙해지도록 애썼다. 또 인기에도 익숙해져야 했다. 원래는 35명이 수강할 거라고 생각했던 그녀의 정치이론 강의에 120명의 학생들이 몰려왔다. 대부분은 서 있어야 했고 복도에까지 늘어선 학생도 있었다. 한나는 '마구' 소리를 질러야 했다. 전체주의에 대한 세미나에도 '120명의 아이들'이 앉아 있자 그녀는 얼떨떨했다. 자신이 '사자 조련사'처럼 여겨졌고 3분의 1의 학생들이 다시 떠나도록 세미나 과제가 어려울 것이라며 겁을 주는 말을 해야 했다. 그녀는 학생들을 '아이들'이라고 불렀는데, 규율 면에서도 '아이들'에게 아주 엄격했다. 진을 입고 온 사람, "씻지 않고 온 사람, 강의실에서 점잖게 앉아 있지 않는 사람, 기타 등등"은 수강이 허락되지 않았다.[10] 한나는 그렇게 안 하면 의미 있는 수업을 할 수 없다고 말했다. 그리하여 처음에 그녀는 '독재자'라는 별명을 얻었다. 그러나 차츰 학생들은 그녀를 신뢰하게 되었고, 그녀는 그것에 감동했다. 학생들은 그녀를 로자 룩셈부르크와 비교하며, 그녀가 하는 모든 말을 '환상적'으로 여겼다.

동료들과는 그렇게까지 잘 지내지 못했다. 한나는 가능한 한 그들을 피했다. 그녀는 학과의 교수들이 서로에게 듣기 좋은 소리만 한다고 하면서 이는 '사람을 대하는 올바른 태도가 아니'라고 말했다. 한나는 칵테일 파티에서 서로 앞을 다투며 자만심에 빠진 말을 늘어놓는 동료들에게 격분했다. 기회가 있을 때마다 자기가 옥스퍼드 출신이며 완전히 다른 수준에 있다고 강조하는 교수가 있는가 하면, 피부색이 검은 학생들을 보며 자기가 '니그로 마을'에 살고 있다고 말하는 라틴어문학 교수도 있었다. 그녀는 화가 나 하인리히에게 이렇게 써 보냈다. "자기가 결코 돌아가고 싶지 않은 곳이 어디인지 알기 위해서는 이따금 교양 있는 사람들을 보아야 해요."[11]

그녀가 이러한 학계의 분위기와 전혀 맞지 않은 남자와 알게 된 것은 기분 전환이 되었다. 그의 이름은 에릭 호퍼인데, 샌프란시스코 선창에서 일하는 부두 노동자였다. 이 부두 노동자의 특별한 점은 문학과 철학에 흥미를 갖고 있으며 개인이 광신자가 되는 과정을 추적한 『맹신자들』을 썼다는 것이다. 한나는 호퍼와 친구가 되었고, 시간이 나면 언제나 그를 만나기 위해 학과를 '슬쩍' 빠져나갔다. 호퍼는 그녀에게 샌프란시스코를 보여주었고, 자랑스럽게 그녀를 항구의 일터로 안내했다. 한번은 함께 레드우즈 숲을 산책하기도 했다.

그 밖에는 캘리포니아의 아름다움을 구경할 기회가 그다지 많지 않았다. 그녀는 믿을 수 없을 정도로 많은 일거리를 맡았다. 학과에서는 강의와 세미나 이외에도 일주일에 두 번 면담 시간을 가져야 했다. 그러고 나면 몸이 '마치 소시지 기계 속에 들어갔다 나와 뒤틀린' 것처럼 느껴졌다. 이러한 공식적인 과제에다 여러 클럽과 모임에서 강연을 했고, 여러 번 근처에 있는 프린스턴의 대학 도서관에 가서 논문 자료를 조사했다. 거기다가 또한 독일 출판사를 위해 『전체주의의 기원』의 번역을 끝내야 했다.

그러나 이렇게 힘들어도 재능 있는 남녀 대학생을 발견하면 보상이 되는 것 같았다. 그들의 재능을 장려하기 위해서는 아무리 노력을 들여도 아깝지 않았다. 한나는 '열아홉 살짜리 한 깜찍한 계집애'에게 빠져 심지어 규칙적으로 개인 수업을 해주기도 했다. 케냐에서 미국에 온 지 얼마 안 되는 한 대학생이 세미나에서 최고의 발표를 하자 한나는 정신을 잃을 정도로 기뻐했다. 그녀는 하인리히에게 이렇게 써보냈다. "이런 일이 있을 수 있네요! 정말 멋진 세상이에요!"[12]

세미나가 끝날 무렵 한나는 대학의 스타가 되어 있었다. 그녀의 학생들은 '순수한 재미와 열정'에 빠져 자발적으로 공부했다. 한나의 문 앞에 딸기, 버찌, 잡지, 작은 논문, 시 등 선물이 놓이지 않고 지나가는 날은 하루도 없었다.

기말시험이 끝난 후 그녀는 완전히 기진맥진했다. 마치 '단춧구멍'처럼 느껴졌다. 한편으로는 그녀가 거둔 성공에 행복했지만, 다른 한편으로는 처음으로 맡은 교수직에서 배운 것이 한 가지 있었다. 버클리에서처럼 비교적 오랫동안 '뭇사람의 주목'을 받을 수 없다는 점이었다. 그녀에게 가르친다는 것은 관심을 보인다는 뜻도 되었다. 영원히 학생들과 동료들의 걱정과 관심으로 자신을 가득 채우는 일은 그녀의 힘을 넘어서는 것이었다. 그녀는 자신을 둘러싼 이 시끌벅적한 공적인 장에서 벗어날 수 있는 휴지기가 필요했다. 그래서 그녀는 이미 쾨니히스베르크에 있을 때부터 알고 지내던 여자 친구 율리 브라운-포겔슈타인과 함께 가을에 떠날 유럽 여행을 기쁘게 기다렸다. 이 여행에는 몇 가지 의무가 따르긴 했다. 당연히 강연을 해야 했다. 무엇보다도 밀라노 의회에서 강연이 있었고, 그 밖에도 이스라엘에 있는 친척을 방문해야 했다. 그렇기는 했지만 우선 한나는 가장 아름다운 이탈리아 도시들을 구경한 다음, 그리스로 건너가서 아테네와 델피, 에올리아의 섬들을 구경하고 싶었다. 모든 책임에서 벗어나 '가장 근사한 유랑'이 되어야 했다.

다시 글 쓸 시간도 필요했다. 얼마 전부터 그녀에게는 '파리처럼' 귀찮게 달라붙는 생각들이 있었다. 이러한 생각들을 재료로 자신의 새로운 생활 감정을 다룰 책을 쓰고 싶었다. 그녀는 몇 년 전부터 야스퍼스에게 "세계를 정말로 사랑"하기 시작했다고 고백했는데[13] 이러한 경험에 감사하는 마음에서 그녀는 새 책의 제목을 '아모르 문디Amor Mundi', 즉 '세계 사랑'이라고 하고 싶었다.

14

아름다운 세계, 암울한 세계

"보는 눈이 있다는 것이 얼마나 축복인지 전에는 몰랐어요."

1955년 9월 12일에서 17일까지 밀라노에서는 1950년 서베를린에서 설립된 반공산주의 기구인 '문화적 자유를 위한 대회'의 국제회의가 열렸다. 한나는 이 회의에서 '전체주의적-권위주의적 국가 형태들의 부상浮上과 발전'이라는 주제로 강연을 하기로 되어 있었다. 밀라노 회의까지는 며칠 시간이 있었기 때문에 그 사이에 베네치아에 있는 메리 메카시를 방문했다.

메리는 한나의 말로 표현하자면 "옆으로 찍 미끄러진" 상태였다. 그녀는 그리스 여행을 하고 난 후 유산을 했는데, 그즈음 보든 브로드워터와의 결혼이 거의 파경에 이르러 있었다. 회의의 다른 참석자들도 메리 매카시를 방문했다. 한나와 메리가 친하게 지내는 「폴리틱스」의 발행인 드와이트 맥도널드도 그녀를 찾아왔다. 새빨간 셔츠를 입은 맥도널드는 너무나 미국식으로 행동했기 때문에 메리에게는 아무런 위로가 되지 못했다. 하루 종일 그는 왜 곤돌라에다 선외모터를 달지 않는가 하는 물음에 골몰했다.

베네치아에서 한나는 버스를 타고 페라라와 라벤나, 볼로냐, 파도바로 구경을 나갔다. 페라라의 프레스코, 라벤나의 모자이크, 작은 음식점과 카페, 풍경들로 그녀의 머릿속은 어지러울 정도였다. 그동안 이런 식의 여행은 한 번도 한 적이 없었다. 그녀는 이 장관을 표현할 말을 찾지 못했다. 마치 모든 것이 갑자기 '눈 속으로 불쑥' 들어온 것 같았다.

한나는 만토바를 거쳐 9월 12일 회의가 시작되는 밀라노로 갔다. 뉴욕 대학의 철학교수 시드니 후크가 개회 강연을 했다. 한나도 청중 사이에 앉아 있었다. 그녀는 "죽을 정도로 지루했다"고 몰래 하인리히에게 엽서에 써보냈다. 모든 참석자들은 호화로운 호텔에 묵었고, 용돈도 두둑이 받았으며 모두들 지루해서라도 있는 대로 돈을 쓰고 앉아 있을 거라고 했다. "어리석을 정도로 돌아다니고 먹고 물건을 사대는 거예요." 모든 것이 "믿기지 않을 정도로 엄청난 스캔들"이라고 말했다.[1]

한나 아렌트는 자신의 강연으로 활발한 토론을 이끌었다. 그녀가 시드니 후크에게 음모를 꾸몄다고 비난하자 후크는 인신공격을 당했다는 느낌을 받았고, 본격적인 언쟁이 터졌다. 한나는 이렇게 말했다. "아무튼 난 회의에 활기를 불어넣었지요."

회의가 끝나기 전에 한나는 이탈리아 여행을 계속하기 위해 슬그머니 자취를 감추었다. 우선 옛 친구 '쿠르첸' 블루멘펠트와 그의 아내를 만나기 위해 제노바로 향했다. 블루멘펠트는 병색이 짙었고, 한나는 그의 아내가 그를 너무 힘들게 하는 것에 마음이 아팠다. 결국 아름다운 경치에는 눈도 주지 않은 채 입술을 꼭 다물고 제노바를 떠났다. 그러나 좋은 기분을 망치고 싶지는 않았다. 그녀는 '염치없을 정도로 잘 지내며' '넘치는 아름다움'에 압도당했다.

제노바에서 비행기를 타고 로마로 간 한나는 '꼬마 아저씨' 하인리히에게 비행기에서 내려다본 근사한 광경에 대해 이렇게 썼다. "비행기에서 내려다본 광경이 어떻게 보이는지 어떻게 묘사해야 할지. 구름이 하늘을 나는 것이 아니라 땅을 나는 것 같아요."[2]

한나는 여자 친구 율리 브라운-포겔슈타인과 로마에서 만날 약속을 했었다. 두 사람은 어느 작고 아름다운 호텔에 방을 빌렸다. 그러나 한나는 율리를 잘 이해는 하지만 지금은 함께 있고 싶지 않았다. 차라리 혼자서 하루 종일 시내를 돌아다니고 싶었다. 한나는 로마가 "안쪽으로" 자신을 열어보이는 것 같다고 하인리히에게 편지를 쓴다. 파리와는 달리 거리들이 광장으로부터 뻗어나오는 것이 아니라, 도시가 광장들로 이어 맞춰져 있는 것 같다고 말한다. "로마에서는 곳곳에서 모퉁이를 돌아가고, 그러면 또 광장이 나오거나 작은 광장이 나오는 거예요." 한나는 이탈리아어를 거의 할 줄 몰랐지만 계속해서 사람들에게 물어보고 설명을 들으면서 보르게세 공원과 메디치 공원, 스페인 계단, 판테온, 콘스탄자 묘지를 구경했다. 어느 날 저녁 우연히 지친 몸으로 작은 예배당에 들어갔을 때, 그녀는 눈앞에 보이는 르네상스식 건축물에 압도당하고 마침내 '빛이 무엇인지' 알게 되었다.

9월 말에는 율리와 함께 아테네로 날아갔다. 넘쳐날 정도로 아름다운 이탈리아에 비하면 그리스는 초라한 편이지만, 엄격한 아름다움을 갖고 있었다. 사원과 풍경이 '자매'처럼 어울리는 델피로 갔다가 펠로폰네소스로 갔다. 올림피아는 '울음이 터질 정도로 아름다웠고' 미케네는 그저 '굉장'했다. 일주일 후에 그녀는 다시 아테네로 돌아와 야외의 한 카페에 앉아 있었는데 세 명의 신사가 다가와 '치근덕거리려고' 했다. 그녀는 자기가 체험한 인상을 바탕으로 하인리히에게 이렇게 써보냈다. "정말로 그렇게 보는 눈이 없을까요. 보는 눈이 있다는 것이 얼마나 축복인지 전에는 몰랐어요."[3]

10월 14일 마흔아홉 번째 생일을 한나는 텔아비브에 있는 사촌 에른스트 퓌르스트의 집에서 보냈다. 물론 파티를 열 생각은 없었다. 이탈리아와 그리스에서 느꼈던 날아갈 듯한 기분은 사라졌다. 이스라엘의 정치적 분위기는 짓눌리고 절망적이었다. 1948년 건국과 독립전쟁을 겪은 후 이스라엘은 아랍에 대해 자국의 권리를 주장하고 휴전협정을 맺긴 했지만, 계속해서 새로운 전쟁에 대한 불안에 시달렸다. 이집트의 총리 가말 압델 나세르는 점점 더 공공연하게 군사력으로 위협했다. 수에즈 운하 사용을 둘러싼 반목은 새로운 갈등을 예고했다. 7월 26일 이집트는 이제까지 영국과 프랑스, 미국의 손에 있던 '수에즈운하회사'를 국유화했다.

뉴욕에 있는 하인리히는 매우 불안했다. 그는 한나에게 상황이 위험해지면 당장 그곳을 떠나라고 간절하게 주의를 주었다. 한나는 아직 염려하지 않았다. 친척들의 자동차를 타고 구경을 하면서 본 키부츠의 열악한 상황과, 분단된 예루살렘의 긴장된 분위기를 체험했을 때에야 비로소 그녀는 공중에 떠 있는 불안감을 느꼈다. 그녀가 대화를 나눈 사람들은 모두가 "완강한 민족주의적 성향"을 지녔고 "어리석을 정도로 꽉 막혀" 있었다.[4]

10월 말, 이스라엘을 떠나 이스탄불에서 스위스로 날아갈 때에야 한나의 기분은 홀가분해졌다. 비행기에 앉아 눈 덮인 알프스산과 취리히 주변의 가을빛이 물든 숲을 보면서 그녀는 행복에 겨워 고함이라도 지를 것 같았다.

'눈으로 보는 것'만 해도 행복했는데, 이제 다시 카를 야스퍼스와 '대화'할 수 있게 되어 기뻤다. 그는 바젤에서 그녀를 기다렸다. 야스퍼스는 정치 현안들에 대단히 골몰해 있었다. 그는 무엇보다도 독일에서 여론을 지배하고 있는 주제인 핵폭탄에 대한 글을 쓰고 있는 중이었다.

독일연방공화국서독은 1955년 5월 9일부터 서방 방위 동맹기구인 나토(NATO: 북대서양조약기구)의 회원이 되었다. 새로운 국방장관 프란츠 요제프 슈트라우스는 연방군의 핵무장을 단호하게 옹호했다. 이러한 계획에 반대해 폭넓은 반핵운동이 펼쳐졌고, 7월 12일 보덴제에서는 오토 한과 베르너 하이젠베르크와 같은 노벨상 수상자들이 모여 핵전쟁의 위험을 경고했다.

이러한 우려에 대해 한나는 공감은 하고 있었으나, 동시에 핵무기로 인한 파괴에 대한 불안보다는 오히려 핵폭탄으로 인해 정치사상이 어떻게 변할지에 대해 더 관심을 쏟았다. 핵무기의 위협 앞에서는 팽창, 세력 확장, 정복 등과 같은 오랜 역사를 지닌 권력 정치적 전쟁 옹호는 모두 정당성을 상실했다. 무엇보다도 전쟁을 옹호하는 가장 중요한 논거, 즉 자유를 지키기 위해 때로는 전쟁이 필요하다는 논거가 모호하게 되었다. 한나 아렌트가 보기에 자유로운 삶을 지키기 위해 자신을 희생하고 경우에 따라서는 목숨을 바칠 각오를 하는 것은 그래도 '설득력이 있다'. 이러한 '용기'는 전쟁이 끝난 후 다시 삶이 계속되며 그 희생은 다가오는 세대를 위해 보람 있는 일이라는 생각과 절대적으로 결합되어 있는 것이다. 하지만 핵폭탄은 이러한 희망을 허락하지 않는다. 핵폭탄의 투입은 한 개인이나 한 민족의 목숨만이 아니라 전 인류의 생존을 위협한다. '훗날' 자유 (혹은 부자유) 속에서 살아가는 사람이 존재하지 않게 된다면, 자유를 위해 목숨을 희생하는 것이 무슨 의미가 있는가? 그렇기 때문에 '자유 아니면 죽음을'이라든가 '빨갱이가 되느니 차라리 죽음을'과 같은 구호들은 사고의 오류이다. 그러한 구호들은 핵전쟁 이후의 손실이 그다지 크지 않을 것이며 문명의 일부가 살아남으리라는 암묵의 전제에서 출발한다. 그녀는 다음과 같이 말한다. "전쟁이 지상에 사는 인간들의 존속을 위협하는 순간, 자유냐 죽음이냐의 양자택일은 이미 설득력을 상실한다."[5] 핵폭탄의 발명으로 인류는 역사적으로 유례가 없었던 결단 앞에 서게 되었다. 즉 "전쟁이 인류를 말살"[6]하기 전에 전쟁을 근절해야 하는 것이다.

한나 아렌트는 핵폭탄이 – 그리고 그로 인해 인류가 직면한 소름 끼치는 양자택일이 – 현대적 기술 없이는 존재할 수 없다는 점을 분명히 깨닫고 있었다. 그렇기는 하지만 기술적 발전에 근대 세계의 모든 해악의 책임을 씌우려는 것은 전혀 아니었다. 특히 유럽인들에게서 나타나는 그러한 태도는 그녀의 마음을 매우 불편하게 했다. 모든 기술적인 성취들을 싸잡아 '나쁘고 파괴적'인 것으로 저주하며 현대 기술의 오용에 대한 책임을 미국에 전가하는 사람들을 종종 만날 수 있었다. 한나 아렌트에 따르면 그러한 태도는 기술 발전이 전체 서구 역사에 그 뿌리를 두고 있으며, 미국은 앞으로 다른 나라들이 어쩔 수 없이 따르게 될 선구적 역할을 하는 것에 불과하다는 사실을 보지 못하도록 왜곡시킨다.

한나는 전쟁이 끝난 후 유럽 국가들이 미국에 대한 후진적 상황을 얼마나 빨리 만회할 수 있을지에 대한 인상을 독일에서 받았다. 독일은 경제 기적의 한가운데에 있었다. 1954년 축구 월드컵 대회 결승전에서 독일이 승리를 거둔 '베른의 기적'과 함께 독일의 국가적 자의식은 다시 회복되었다. 한나는 전쟁의 피해를 더 이상 찾아볼 수 없다는 사실에 놀랐다. 한나는 "번쩍번쩍거리는 완전히 새로운 나라"가 되었다고 믿기지 않는 어조로 하인리히에게 편지를 쓴다. 그리고 "처음부터 끝까지 뜯어내야 할 정도로 낡았기" 때문에 오히려 거의 손상을 입지 않은 하이델베르크를 유감으로 생각하는 것이 현재 독일의 전형적인 분위기라고 말한다.[7] 그러나 재건 성과에 대해서 아무리 감탄하더라도 그녀는 모든 것이 '겉모습'에 불과하며, '그 뒤에서 무슨 일이 벌어지는지 아무도 모른다'는 감정을 떨쳐버리지 못한다.

한나가 베른의 야스퍼스 집에 머무는 동안 『전체주의의 기원』의 독일어 판이 출간되었다. 그 때문에 그녀의 독일 여행은 일종의 개선행진이 되었다. 프랑크푸르트, 베를린, 쾰른에서 열린 그녀의 강연은 신문에 상세히 보도되었다. 사람들은 너도나도 한나를 데려가려고 난리를 쳤다. 그녀는 인터뷰를 하고 라디오 방송을 해야 했다.

"하이데거는 어떻게 되었소?" 자신을 둘러싼 모든 소동에 대해 보고하는 한나에게 하인리히가 물었다. 한나는 벌써 얼마 동안 이 문제를 머릿속에 담아두고 있던 참이었다. 옛 스승이자 연인을 방문해야 할지, 아직도 결정을 내리지 못했다. 결국 그녀는 찾아가지 않기로 했다. 그녀가 프라이부르크로 가지 않는 것은 마치 하이데거와 그녀 사이의 '암묵의 합의'인 양 여겨졌다. 그녀는 하이데거가 자신의 성공에 대해 들었을 것이며, 그렇기 때문에 그를 만나는 것은 현명한 일이 아니라고 믿었다. "하이데거에게 편지 한 줄도 쓴 적이 없고 앞으로도 쓰지 않을 것처럼 행동하려고" 하며 이것은 두 사람 관계의 전제조건이다. 그러나 이번에는 이런 '게임'을 할 기분도 아니고 기력도 없었다. 그녀는 "당분간 풀이 조금 자라도록 모든 걸 그대로 내버려둬야 한다는 생각이 들어요"라고 말한다.[8]

어쩌면 하이데거가 그녀의 책에 쓰여진 몇 가지 진술을 불쾌하게 받아들일까 봐 염려가 되었기 때문일 수도 있다. 하이데거는 자신이 나치즘에 동조한 이유를 나치즘이 서양을 공산주의로부터 구출하기를 바랐기 때문이라고 설명해왔다. 그러나 한나의 책은 나치즘과 스탈린주의가 둘 다 전체주의 체제이며 따라서 비교 가능하다는 핵심 통찰에 근거한다.

그녀의 저서에 나타나는 또 다른 중요한 사상에서도 하이데거는 자신을 두고 한 이야기임을 느낄 수밖에 없었다. 그녀는 왜 히틀러가 수많은 주요 인물들에게 큰 매력을 발휘할 수 있었는가라는 의문을 제기했다. 한나는 그 뒤에 놓인 역사적 현상을 보았고, 그것을 "폭민과 엘리트의 동맹"[9]이라 불렀다. 즉 정신적 엘리트들에게는 제1차 세계 대전 후 전통적 가치들이 상실되었다. 사람들은 이를 애석해하는 것이 아니라, 반대로 냉소적인 기분으로 이제까지 타당성을 지니고 있다가 폐허가 된 모든 것들을 배척했고, 안도하며 사회적 국외자이자 출세자들의 편이 되었다. 그들은 모든 문화를 조롱하며 별 생각 없이 주먹으로 책상을 탁 칠 수 있는 사람들이었다.

한나는 그런 사유를 하면서 분명 하이데거도 생각했다. 그녀는 전쟁이 끝난 후 다시 프라이부르크에 갔을 때 하이데거가 원시적이며 속물적인 것에 경도된 상태에서 아직 치유되지 않았다는 사실을 확인할 수밖에 없었다. 엘프리데와의 결혼을 그녀는 "가장 긴밀하게 결합된 폭민과 엘리트의 동맹"[10]이라고까지 불렀다.

한나는 몇 년 전부터 비로소 자신이 현실을 사랑하게 되었다고 말한다. 그녀의 이탈리아와 그리스 여행은 세계에 대한 정열적인 사랑고백과도 같았다. 동시에 이 세계가 다시 새로운 정치적 파국 앞에 서 있다는 불안 속에서 살았다. 초강대국들 사이에 지속되는 냉전과 서로간의 핵폭탄 위협으로 그녀는 "최악의 사태가 우리에게 닥칠지도 모른다"는 염려를 하게 되었다.[11] 하인리히 블뤼허와 그녀가 보기에 세계정세는 작은 불티만으로도 제3차 세계 대전을 일으키기에 충분할 만큼 긴장되어 있었다. 그러한 '불티'가 발생할 수 있는 아궁이는 베를린, 근동, 소련의 위성국가들 등 충분히 많았다.

특히 소련의 상황은 판단하기 어려웠다. 스탈린은 1953년에 죽었고, 그의 승계를 둘러싸고 권력투쟁이 벌어졌다. 1956년 2월 소련 공산당 20차 전당대회에서 총서기장 흐루쇼프는 스탈린의 범죄를 비판하는 연설을 했다. 이 연설의 결과 조심스런 자유화의 물결이 확산되었는데, 이는 일리야 예렌부르크의 소설에 따라 '해빙의 분위기'로 지칭되었다. 이러한 해빙의 분위기가 지난 후 다시 매서운 서리가 내릴지의 여부는 아무도 몰랐다.

1956년 가을, 세계사는 한나 아렌트의 '목 위로' 올라왔다. 그러리라고 전혀 예상치 못했던 때였다. 그녀는 다시 유럽을 찾았다. 통상적인 방문 - 하이데거를 방문하는 것이 아니라! - 을 하고, '아모르 문디'라고 이름 붙이고 싶은 그녀의 새로운 저서를 위한 사전조사를 위해서였다. 네덜란드에서는 메리 매카시를 만났고, 그녀와 함께 암스테르담과 로테르담, 덴 하그의 미술관을 구경했다. 메리는 결국 남편과 헤어지고, 지금은 베네치아에서 살면서 이탈리아 르네상스에 대한 책을 쓰고 있었다. 그러면서 신문사 일을 하고 있는 전직 헤비급 권투선수였던 영국인 존 대븐포트와 사랑에 빠져 있었다. 한나는 메리에게 매혹되었다. 그녀는 너무 '매력적'이고 '아름다웠다.' 두 사람은 '오랜 동지들'처럼 서로 잘 어울렸다.

한나는 메리와 함께 파리로 여행을 계속했고 그곳 도서관들에서 여러 날을 보냈다. 도서관 직원들은 그녀를 "책을 먹어치우는 사람"이라고 불렀다. 한나는 생일을 축하할 시간도 없었다. 그러나 도처에서 생일 축하편지를 받았다. 심지어 야스퍼스는 속달로 축하 편지를 보내왔다. 하인리히에게서만 편지가 없었다. 그녀는 '죽을 때까지 두고두고 씹기'로 작정했다. 그녀는 속이 상해 편지를 썼다. "어쨌거나 당신이 내가 쉰 살이 된 것을 잊었다면 두고두고 그렇게 할 거예요."[12]

한나는 하인리히에게서 2주 후에야 생일 축하편지를 받았다. 하인리히는 양심의 가책을 비치지 않았다. 그때 그녀는 벌써 바젤의 야스퍼스에게 가 있었다. 그곳에서 그녀는 헝가리에서 공산주의 체제에 반대하는 민중봉기가 터졌다는 기사를 신문에서 읽었다.

헝가리 민중봉기는 10월 23일 평화로운 항의 시위가 국가안보위원회에 의해 무력으로 해산되면서 시작되었다. 한나 아렌트가 바젤에서 봉기 소식을 들은 10월 24일에 이미 헝가리에서는 소련군이 시위대를 향해 진격하고 있었다. 대중의 신망을 누리고 있는, 새로운 헝가리 총리 임레 나지는 11월 1일 헝가리의 '바르샤바 조약기구' 탈퇴를 선언했다. 그렇지만 시위대는 소련군의 탱크에 대항해 오랫동안 버틸 수 없었다. 11월 11일 시위대는 잔인하게 진압되었고, 광범위한 숙청의 파도가 시작되었다. 임레 나지와 협력자들은 처형되었고 부다페스트의 어딘가 알려지지 않은 곳에 매장되었다.

한나가 보기에 소련 점령군의 진압은 크레믈린 권력자들의 자유주의적인 구호에도 불구하고 과거의 전체주의적 구조가 그대로 유지되고 있음을 드러냈다. 한나는 헝가리 봉기의 결말에 너무도 경악했지만, 이 나라에서 벌어진 모든 일에 감격했다. 불과 며칠 동안의 저항이었지만 무엇이 진정한 정치 행동이며 그것이 어떤 영향을 끼칠 수 있는가를 세계에 보여주었기 때문이다. 봉기자들은 한 정당에 의해 조종되지도 않았고, 어떤 정치 강령도 중요하지 않았다. 그들을 거리로 내몰고 또 마치 저절로 운동을 굴러가게 한 것은 행위를 향한 자발적인 결단이었다. 그리고 그 행위에는 바로 자유로운 관계에의 의지가 마치 자명한 것처럼 새겨져 있었고, 그 행위는 다른 사람들과의 연대 속에서 역시 자명한 양 자신의 길을 찾은 것이었다.

훗날 헝가리 봉기에 대한 글에서 한나 아렌트는 이렇게 쓴다. "혁명을 추진한 것은 다름 아닌 전 민중의 공동행위에서 파생된 기초적인 힘이었다. 민중은 장황한 말이 필요하지 않을 정도로 자신들이 원하는 바를 정확히 알고 있었다. 새로운 정부를 형성하기 위해서는 러시아 군대가 당장 그곳을 떠나야 하며, 자유선거가 치러져야 했다."[13]

헝가리 사건에서 특이한 것은 정부와 군이 민중봉기의 힘에 맞설 수 없었다는 점이다. 그들은 해체되거나 봉기자들의 편에게 넘어갔으며, 그들과 함께 이데올로기의 거짓된 구조물 역시 모두 사상누각처럼 와해되었다. 그와 반대로 반란은 정상적인 정치적 인간 지성에 일치하는 방향으로 나아갔다. 요컨대 자생적인 평의회, 그러니까 목적과 조직을 스스로 결정하는 다양한 사회 집단으로 이루어진 모임들이 형성되었던 것이다. 한나 아렌트에게는 이러한 평의회야말로 '진정한 민주주의'를 구현한다. 정당체계와 비교해 볼 때 이러한 평의회는 개개인이 직접적으로 공공생활에 참여할 수 있을 뿐 아니라, 종종 전혀 다른 강령과 요구에 묶여 있는 소집단의 대표자들에게 자신의 이익을 위임할 필요가 없다는 장점을 갖는다. 역사적으로 이러한 평의회가 오래 존속된 적이 없고, 또 소비에트 체제에서 완전히 위조되긴 했지만, 그렇다고 그러한 평의회가 "근대 민주정부의 유일한 대안"[14]이라는 사실은 변함이 없다.

헝가리 봉기에 대한 한나의 기쁨은 이스라엘에서 벌어진 일련의 사건들로 인해 그늘이 드리워졌다. 이집트의 수에즈 운하 국유화에 대한 답으로서 10월 29일 이스라엘과 프랑스, 영국은 운하 지대를 폭격했고 그곳으로 군대를 파견했다. 유엔과 소련, 미국은 상황을 완화시키려는 시도를 했다.

마침 뮌스터에 머물고 있던 한나에게는 '제3차 세계 대전이 문 앞에' 와 있는 것 같았다. 그녀는 하인리히에게 이런 편지를 썼다. "여보, 세상이 얼마나 암울한지 몰라요. 우리가 함께 있지 않다면 이 세상에서 난 얼마나 절망스러울까요."[15]

15

맹금猛禽인가 명금鳴琴인가?

"내 평생 어떤 민족을 사랑한 적은 없습니다."

제2차 세계 대전이 끝날 무렵 뉴욕의 고등학교들에서는 글짓기 대회가 열렸다. 학생들은 히틀러를 어떻게 벌 줄 수 있을까 하는 문제를 논해야 했다. 한 흑인 여학생이 히틀러에게 검은 피부를 입혀서 강제로 미국에서 살게 해봐야 한다고 썼다. 이 글을 쓴 여학생은 1등에 뽑혀 대학에 다닐 수 있는 장학금을 받았다.

한나 아렌트는 이 이야기를 야스퍼스에게 들려주었다. 그녀가 망명한 지 몇 주 지나지 않았을 때 이미 파악한 미국 사회의 기본 모순을 설명하기 위해서였다.[1] 그것은 '사회적 노예 상태에서 정치적 자유'의 모순이다. 달리 말하면, 한편으로는 흑인들이 상당히 공공연하게 차별을 당하지만, 또 다른 한편으로는 인종 문제에 대한 가장 날

카로운 비판이 허용되고 심지어는 공공연하게 인정받는다.

한나는 1957년 그 모순을 직접 경험했다. 그해에는 남부 주들, 특히 아칸소주의 주도 리틀록에서 거센 인종 소요가 일었다. 원인은 학교에서의 인종분리가 헌법에 위배되며, 백인 학교들 역시 흑인 아이들에게 문을 열어주어야 한다는 대법원의 판결 때문이었다. 남부 주들에서 이러한 규정은 백인들의 단호한 저항에 부딪혔다. 심지어 주지사 오벌 포버스는 흑인 아이들이 고등학교에 들어서는 것을 막기 위해 주州방위군을 투입하기까지 했다. 급기야는 아이젠하워 대통령이 법원의 결정을 관철하기 위해 연방군대를 리틀록으로 파견했다.

잡지 「코멘터리」는 한나 아렌트에게 리틀록에서의 사건에 대해 글을 써달라고 부탁했다. 한나는 동의했다. 그렇지만 그녀가 1957년 말에 잡지사에 보낸 원고 「리틀록에 대한 성찰」은 편집자들의 호응을 얻지 못했다. 편집자들은 당황하여 어쩔 줄 모르며, 이 일에서 어떻게 결론을 내려야 할지 고민했다. 한나는 대체 어떤 "이단적인 견해"라도 주장했던가?[2]

그녀의 성찰의 출발점은 「라이프Life」지에 실린 사진이었다. 그것은 리틀록의 한 흑인 소녀의 사진인데, 아버지의 친구인 백인 남자가 학교에서 집으로 데려다주는 장면을 담고 있었다. 소녀는 몹시 겁을 먹은 듯이 보였다. 이유는 소녀와 그녀를 데리고 가는 백인 남자를 따라오며 소리를 지르고 상을 찡그리는 한 떼의 소년들 때문이었다.

이 사진은 한나에게 자신의 어린 시절을 상기시켰다. 쾨니히스베르크에서 학교에 다닐 때 그녀는 비슷한 경험을 했다. 비록 쫓기거나 위협을 당하지는 않았지만, 인종을 이유로 차별당하는 것이 어떤 것인지는 충분히 알고 있었다. 어린 한나는 당시 어머니로부터 '절대적인 보호'를 받았다. 어머니의 지시에 따라 그녀는 학교에서 반유대주의적 발언을 들으면 당장 자리에서 일어나 집으로 돌아가야 했다. 그러면 어머니가 교장에게 항의 편지를 써보냈다. 한나 아렌트는 어머니의 이런 태도를 훗날에도 높이 평가했다.

리틀록에 대한 글에서 그녀는 만약 자기가 사진에 실린 어린 흑인 소녀의 어머니라면 어떻게 했을까, 하고 자문했다. 그녀의 대답은 "내 아이가 교내의 정치 투쟁에 끌려들지 않도록 하겠다"는 것이었다.[3] 마르타 아렌트도 그렇게 답했을 것이다.

그러나 '리틀록'에 대한 글에서 중점이 된 것은 한나 자신의 어렸을 적 경험만은 아니다. 그녀의 사상적 배경에는 늘 원칙적인 구분이 있었다. 바로 사적인 것과 공적인 것의 구분이다. 그녀에게는 둘 다 각각 인간이 특정 욕구와 성향을 펼칠 수 있는 고유한 생활 영역이다. '사적인 영역'에서는 누구나 자신의 개인적인 취향에 따라 행복하게 될 수 있다. 누구나 자신이 하고 싶은 것을 하고, 호감을 느끼거나 사랑하는 사람들이 모인 곳을 찾는다. 그에 반해서 '공적인 영역'에서는 개인적인 선호는 어떠한 역할도 하지 않는다. 사람들은 한 세계에 함께 살고 있고 그 세계에 책임이 있기 때문에 서로 만나는 것이다. 여기서는 순전히 사적인 이해관계는 뒤로 물러나고 공동의 삶에 해당되는 질문과 문제들에 모든 열정이 향한다.

한나 아렌트에 따르면 이 두 영역이 서로 겹치는 일은 반드시 피해야 한다. 각 영역은 자기 고유의 언어를 갖고 있고 고유의 행위를 요구한다. 정치적인 것이 사적인 것으로 되거나 사적인 것이 정치적인 것으로 된다면 '큰 불행'이 발생한다. 그녀가 게르숌 숄렘에게 반대한 것도 바로 그러한 이유에서다. 그는 그녀가 자신의 민족인 유대인들을 사랑하지 않는다고 비난했다. 그러나 그녀에게 사랑이란 전적으로 사적인 것이며 '비정치적'인 것이다. 반면 유대인들의 운명은 두드러진 정치적인 문제이다. 따라서 그녀는 숄렘에게 이렇게 대답한다. "나는 평생 어떤 민족이나 집단을 '사랑'한 적이 없습니다. 독일인이나 프랑스인, 미국인들을 민족이라는 단위로 사랑하지도 않았고, 노동자 계급이라든가 여타 집단을 사랑한 적도 없습니다. 내가 사랑한 것은 내 친구들이며, 다른 모든 사랑에는 완전히 무능합니다."[4]

한나 아렌트가 이러한 구분을 기대한 것은 어른에 대해서이지 아이에 대해서는 아니었다. 그녀에게 아이는 '한 가정이나 집에서 최우선의 부분'이며, 정치적 삶의 책임으로부터 충분히 보호해줄 수 있는 '강하고 안전한' 분위기에서 길러져야 한다. 리틀록의 소녀는 이제 이러한 보호를 경험하지 못한다. 소녀는 정치적 논쟁에 끌려 들어갔고, 자신에게는 벅찬 정치적 논쟁, 정신적 갈등 속으로 떨어졌다. 그 책임은 대법원의 결정이다. 이를 통해 "공정하지 못하게도" 어른들이 짊어져야 할 책임을 "어린이의 어깨가 짊어"지게 된

것이다.[5]

한나 아렌트는 한 걸음 더 나아가, 법적으로 강제된 평등은 법적으로 강제된 인종 분리보다 전혀 나을 것이 없다고 주장한다. 그녀 자신도 이러한 주장이 "선의의 사람들"에게는 무리한 주장임을 잘 알고 있었다.

이러한 그녀의 입장을 이해하기 위해서는 그녀가 말하는 사적인 생활 영역과 공적인 생활 영역의 구분을 받아들여야 한다. 그 밖에도 그녀에게는 세 번째의 영역, 즉 '사회'의 영역이 있다. 이 영역에서 우리는 삶의 대부분을 보낸다. 여기서 우리는 직업을 갖고 일하거나 학교에 간다. 한나 아렌트는 사회를 어떤 별난 영역, 다시 말해 '정치적인 것과 사적인 것 사이에 있는 중간 영역'으로 일컫는다. 이 '영역'의 특징은 사람들이 자기와 같은 사람들끼리 함께 행동한다는 것이다. 이때 그 공통점은 직업이나 수입이 될 수도 있고 출신 인종이 될 수도 있다. 이렇게 단체, 협회, 공동체들이 형성된다. 한마디로 말해 차이가 생겨나는데, 이는 전혀 정당하며 법적인 조치를 통해 평준화될 수도 없고 또 평준화되어서는 안 된다. 정치에서 중요한 평등은 ─ 나쁜 의미에서 정말로 획일화된 대중사회를 원하지 않는 한 ─ 사회에서는 실현될 수 없거나 부분적으로만 실현될 수 있기 때문이다.

사회적 차별을 받아들여야 한다는 한나 아렌트의 주장은 오직 이러한 맥락에서 이해되어야 한다. 그녀에게 궁극적인 문제는 "어떻게 차별을 근절할 수 있느냐가 아니라, 차별이 정당한 사회라는 영역에서 어떻게 그것을 제한할 수 있느냐, 어떻게 그러한 차별이 정치적이고 개인적인 영역을 침범하여 황폐화시키지 못하게 할 수 있느냐"이다.[6]

이러한 한나 아렌트의 견해는 거의 이해를 받지 못했다. 「코멘터리」의 편집자들은 이 글을 실을지 말지 망설였다. 자신들의 유보적 태도를 분명히 하기 위해 그들은 철학교수 시드니 후크의 비판적인 입장을 함께 싣기로 했다. 그렇지만 이러한 절충안도 합의를 보지 못하자, 한나는 더 이상 참지 못하고 자신의 글을 도로 가져왔다.

여러 비평가들이 한나 아렌트를 비판하는 점은 그녀의 논거라기보다는 '냉정하고' 감정을 상하게 하는 그녀의 어조였다. 그녀와 가까운 사람들 역시 그녀의 그런 어조 때문에 당혹해했다. 한 친구는 그녀를 "험담하기 좋아하는 한나"라고 불렀다. 「파르티잔 리뷰」의 공동 발행인인 윌리엄 필립스는 낙담하여 이렇게 외쳤다. "도대체 그 여자는 자기가 누구라고 생각하는 거야? 아리스토텔레스라도 된다는 거야?"[7] 그녀의 친구 한스 요나스 역시 그녀가 사람이나 상황을 너무도 빨리 재단하는 식으로 판결 내리는 태도를 거슬려했다. 한번은 요나스가 그런 태도를 반박하자, 한나는 요나스의 아내와 이해한다는 식의 눈길을 주고받으며 "아, 한스"라고만 말했다. 비슷한 기회에 요나스가 "한나, 내가 바보라고 생각하는 거지?"라고 묻자 한나는 거의 깜짝 놀란 눈을 하며 "아니"라고 말하고는 "난 당신을 남자라고 생각해"라고 덧붙였다.[8] 알프레드 케이진도 한나에게서 비슷한 경험을 했다. 그렇지만 케이진은 그녀의 겉으로 드러나는 독재

적인 태도를 관대하게 보아주었다. 그는 그녀의 어떤 '지적인 고독'
이 밖으로는 거만하게 비친다고 그녀를 변호했다.

한나는 그런 식의 심리적 추측에 대단히 언짢은 반응을 보이곤
했다. 그녀에게 그 모든 것은 '허튼 소리'일 뿐이었다. 그녀는 자신이
종종 '도끼'처럼 처신한다는 것을 알아차릴 만큼 충분히 감정이 섬
세하다고 생각했다. 그녀에게 그것은 성격이상이 아니라, 그녀의 확
신과 분리될 수 없는 의식적인 태도였다. 그녀는 '어조란 사람이다'
라고 말한 바 있다. 이 말을 보충하자면 상황에 따라 달라지는 게 사
람인 것도 사실이다. 즉, 한나는 하인리히나 친구들과 함께 있을 때
면 다정다감하기 그지없었다. 그러나 공공의 무대에 들어서면 그녀
는 다른 어조가 적당하다고 생각했다. 무대 위에서는 올바른 것에
대해 열띤 논쟁이 벌어지고 있기 때문이다. 이 논쟁에 참여하는 사
람은 다른 잘못된 의견들을 고려해서는 안 되는 것과 마찬가지로,
겸손하다고 오해받으며 자기가 아는 것을 숨겨서는 안 된다. 이런
식으로 자기 자신을 내걸 때에만 진리는 생겨난다. 한나는 한 글에
서 진정 중요한 갈등을 드러내기 위해서는 도전을 받고 자신도 도전
을 해야 한다고 말한다. 그런데 우리는 다른 사람의 감정을 다치게
해서는 안 된다고 생각하면서 종종 그런 갈등들을 "무의미한 점잖
음"과 잘못된 공감으로 조심스레 억눌러버리곤 한다.[9]

물론 사적인 관계에서도 한나의 태도는 순간순간 호의적인 태도
에서 가차 없는 태도로 바뀌었음은 틀림없는 사실이다. 그녀의 친구
랜달 자렐은 『한 연구소에서 벌어지는 장면들』이라는 실화소설에서

한나의 이러한 두 가지 면모를 그녀의 문학적 모델인 이레네 로젠바움에게서 매우 섬세하게 묘사했다. "그녀는 세상을 새처럼 깊이 바라보았다. 우리 자신도 생각이 있는 사람이었다. 그러나 당신은 그녀가 맹금猛禽인지 아니면 그냥 사람을 당혹하게 만드는 낯선 명금鳴禽인지를 말할 수는 없었을 것이다. […] 그녀가 충분히 빛나는 그 투명한 눈길로 몇 초 동안 당신을 쳐다보면, 당신의 뒤를 본 것이고, 그러면 당신은 그녀의 눈꺼풀 위에서 무게가 달아지고 너무 가볍게 여겨진다는 느낌을 받았을 것이다. 그녀는 당신이 헤아리기가 아주 어려운 척도로 사람을 판단했다. 그녀는 자신의 판단을 혼자 간직하거나 또는 그 판단이 당신과는 전혀 관계가 없는 것처럼 가볍게 처리했다. 그러면 당신은 공정한 대우를 당하지 않아도 만족해야 하며, 어린아이처럼 그녀의 미소를 기다려야 했다. 그것은 반갑게 맞는 마음을 홀가분하게 하는 탁 트인 미소였다. 마치 봄과도 같은 미소. 당신은 그것을 완전히 믿을 수 없었을 것이다. 그러나 그 미소는 그랬다."[10]

1958년 여름 한나 아렌트는 다시 사적인 것과 공적인 것 사이에서 올바른 균형을 찾아야 할 상황에 처했다. 그녀는 스승이자 친구인 카를 야스퍼스가 『핵폭탄과 인류의 미래』라는 책으로 독일 서적상 평화상을 받게 되었는데, 프랑크푸르트 파울교회에서 열리는 공식적인 수상식에서 축사를 하라는 요청을 받았다. 그녀는 승낙해야 할지 말아야 할지 몹시 갈등했다. 그녀가 보기에 거절할 이유는 많왔다. 야스퍼스와 너무 가까운 것이 그 이유의 하나였다. 또 그녀가 유대인이며 이민자라는 사실도 있었다. 그 밖에도 파울교회에서 연설한 최초의 여성이라는 이유로 그녀가 선택되었다는 점도 마음에 거슬렸다. 그녀는 이미 자주 싸워야 했던 이 논거에 대해 "주근깨도 얼굴의 일부이다"라고만 말했다.

그녀는 야스퍼스에게 조언을 구했다. 그는 그녀의 모든 염려에 동의하지 않았다. 물론 그녀는 한 가지 중요한 이유만은 야스퍼스에게 털어놓지 않았는데, 프라이부르크에 있는 마르틴 하이데거가 그 축사를 자신에 대한 비방인 동시에 야스퍼스의 사상에 대한 동조로 받아들일지도 모른다고 염려했던 것이다. 한나는 그러고 싶지 않았다. 야스퍼스가 하이데거와의 관계를 끊으라고 했을 때 그녀는 화를 내며 그 요구를 물리친 일이 있었다.

결국 그녀의 염려를 진정시킨 사람은 하인리히였다. 하인리히는 그 "멍청이 독일놈" 하이데거는 그런 비난의 연설을 들어 마땅하다고 말했다. 하이데거는 "놀이동산의 흔들거리는 돛대 꼭대기에서처럼" 온 세상이 자신을 중심으로 돌지도 않고 온 세상이 그를 "구원자"로 기다리고 있지도 않다는 것을 조용히 깨달아야 한다는 것이었다.[11]

1958년 9월 말 한나 아렌트는 독일로 갔다. 프랑크푸르트에 도착하자마자 그녀는 호텔에서 모든 장신구들을 도둑맞았다. 하인리히가 그 소리를 듣고 우스워서 죽으려고 했다. 그는 아마도 도둑이 한나를 "미국에서 온 부자 아주머니"라고 생각했을 거라고 익살을 떨었다. 그러나 한나는 웃을 기분이 아니었다. 그녀는 수상식의 여러 유명인사들에 대한 생각으로 '현기증'이 일었고, '무엇을 입고 갈까? 테오도르 호이스를 무슨 호칭으로 불러야 할까?'와 같은 질문들로 괴로웠다.

서독 대통령 테오도르 호이스는 프랑크푸르트 파울교회의 축하 행사에서 그녀와 카를 야스퍼스의 옆에 앉았다. 한나는 연단으로 가서 카를 야스퍼스에 대한 연설을 시작했다. 그러나 실제로는 비록 이름을 거론하지는 않았지만 마르틴 하이데거에 대해 말했다고 할 수 있다. 그녀는 야스퍼스와 같은 '공인'이라는 것이 무슨 뜻인지에 대해 말했다.[12] 공인이라는 것은 자신의 저작들을 공중에 제출하거나 사사로운 배경에 머무는 데 그치지 않고 자신의 전 인격을 공중에 제출하고 또 공중과 '밀착'되어야 한다. 그렇지만 그렇게 자신을 공중 앞에 내놓는다고 해서 개인적인 특수성을 포기하거나 대중 속에서 자신을 잃어버려도 된다는 뜻은 아니다. 반대로 공중 속에서 비로소 인간이라는 존재가 진정으로 펼쳐진다.

그런 식의 견해는 물론 '교양인'의 선입견에 반대될 수도 있다. '교양인'이 보기에 공중은 평균만이 존재하고 모든 것이 '평면적이고 평범하게' 되는 장소이다. 한나 아렌트는 물론 전혀 다른 상을 그려보였다. 공중은 인간이 등장하여 '재미'있게 자신을 드러낼 수 있는 무대이다. 그러면 서로 교환하는 가운데 개개인의 총합 이상의 것, 즉 '사이'가 열리게 된다. 이 '사이'는 모든 것을 극복하며, 여기서부터 개개인은 자기 자신과 다른 사람들을 더 잘 이해할 수 있다.

한나는 이러한 이해의 장을 창출할 수 있는 인간의 능력은 언어, 즉 커뮤니케이션이라고 보았다. 이때 그녀는 소수의 전문가들을 위한 불명료한 언어를 이야기하는 것이 아니라 '대중성에의 능력' 즉 지속적인 의사 교환인 '말과 대답', '말하고 듣기'를 이야기한다. 그녀는 야스퍼스의 '비교할 수 없는 대화 능력'과 자신을 전달하고 다른 사람들의 말을 귀담아 들으려는 의지를 칭찬했다. 거기서 제외되는 사람은 한 사람도 없고, 불명료하게 남겨져 있는 것은 아무것도 없다. 모든 것이 야스퍼스가 즐겨 표현하는 대로 '밝은 빛' 속에 처한다.

한나는 야스퍼스에게 있어 언어는 정확히 공인이라는 자기이해에 상응하는 의미를 지니고 있다고 보았다. 그는 언어로써 진리를 찾지 않았다. 또 언어로써 전달하려는 진리를 갖고 있지도 않았다. 그에게 진리란 언어였다. 야스퍼스는 언젠가 이렇게 말했다. "진리란 우리를 서로 묶어주는 것이다." 이 대화는 아주 오랜 시간에 걸쳐 이루어진 것이었다. 현재 살아 있는 사람들과 마찬가지로 이미 사라진 이전 세대들 역시 이 문제에 관여했고, 따라서 모든 사람이 들어갈 수 있는 '정신의 제국'이 생긴 것이다. 한나 아렌트에 따르면 이 "제국"은 "피안이나 이상향 속에 있는 것도 아니고, 어제 혹은 내일의 것도 아니다. 그것은 이 세계의 것이고 […] 현세에 존재하지만, 볼 수는 없다."

한나가 프랑크푸르트 수상식장에서 묘사한 저 제국은 비록 두 사람은 서로 다른 대륙에서 살고 있지만 그녀가 야스퍼스와 연결되는 곳이기도 했다. 그녀는 미국에서 야스퍼스의 저서들을 출판하기 위해 전력했다. 출판사들과 협상하고 번역을 감독했다. 뉴욕과 바젤 사이에 많은 편지들이 오갔다.

프랑크푸르트에서 돌아와 그녀는 야스퍼스에게 마치 지나가는 이야기처럼 그녀가 없을 때 "책 하나"가 출판되었다고 써보냈다. 그것은 그녀가 원래 '아모르 문디'라고 이름 붙이고 싶어 했던 바로 그 책이었다. 출판된 영어 제목은 『인간의 조건The Human Condition』이었다. 반응이 무척 좋아서 4개월 후에 재판을 찍었다.

1959년 1월 29일 하인리히는 예순 번째 생일을 맞았다. 그는 앞으로 위스키 소비량은 제한할 작정이었지만 좋아하는 시가는 포기할 생각이 없었다. 또 열정적으로 영화관에 가서 구경하는 서부영화도 포기할 생각이 없었다.

한나는 잠깐만 뉴욕에 있었다. 프린스턴 대학에서 한 학기를 더 가르치게 되었기 때문이다. 대학의 제안은 너무도 유혹적이어서 거절할 수가 없었다. 강의 세 강좌 외에는 다른 의무 없이 한 학기를 머무는 대신 6,000달러를 지불하겠다고 했다. 한나는 대학에 상주하면서 가르치지는 않겠다고 생각해왔기 때문에 그런 식의 기한부 일자리를 받아들였다.

늘 그러하듯 하인리히와 함께 팔렌빌에서 휴가를 보낸 후인 1959년 가을 중반에 한나는 '리틀록'에 대한 글을 다시 생각하게 되었다. 「디센트Dissent: 이의」라는 잡지가 그것을 싣고 싶어 했기 때문이다.

한나는 아직도 거기 쓰인 논거를 지지하고 있었으므로 그 제안을 받아들였다. 그것이 출판되자 그 반향은 기대했던 대로 무척 거셌다. 시드니 후크는 그녀가 "우리 미국인들의 지적 척도와 관련해 우리에게 선생 노릇을 하려 한다"고 비난했다.[13]

그 글로 한나에게는 많은 적이 생겼다. 미국인 친구들도 그녀에게 동의하지 않았고, 많은 사람들이 "정말로 화를 냈다".[14] 그녀의 '리틀록'에 대한 글이 롱뷰 재단으로부터 상과 함께 300달러를 받자 놀라움은 더욱 커졌다. 그녀는 다시 한 번 '이 나라에 전형적인' 일이 일어났다고 말했다.

16

시작의 기적

"우리가 활동할 때 진정 행하는 것은 무엇인가."

프랑크푸르트 파울교회에서 야스퍼스가 상을 받은 지 정확히 1년이
지난 바로 그날, 그러니까 1959년 9월 28일, 함부르크에서 한나 아
렌트는 레싱상을 받았다. 축사는 그녀 자신이 했다. 파울교회에서는
공동세계로서의 공중에 대해 연설했지만, 이번에는 이를테면 제3제
국처럼 자유롭게 공적인 삶에 참여할 수 없는 '어두운 시대'에 이 공
동세계에서 무슨 일이 일어났는가에 대한 질문을 던졌다.

한나 아렌트에 따르면 '어두운 시대'에 사람들 사이의 '따뜻한'
관계가 인간을 구원할 수 있으리라고 생각하는 것은 치명적인 오류
이다. 그녀는 이러한 내면성의 형식을 세계를 떠난^{weltlos} 일일뿐더러
'비인간적인' 것으로 여긴다. 그런 식의 후퇴가 인간적일 수 있는 것

은 여전히 세계를 주목할 때, 다시 말해 현실이 대화의 대상으로 머물 때뿐이다. 그녀의 생각을 요약하자면 거리가 없는 친밀한 관계에서는 인간성이 상실되고만다. 인간성이 유지되는 경우는 자신과 더불어 사는 사람들을 "세계와 자연과 우주에 대해 함께 기뻐할" 가치가 있다고 여길 때뿐이다.[1]

수상식이 끝나고도 한나는 독일에 머물렀다. 몇 년 전부터 독일 국가에 손해배상을 요구할 생각을 품고 있었던 한나는 이제 청구서를 제출할 작정이었다. 1953년의 법에 따르면, 나치 치하에서 박해를 당해 "생명과 신체, 건강, 자유, 소유권, 재산 혹은 직업 영위에 손해를 입은" 사람은 누구나 손해배상을 청구할 수 있었다. 한나는 나치 때문에 독일에서의 직업적 경력이 산산이 깨지고 말았다고 생각했다. 그녀는 그것을 확인하는 카를 야스퍼스의 소견서도 받았다. 야스퍼스는 소견서에서 "1933년 전의 조건에서라면 그녀가 비록 여자이긴 하지만 대학에서 경력을 쌓은 데 성공했을 가능성이 극히 높다"고 썼다.[2] 한나는 베를린의 손해배상 부서에 신청서를 제출했고, 놀랍게도 당장 4만 5,000마르크의 보상금을 받을 수 있으리라는 대답을 얻었다.

한나는 확실히 받을 것으로 믿었던 배상금을 받지는 못했다. 그녀의 신청은 결국 거절당했다. 야스퍼스의 중재도 소용없었다. 그러나 훗날 1971년 그녀는 다시 한 번 시도를 하고 더 큰 성과를 거두게 된다.

1959년 11월 한나는 이탈리아와 스위스를 포함한 유럽 여행을 끝내고 뉴욕으로 돌아왔다. 집에 막 도착했을 때 복도에서 두 명의 어린 흑인들에게 습격을 당해 지갑을 빼앗겼다. 큰돈을 잃어버린 것은 아니었지만, 한나는 좀 더 나은 지역에서 새 집을 찾기로 결정했다. 하인리히는 그다지 달가워하지 않았다. 살던 집을 '아주 좋게' 느끼고 있었던 그는 당장 새로 얻을 집에 대해 거의 실현될 수 없는 요구를 했다. 그렇지만 한나는 자신의 결심을 굽히려 하지 않고 함께 집을 구하러 다니는 데 하인리히를 끌어냈다. 처음에 리버사이드 드라이브의 370호 집을 구경했는데, 두 사람 다 그 집에 열광했다. 큰 방 네 개에 작은 방 하나가 있었고 시설은 완전히 새 것이었다. 서재에서 보면 "환상적으로 아름다운" 허드슨강의 경치가 펼쳐졌다. 게다가 밤낮으로 "관리인"이 집을 지켰다.[3]

모닝사이드 드라이브와 리버사이드 드라이브는 얼마 떨어져 있지 않았다. 이사는 12월에 했다. 일은 주로 한나가 했지만, 물론 그녀에게는 도와주는 친구들이 많았다. 하인리히는 바드 칼리지 강의로 너무 바빴다. 한나는 야스퍼스에게 "어쨌든 그림들은 그가 걸어야 할 거예요"라고 써보냈다. 새해 전 날 밤 아렌트와 블뤼허의 집에서는 전통적인 파티가 열렸다. 이 연례행사는 그 사이에 무척 소문이 퍼져서, 사람들은 초대받기를 기다리는 대신에 전화를 걸어서 가도 되느냐고 물어왔다. 이번에는 특히 많은 손님들, 60명이 넘는 손님들이 새 집에 모여들었다.

'난리법석'이 끝난 후 한나는 다시 일을 시작했다. 강연 여행이 눈앞에 있었고, 4월까지는 『인간의 조건』의 독일어 번역을 끝마쳐야 했다. 그러나 한나는 조용히 일만 할 수가 없었다. 3월에는 느닷없이 메리 매카시가 나타나 당분간만 묵게 해달라고 부탁했다. 메리의 사생활은 다시 상당히 뒤죽박죽되어 있었다. 전직 권투선수 영국인과의 연애는 산산이 깨어졌다. 메리는 런던에 있는 그를 찾아가려고 했을 즈음 그가 자신을 매우 속였고 게다가 못 말리는 술고래임을 알게 되었다. 1959년 12월, 동유럽을 여행 중이던 메리는 미국인 외교관 제임스 웨스트를 알게 되었다. 그는 1월에 그녀에게 프로포즈했다. 메리도 웨스트와 결혼하고 싶었다. 문제는 둘 다 아직 기혼이라는 사실이었다. 메리는 아직 보든 브로드워터의 아내였고, 웨스트는 메리의 표현대로 하자면 "끔찍한 작은 괴물"의 남편이었다. 게다가 웨스트에게는 세 아이가 있었다.

한나에게 이 모든 일은 "환상적이고, 일부는 대단히 미국적인 이야기"이며, 그녀로서는 제대로 이해할 수 없는 "초조감"을 수반한 "갱년기의 모습"으로 보였다. 그녀는 메리가 마음을 다칠까 봐 염려되었다.[4] 메리는 4월 말까지 머물다가 로마로 떠나 그곳에서 제임스 웨스트와 만났다.

5월 초에도 한나는 『인간의 조건』의 번역을 끝내지 못했다. 그녀는 힘겹게 번역 작업을 해나갔고, '다행히도' 6월 말에 완료했다.

이 독일어판은 가을에 『비타 악티바 또는 활동적 삶에 대하여』라는 제목으로 출간되었다. 그때 한나는 보통 하지 않던 일을 했다. 마르틴 하이데거에게 편지를 쓴 것이다. 1955년 마지막으로 찾아간 이래 두 사람의 연락은 끊긴 것이나 마찬가지였다. 그에게 규칙적으로 생일 축하 카드를 보내기는 했지만, 마지막으로 보낸 것은 하이데거가 70세 생일을 맞은 1959년 9월이었다. 지난해 하이데거는 최근에 나온 저서들을 그녀에게 보내왔다. 한나는 이제 그에게 출판사를 통해 그녀의 저서 한 권을 보내겠다고 알리면서 말을 이었다. "당신은 그 책에 헌사가 붙지 않은 것을 보실 거예요. 우리 사이의 일들이 잘 되었더라면 – 당신이나 나를 이야기하는 것이 아니라, 우리 사이zwischen를 말하는 거예요 – 이 책을 당신에게 헌사해도 좋으냐고 물어봤을 거예요. 이 책은 처음 마르부르크 시절에 가졌던 생각에서 비롯된 것이고, 모든 견지에서 볼 때 당신에게 많은 것을 빚지고 있답니다. 그러나 사정이 이러하니, 그것은 불가능하게 보입니다. 하지만 어떤 식으로든 나는 당신에게 있는 그대로의 사실을 말하고 싶었어요."[5]

그녀는 마르틴 하이데거를 위한 일종의 헌사를 썼다. 물론 그 헌사는 하이데거에게 보내지지는 않았다. 그것은 이런 헌사였다.

> 비타 악티바
> 이 책의 헌사는 비워두었네.
> 당신에게 이것을 어떻게 바쳐야 할까,
> 신뢰하는 친구여,
> 내가 충실할 때든
> 충실하지 않을 때든,
> 언제나 사랑하던 친구여.

한나는 하이데거에게 충실했다. 나치 시절에 그가 취한 태도를 알게 된 후에도 그녀는 그와 관계를 끊지 않았다. 그러나 한나는 그의 과거를 내버려두지 않았다는 점에서 충실하지 않기도 - 혹은 다른 말로 하면 - 순종하지 않기도 했다. 그녀는 늘 그에게 반쪽짜리 진실과 평계 뒤에 숨지 말고 자신의 잘못과 약점에 대처하라고 다그쳐왔던 것이다.

학생이었을 때도 한나는 스승에게 이런 식의 비판적인 태도로 충실했다. 그녀는 그의 덕을 입었지만 그를 넘어섰다. 『인간의 조건』에서 그녀는 얼마나 하이데거의 자취를 쫓아갔으며, 어떤 지점에서 자신의 길을 찾아갔는가?

마르부르크 시절에 하이데거는 어린 애인에게 고취되어 그의 주요 저작인 『존재와 시간』을 썼다. 그는 이 저서로 철학에서 전혀 새로운 지반으로 발을 들여놓았다. 이때 그의 출발점은 우리가 살고 있는 세계는 우리가 그것을 심사숙고할 때 열리는 것이 아니라, 우리가 그 안에서 행동하고 활동할 때 열린다는 통찰이었다. 우리는 당연히 이 세계와 묶여 있고 또 관여하면서 이 세계를 경험한다. 우리가 사물들이나 다른 사람들과 관계하는 동안 우리를 인도하는 것은 행동의 일부인 '주위를 살펴보는 세심한 주의'이다. 우리가 이 세계에 대해 숙고하면서 이에 대해 이론을 구상하거나 학문적 관찰을 시작한다면, 행동과 세심한 주의의 통일성이 파괴된다. 우리는 원래적인 체험으로부터 멀어지는 거리를 만드는 것이다.

하이데거는 이렇게 주위를 살펴보며 세심한 주의를 하는 것을

'염려^{Sorge}'라고 불렀다. 그것은 '염려하다'와 '돌보다'의 두 가지 뜻을 가지고 있다. 세계는 예측할 수 없는 미래를 향해 가기 때문에 인간은 세계에 대해 염려하는 동시에 그것을 위해 애를 쓴다. 염려와 관심을 갖고 세계와 관계하면서 인간은 자신의 규정을 발견할 수 있다. 또 과도한 염려에서 거짓된 확실성으로 도피하고, 삶이 뜻하는 모험을 더 이상 받아들이지 않을 수도 있다. 이런 식의 염려는 삶을 질식시키게 될 것이다.

한나 아렌트는 하이데거의 새로운 방향 설정을 함께 완수했다. 그녀 역시 철학자들에게 이제까지 의붓자식 같은 대접을 받아온 활동적 삶이 권리를 찾도록 도와주고 싶었다. 그렇기 때문에 그녀는 『인간의 조건』에서 "우리가 활동할 때 진정 행하는 것은 무엇인가"에 대해 숙고한 것이다.[6]

한나 아렌트가 이런 활동을 어떻게 바라보고 있는가에서 마르틴 하이데거와 근본적으로 구별된다. 하이데거가 보기에 염려하는 삶이 성공하느냐, 다시 말해 그 삶이 '본래적'이게 되느냐는 개개인에게 달려 있다. 개개인은 자신에 대한 변화된 관계를 찾아야 하는데, 그것은 더불어 사는 사람들, 즉 '세인'과 그들의 '잡담'으로부터 의식적으로 돌아설 때 가능하다. 그에 반해서 한나 아렌트에게는 다른 사람들과 세계를 나눌 때 세계와의 연관성이 맺어진다. 그렇기 때문에 인간의 행위는 언제나 더불어 사는 사람들에게 향하고 또 열려 있어야 한다.

따라서 『인간의 조건』에서 한나 아렌트는 공동세계를 창출하고

공동체를 수립하는 어떤 지속적인 것이 산
출되는가라는 척도에서 여러 형태의 활동
을 평가한다.

이러한 척도에 따라 그녀는 세 가지 종
류의 활동을 구별한다. 노동과 작업과 행위
가 그것이다.

한나에게 노동은 가장 적게 세계를 만
드는 활동이다. 노동은 살아가야 하는 필연
성에 따른다. 예를 들어 내가 춥지 않기 위
해 나무로 장작을 패어 불을 지핀다면, 내
노동의 결과는 즉시 다시 내 생존을 유지하

■『인간의 조건』의 독일어 판『비타 악티
바 또는 활동적 삶에 대하여』 표지

기 위해 소비된다. 남아 있는 것은 아무것도 없다. 말하자면 그날그
날 근근이 살아가는 것이다. 오직 노동만을 알고 있는 세계에는 노
동과 소비의 반복만이 존재한다. 그리고 이 반복은 삶 자체가 끝나
거나 노동력이 소진될 때 종말을 맞는다. 그런 세계에는 노동과 소
비의 반복에 연결되지 않는 다른 종류의 활동의 여지는 존재하지
않는다. 오직 '세계와 무관한 취미'만이 존재하는데, 여가 역시 새로
운 노동에 에너지를 주기 위해서만, 즉 오로지 노동을 위해서만 존
재한다.

한나 아렌트는 카를 마르크스처럼 노동이 언젠가 쓸데없는 것이
될 수 있으리라는 희망을 품지 않는다. 그녀에게 노동은 인간 조건,
인간적 삶의 조건에 속한다. 그러나 노동은 삶의 일부분에 불과하며,

그렇기 때문에 한나 아렌트가 '사적인 것'이라 부르는 영역에 제한되어야 한다. 사적인 것에서는 세계를 만들어내지 않기에 '친밀성에의 권리'를 지니고 있는 모든 것이 자기 자리를 갖고 있다.

노동의 경우와는 달리 작업의 경우에는 빠른 소비에 반대하는 대상들이 생겨난다. 예를 들어 가구나 건물, 특정 소비재, 그리고 예술작품들이 그것이다. 이러한 사물은 견고하며 지속적이다. 종종 몇 세대를 걸쳐 내려오며 우리 세계를 풍요롭게 하고 우리 생활에 어떤 안정성을 부여한다. 앞의 예를 다시 한 번 들어보자. 내가 나무를 베어 그것으로 탁자를 만든다면, 완성된 탁자는 공동생활의 일부가 된다. 사람들이 탁자에 둘러앉아 있을 때 그 탁자는 진정한 의미에서 인간 사이에 있고, 동시에 사람들을 한데 묶어준다.

노동과 달리 작업은 끊임없는 반복으로 수행되지 않는다. 그것은 목적 지향적인 활동이다. 도구적 인간Homo faber, 즉 작업인은 만들고자 하는 것에 대한 모델을 염두에 두고 있고, 그것을 실현했을 때 작업 과정도 끝난다. 완성된 물건에 어떤 일이 일어날지는 작업자의 통제를 벗어난다. 그것에 무슨 일이 생길지는 말할 수 없다. 작업물은 이른바 독자적인 삶을 획득하며, 일상생활에서 우리를 둘러싸고 있는 사물들 가운데 하나로 편입된다. 그럼에도 그것은 결코 인간의 통제를 벗어나지는 않는다. 그것은 닳아지거나 쓸모없이 될 때까지 계속해서 사용할 수 있다. 즉 작업은 세계를 만들기는 하지만 진정 개방되고 예측할 수 없는 활동이 아니다. 거기서 제작된 대상들은 인간을 위해 사용되는 것으로 확정되어 있다. 이러한 의미에서 한나 아렌트가 노동하기만 하는 인간은 '목적이 무엇인지' 모르며, 작업하는 인간은 목적이 무엇인지는 알지만, '의미가 무엇인지'는 알지 못한다고 한 말을 이해할 수 있다.

한나 아렌트는 진정한 개방성과 자유는 행위에서만 존재한다고 본다. 그녀는 가장 넓은 의미에서 사람들이 더불어 사는 사람들과 말과 행위로 접촉하는 것을 행위로 이해한다. 작업과 비교해 볼 때 행위에는 종말이 예정될 수 없다. 행위하는 사람은 늘 사람들과 관련되어 있고, 그렇기 때문에 어떤 방해 없이 시작하거나 끝맺을 수 없다. 말은 그 누구도 미리 내다볼 수 없는 효과를 지닐 수 있고, 행위는 단번에 모든 것을 변화시켜 전혀 새로운 의미를 만들어낼 수 있다.

한나 아렌트가 보기에 인간은 행위에서 자신의 가장 높은 능력을 실현한다. 이러한 능력은 완전히 새로운 것을 시작하고 그것을 전개시킬 수 있는 재능이다. 그러나 그 결과는 내다볼 수 없다. 이러한 능력을 그녀는 '탄생성'이라는 말로 표현한다. 이로써 그녀는 하이데거의 철학에 등을 돌린다. 하이데거에 따르면 인간의 삶은 프란츠 카프카의 우화에 나오는 생쥐처럼 죽음을 향해 달려간다. 카프카의 우화에 나오는 생쥐는 넓은 들판에서 점점 더 비좁은 공간으로 달려가 마침내 방에 도착하는데, 그곳 구석에는 고양이가 기다리고 있다.

한나 아렌트에게 모든 현실적 행위의 근원은 죽음에의 조망이 아니라 탄생에의 회고이다. 죽음이 모든 것을 동등하게 만드는 것이라면, 그녀에게 탄생은 모든 인간의 일회성을 규명하는 사건이다. 유일무이한 사람만이 다시 어떤 전혀 새로운 것을 세상에 줄 수 있다. 한나 아렌트는 이렇게 쓴다. "모든 인간은 태어난 존재이기 때문에 세계에서 시작, 즉 시초이며 신참이다. 그렇기 때문에 인간은 주도권을 쥘 수 있고, 시작하는 사람이 되어 새로운 것을 가동시킬 수 있다. [···] 새로운 시작은 정적靜的으로 파악될 수 있는 개연성과 항상 모순되며, 언제나 예상할 수 없는 것이다. 따라서 우리가 생생한 경험에서 새로운 시작을 만날 때, 그것은 우리에게 언제나 기적과 같은 기분을 불러일으킨다."[7]

행위와 말은 한나에게 이른바 탄생이 늘 다시 새로이 일어나는 활동이다. 수동적이고 말 없는 은거 속에서는 내가 누구인지를 경험할 수도 없고 확인할 수도 없다. 내가 말을 하고 행위를 할 때에야 비로소 나는 나 자신에 대해 알리고, 나를 보여주고 또한 나를 내어놓는다. 인간의 속성은 그 자신에게는 결코 파악될 수 없다. 인간의 속성은 그와 동행하면서 마치 그의 '뒤에서 어깨 너머로 보듯' 쳐다본다. 그리고 그 속성은 그가 만나는 다른 사람들에게만 보인다. 바로 여기에 행위와 말의 계시적인 성격이 있다. 그 속성이 전면에 나타나는 것은 '사람들이 꼭 서로에 대해 찬성 또는 반대를 하는 것은 아닐지라도 서로 더불어 말하고 행동할 때'뿐이다.

이러한 '탄생과 행위'의 철학은 하이데거의 본래성과 '죽음을 향한 존재'의 철학에 대한 한나 아렌트의 대답이다. 이것은 또한 한나의 정치 및 민주주의관의 기초이기도 하다. 여러 사람들이 함께 살아야 하는 세계에서 행위 능력은 각자 자신의 고유한 성격을 유지하고, 다른 사람들의 속성을 제한으로 느끼는 것이 아니라 다른 사람들과의 '협력 속에서' 공동의 삶에 대한 문제를 거듭 새로이 제기할 수 있는 기회로 파악할 수 있도록 보장한다.

우리 행위의 결과가 무엇인지는 그 누구도 정확히 말할 수 없다. 그렇다면 우리 행위의 뜻하지 않은 결과에 대해 우리가 책임을 질 수 있는가? 어떻게 우리의 미래 태도를 믿는다고 보증할 수 있는가? 행위에 내재한 위험이 예측 불가능한 위험으로 변하지 않는 것은 행위와 밀접한 관련을 가진 두 가지 능력, 즉 용서할 수 있는 능력과 약속할 수 있는 능력 덕분이다.

용서는 우리가 다소간 본의 아니게 일으킨 일을 되돌릴 수 없을 때 생기는 곤경에서 벗어나게 하는 '치료제'이다. 약속은 우리가 무방비 상태로 내맡겨져 있는, "미래라는 카오스적 불확실성의 바다에 안전한 섬을 세운다. 이 섬이 없다면 인간 사이의 관계에 지속성은 물론이고 연속성조차 없을 것이다". 한나 아렌트는 이렇게 덧붙인다. "우리가 서로를 용서할 수 없다면, 다시 말해 우리가 서로에 대해 행위가 초래한 결과를 다시 면제해 줄 수 없다면, 우리의 행위 능력은 […] 생의 끝까지 그 결과가 우리를 쫓아오게 될 유일한 행위로 제한될 것이다. 좋든 나쁘든 말이다. 바로 행위에서 우리는 우리 자신의 희생자가 되고 만다. 우리는 마치 '빗자루야, 빗자루야, 나와라'라는 구원의 주문을 발견하지 못한 마법사의 제자와 같은 처지가 되는 것이다. 약속을 통해 불확실한 미래에 대처하고 대비하지 않는다면, 우리는 결코 자신의 정체성을 유지할 수 없을 것이다. 우리는 인간 심성의 어두움과 모호함, 모순에 무기력하게 내맡겨지게 될 것이며, 고독의 미궁 속을 헤매게 될 것이다. 이 미궁 속에서 우리를 구원할 수 있는 것은 공동세계의 외침뿐이다. 공동세계는 우리가 약속을 하고 또 지켜나가는 책임을 지게 함으로써 우리의 정체성을 확인해준다. […] 따라서 이 두 능력은 다원성의 조건, 즉 함께 존재하고 함께 행위하는 타인이 존재한다는 조건 아래서만 발휘될 수 있다. 왜냐하면 자기 자신을 용서할 수 있는 사람은 없고, 혼자 한 약속에 구속감을 느끼는 사람은 없기 때문이다. 내가 내 자신에게 하는 약속과 내 자신에게 허락한 용서는 거울 앞의 몸짓과 마찬가지로 구속력이 없다."[8]

한나 아렌트는 진공의 공간에서 노동, 작업, 행위에 대해 성찰한 것은 아니었다. 그녀는 언제나 자신의 시대를 시야에서 놓치지 않았다. 무엇보다도 미국과 유럽의 경제적 성장과 증대하는 복지에 인상을 받았다. 그녀가 보기에 이러한 발전에서는 여러 형식의 활동적 삶이 뒤섞이면서 세계를 형성하는 활동을 할 수 있는 여지가 점점 더 적어졌다. 그리하여 작업은 자동화와 노동 분업을 통해 노동의 성격을 얻게 되었고, 이를 통해 비교적 오랫동안 사용되리라 생각되어 온 제작물들이 소비재가 되었다. 그녀의 말에 따르면 현대 경제에 '유지와 보존'보다 더 위험한 것은 없게 되었다. 독일의 경제 기적은 '현대적 조건 아래서 개인 재산과 대상 세계, 도시들의 파괴가 빈

곤이 아닌 부를 낳은' 고전적인 예이다.

더욱 생각해야 할 점은 정치적 행위에 원래는 작업에 속하는 관념들이 슬그머니 끼어든 것이다. 그렇게 됨으로써 행위는 문제 해결로, 즉 특정 수단을 통해 목적을 달성하는 전략으로 이해된다. 그것은 원칙적으로 어떤 안정성도 존재하지 않고 위험성을 고려해야 하는 분야에서 통제를 할 수 있게 하려는 시도이다.

1960년 7월 미국에서는 대통령 후보 지명을 위한 전당대회들이 열렸다. 한나와 하인리히는 친구들 집에서 텔레비전으로 토론회를 보았다. 처음으로 토론회가 텔레비전으로 방송되었는데, 이것은 새로운 기술의 '축복'이었다. 그녀에게 가장 좋은 인상을 준 사람은 민주당 후보 존 F. 케네디였다. 공화당에서는 이제까지 부통령이었던 리처드 닉슨이 지명되었는데, 그녀는 그를 '상당히 소름끼치는 인물'이라고 생각했다.

한나는 이제 43세가 된 '젊은' 케네디에게 많은 희망을 걸었다. 매카시 시대와 끊임없는 전쟁 위협의 정신적 마비 상태가 지난 후 그녀는 케네디에게서 미국 정치의 새로운 시작을 기대했다.

17

유리상자 속의 허깨비

"나는 얼마나 자주, 그리고 큰 소리로 웃었는지 모릅니다!"

1960년 8월 한나 아렌트와 하인리히 블뤼허는 다시 캐츠킬산에서
방학을 보냈다. 이번에는 하인스 팔스라는 작은 고장의 스위스식으
로 지은 여관에서 묵었는데, 여기서는 주인도 손님들도 '스위스 독
일어'로만 이야기했다. 한나에게도 방학은 방해받지 않고 일할 수
있는 시간이었다. 그녀에게는 많은 계획이 있었다. 뉴욕에서 열리는
두 회의에 참석해야 했고, 가을에는 콜럼비아 대학에서 세미나 강좌
를 열 생각이었다. 또 논문집을 편찬하고 새로운 책을 쓰고 싶었다.
이 책에서는 프랑스 혁명과 미국 혁명을 근거로 혁명이 무엇인지 제
시하고 싶었다.

한나는 원고 쓰기에 지치면 폭포에 의해 자연적으로 형성된 저

수지에 가서 수영을 하거나, 자주 다녀 익숙해진 산으로 산책을 나갔다. 저녁에는 하인리히가 당구치는 것을 구경했다. 커다란 카우보이 모자를 쓰고 돌아다니는 하인리히는 '마치 서부영화에서 불쑥 튀어나온 사람'처럼 보였다.

한나와 하인리히가 읽는 신문의 톱뉴스는 당연히 목전에 놓인 미국 대통령 선거였다. 그렇지만 또 다른 사건이 뉴스를 지배하고 있었다. 유대인 박해의 주된 역할을 한 인물인 아돌프 아이히만을 이스라엘 첩보기관이 그가 도망해 있던 아르헨티나에서 체포했고, 예루살렘에서 그의 재판이 열리게 되었다.

한나 아렌트와 마찬가지로 1906년에 태어난 아이히만은 1945년 이후 처음에는 나무꾼 노릇을 하며 몰래 뤼네부르거 황야에서 살다가 1950년 아르헨티나로 도피했다. 그는 아내와 아이들을 따라오게 하고, 리카르도 클레멘트라는 이름으로 부에노스아이레스 근교에서 자동차 정비공으로 일하면서 새로운 삶을 시작했다. 그러다가 1960년 5월 11일 이스라엘 첩보원에게 납치되어 일주일 동안 감금되어 있다가 이스라엘로 끌려갔다.

아이히만 사건은 한나 아렌트의 머리를 떠나지 않았다. 대단히 일찍 독일을 떠났던 그녀는 나치의 독재를 멀리서만 들어 알았다. 아이히만의 재판은 어쩌면 나치 지배의 전형적인 대표자를 체험할 수 있는 마지막 기회일지도 몰랐다.

뉴욕으로 돌아온 한나는 주간지 「뉴요커The New Yorker」의 로버트 손에게 편지를 보내 재판 보도기자로 자신을 예루살렘에 보내줄 수 있느냐고 물었다. 한나의 명성을 증명하는 신속한 답장이 왔다. 그녀의 제안은 받아들여졌고, 모든 여행 경비는 「뉴요커」에서 지불하기로 했다.

이 새로운 일이 그녀의 계획을 완전히 뒤죽박죽으로 만들었다. 그녀는 벌써 많은 일을 맡겠다고 해놓은 상태였다. 무엇보다도 마침내 하인리히를 설득해 함께 유럽 여행을 가기로 했었다. 한나는 맡은 일들을 거절하거나 뒤로 미루었다. 그렇지만 하인리히와의 여행은 어떤 경우에도 망치고 싶지 않았다. 두 사람은 한나가 연초에 이스라엘로 떠나 그곳에서 몇 주 동안 재판과정을 지켜본 다음 6월에 하인리히가 도착할 때까지 스위스와 독일에서 시간을 보내기로 의견을 모았다. 두 사람은 이탈리아와 그리스로 함께 여행을 하고 야스퍼스 부부를 찾아보기로 했다.

1960년 11월에 대통령 선거가 열렸다. 한나와 하인리히는 거의 24시간을 텔레비전 앞에 앉아서 결과를 지켜보았다. 겨우 0.5퍼센트 앞선 차이기는 했지만, 결국 케네디가 이겼다. 한나는 '대단히 마음이 가벼웠다.' 친구들 사이에도 이제 출발이라는 분위기가 지배했다. 워싱턴의 신임 대통령 취임식에 초대 받은 작가 로버트 로웰이 그녀에게 "세상은 다시 푸른색이 되었습니다"라고 써보냈다.

예루살렘으로 떠날 때까지 한나에게는 처리해야 할 일이 많았다. 시카고 북쪽의 에반스턴에 있는 노스웨스턴 대학에서 세미나를 열어야 했다. 개인적으로도 한나를 찾는 일이 많았다. 메리의 남편 보든 브로드워터가 종종 그녀를 찾아왔다. 메리 매카시가 그를 떠난 후 그는 완전히 정상 궤도를 이탈했다. 한나 말대로 하자면 그의 인생은 파괴되었다. 메리는 한나에게 이혼을 해주도록 그의 마음을 움직여달라고 부탁했다. 메리는 가능한 한 빨리 제임스 웨스트와 결혼하고 싶었고, "우리가 속수무책으로 다른 사람들의 비난을 받는 건 정말 너무 웃기는 일"이라고 생각했다.[1]

한나는 달리 생각했기 때문에 실례를 무릅쓰고 메리가 정신을 차리도록 편지를 썼다. 잊었든 잊지 않았든 메리는 15년 동안 결혼 생활을 지속하는 데 충분히 보든에게 신뢰를 보여주었다는 내용이었다.

"달리 말할까. 너는 '속수무책으로 다른 사람들의 비난을 받는' 것이 너희(제임스 웨스트와 너)에게는 '너무 웃기는 일'이라고 했지. 네가 이 일을 그런 의미로 보고 싶다면, 내 눈에는 너희 두 사람이 스스로 선택한 과거의 희생자인 것처럼 보이는걸. 듣기 싫은 이야기일 수도 있지만, 너의 과거 전체가 그냥 잘못이 아니라 웃기는 잘못이었다고 주장하는 것만 아니라면 그것은 전혀 웃기는 일이 아니야."[2]

1961년 4월 8일 한나 아렌트는 예루살렘으로 갔다. 예루살렘에는 재판을 지켜보려는 외국인들로 가득 차 있었다. 외국인들 중에는 특히 독일인들이 많았다. 한나의 말대로 하자면 그들은 "야곱의 자손들에 대한 지극한 관심" 때문에 괴로워하고 있었다. 그녀는 갑자기 새로 나타난 유대인들에 대한 사랑을 그렇게 불렀다. 그녀가 묵고 있는 도시 외곽의 호텔에서 프랑크푸르트 시장 부부가 그녀의 옆 식탁에서 식사를 했다. 그들은 아들을 키부츠에 데려다주고 온 참

■아이히만 재판정과
아돌프 아이히만

이었다. 한 기자는 독일인들이 어떻게 이런 죄를 짓게 되었는지 이해할 수 없다면서 한나의 목을 부둥켜안았다. 그녀는 하인리히에게 "구역질나는 연극"을 보는 것 같았다고 써보냈다.[3]

4월 11일 예루살렘 지방법원 별실에서 아돌프 아이히만에 대한 형사재판이 열렸다. 한나 아렌트는 방청객 가운데 앉아 있었다. 재판장 모셰 란다우와 두 명의 배석판사가 높은 연단에 자리를 잡았다. 그들 앞 탁자는 수많은 책과 1,500편이 넘는 문서들로 뒤덮여 있었다. 판사석 아래쪽에 통역관들이 있었고, 한 계단 낮은 곳에 있는 유리 칸막이 안에 피고가 앉아 있었다. 방청석에서는 아이히만의 옆얼굴이 보였다. 연단 발치에는 검사장 기데온 하우스너와 그의 부하 검사들 그리고 아이히만의 변호인 로베르트 세르바티우스 박사가 보조 변호사와 함께 방청객들에게 등을 돌리고 앉아 있었다. 변호인은 피고와 재판정에 있는 대부분의 사람들과 마찬가지로 헤드폰을 끼고 있었다. 심의가 히브리어로 진행되었기 때문이다.

한나는 아돌프 아이히만이 '유리상자 속의 허깨비' 같다고 생각했다. 그는 중키의 날씬한 50대 중반으로 "이마가 뒤로 벗겨지고 치열이 고르지 않았으며 근시였다. 그는 재판 내내 여윈 목을 판사석을 향해 뻗치고 앉아 […] 자세를 유지하려고 애썼다."[4] 한나 아렌트가 처음부터 이 유리 칸막이 속의 남자가 '괴물'이라는 인상을 받은 것은 아니었다. 오히려 '바보 얼간이'가 앉아 있는 것이 아닌가 하는 의심이 밀려올 정도였다. 그는 자신의 나치 경력 가운데 가장 중요한 사실들을 깨끗이 잊었다. 그에 반해 분위기와 감정들은 대단히 잘 기억해 냈다. 아이히만의 말은 거의 모두 '상투어'로 꽉 찼다. 그는 판에 박힌 말이 아닌 말은 한 문장도 말할 수 없었고, 어떤 일을 자신의 입장이 아닌 다른 입장에서 볼 수 있는 능력이 없었으며, 자꾸만 '의기양양한 감정'을 드러냈다. 그녀는 하인리히에게 이 감상적인 어리석음에 대해 이렇게 써보냈다. "당신은 그가 기꺼이 '공개'적으로 처형당하고 싶다고 했다는 이야기를 읽었을 거예요. 정말 어이가 없어 할 말이 없을 정도예요."

아이히만은 거의 진지하게 받아들일 수 없었고, 정말이지 우스꽝스런 인상을 주었기 때문에 아이히만이 이야기한 끔찍한 일들도 덩달아 괴기하고 희극적으로 느껴졌다. 이 재판에서 다루어지는 사실들은 상상할 수 없이 잔혹했는데, 그에 대한 책임을 지게 될 남자의 정신 상태는 심리분석가들의 진단에 따르면 '완전히 정상'이었다. 한나가 보기에 이러한 기이한 대조야말로 아이히만과 나치즘의 전체주의에 대해 배울 필요가 있는 중요한 점이었다. 한나는 자신이 느낀 당혹감을 하인리히에게 다음과 같이 써보냈다. "일 전체가 전혀 정상적이면서 형언할 수 없이 저열하고 또 불쾌했어요. 아직 이해를 못하겠어요. 마치 내가 어쩐지 덜떨어진 인간같이 느껴졌어요."[5]

그녀는 재판의 진행과정에 실망했다. 고소인단은 다시 한 번 유대인 박해의 잔혹성을 보여주기 위해 엄청난 양의 증거와 자료를 제출했다. 물론 대부분은 아이히만과 거의 관계가 없는 것이나 마찬가지였다. 그렇게 함으로써 아이히만의 괴물과 같은 비인간적인 성격을 증명하기 위해 마치 나치 범죄의 잔혹성을 전부 보여주려는 것 같았다. 그렇지만 한 문장도 제대로 끝맺지 못하고 우둔한 답변만 하는 산만하기 짝이 없는 사내는 여전히 유리상자 속에 들어앉아 있었다. 증언을 경청하는 과정에서 유대인 말살 작업에 있어 아이히만의 역할이 구체적으로 조명되는 경우에도, 내세워진 대로 거물 조직자가 아니라, 그가 거듭 맹세하듯 단지 자신의 의무를 행했던 하급 담당자임이 드러났다.

그럼에도 아이히만은 나치 테러의 주변인물이 아니라 전형적인 나치였다. 그녀는 그를 옹호할 생각이 전혀 없었다. 그녀가 보기에 그는 유죄였고 사형을 받아 마땅했다. 그 점은 제쳐놓더라도 그녀에게는 왜 국가사회주의와 같은 전체주의 체제가 아이히만과 같은 천박하고 생각 없는 인물들에 의해 유지되었을까 하는 의문이 남았다.

한나 아렌트는 5월 6일까지 예루살렘에 머물렀다. 그녀는 옛 친구 쿠르트 블루멘펠트를 통해 이스라엘에서 가장 영향력 있는 사람들과 접촉하게 되었다. 그녀는 거의 온 밤을 이스라엘 여성 외무장관 골다 메이어와 논쟁을 벌였다. 새벽이 되어 너무 지친 나머지 한나는 '저렇게 밤새 버티고 있는 외무장관을 어떻게 잠자리에 들게 만들지' 하는 문제로 고심했다.

5월 7일 아침 그녀는 일곱 묶음의 무거운 서류를 갖고 바젤로 떠났다. 그것은 아이히만이 체포된 후 행한 진술조서들이었다. 한나는 그 서류를 자신의 보고서에 이용할 생각이었다. 그녀는 일주일 동안 바젤에 머문 뒤 뮌헨으로 향했다. 뮌헨에서 그녀는 '영국 정원'(뮌헨에 있는 큰 공원 이름 - 옮긴이) 옆에 있는 작고 아늑한 호텔을 발견했다. 그녀는 편안한 상태에서 혁명에 관한 책을 쓰면서 뮌헨의 뛰어난 도서관들을 이용할 생각이었다. 성신강림절 무렵 그녀가 '안헨'이라는 애칭으로 부르는 안네 베유가 찾아왔다. 두 사람은 계속 비가 쏟아지는데도 님펜부르크성 공원을 '유유자적하게' 산책했고, 시내 구경을 다니다가 한나가 쓸 미녹스 카메라를 샀다. 광도계가 달려 있고 '바보라도 다룰 수 있을 만큼' 간단한 카메라였다.

안네 베유가 파리로 타고 갈 바로 그 기차로 귄터 안더스가 한나를 만나기 위해 빈에서 뮌헨으로 왔다. 전 남편과의 재회는 대단히 어색했다. 그녀는 그의 변한 모습을 보고 상당히 놀랐다. 머리는 새하얗게 세었고, 몸은 여위어 있었다. 몰락한 것처럼 보이는 모습이었다. 겉모습과는 대조되게 그는 내내 자신이 거둔 화려한 성공만을 이야기해 한나를 혼란스럽게 했다. 안더스는 히로시마에 원자폭탄을 투하했던 비행기 조종사와 교환한 편지들을 출판하려는 참이었다. 그는 이 책을 통해 큰돈을 벌고 명예를 얻길 기대했다. 한나는 "약간 돌았다"고 생각했다. 소박한 진실은 "뭔가가 아른아른 보이는 것 같지만, 현실화되지"는 않는 듯이 보였다.[6] 귄터 안더스가 떠나자 그녀의 마음은 가벼워졌다. 그런 만큼 그녀는 6월 초 바르샤바에서 뮌헨으로 온 메리 매카시가 더더욱 반가웠다.

메리는 4월 15일 제임스 웨스트와 결혼했다. 결혼식 전날 웨스트의 이혼한 아내가 다시 바르샤바의 집으로 들어왔기 때문에 웨스트는 상관들과 어려운 문제가 생겼다. 아마도 스캔들을 내포하고 있는 그의 사생활이 문제가 되어 파리로 전출된 것 같았다. 설상가상으로 메리 매카시는 심한 사고를 당해 한동안 휠체어를 타고 다녀야 했다. 한나의 집에 있는 동안 훨씬 나아졌지만, 여전히 목보호대를 하고 다녔다.

1961년 6월 17일 한나 아렌트는 다시 예루살렘으로 갔다. 재판이 계속되고 있었고, 그녀는 증인석에 선 아이히만을 꼭 보고 싶었다. 판결은 12월에나 날 것이었다. 한나는 며칠밖에 머물 수 없었다. 6월 24일 도착하는 하인리히를 만나려면 취리히에 가 있어야 하기 때문이다. 하인리히는 비행기 혐오증을 극복하고 유럽으로 왔다. 취리히 공항으로 옛 친구 로버트 길버트가 특별히 로카르노에서 마중을 나왔다. 하인리히는 베를린 시절 이후 한 번도 그를 만나보지 못했는데, 그 사이에 길버트는 카바레 경영자이자 미국 뮤지컬 번역자로서 이름을 얻고 있었다.

한나와 하인리히는 7월에 야스퍼스를 방문하기로 했다. 우선 이탈리아를 여행할 작정이었다. 그들은 고트하르트 고개를 넘어 곧바로 피사로 향했고, 계속해서 로마로 갔다가 소렌토로 갔다. 소렌토에서는 '나이 지긋한 신사 숙녀에게 걸맞게' 자동차를 타고 구경을 다녔다. 그들은 카프리와 폼페이, 살레르노와 아말피를 방문했다. 특히 그리스의 식민도시였던 페스툼에 매혹되었다. 하인리히는 심지어 그리스 여행을 하고 싶다고 이야기할 정도로 감격했다.

7월 중순 두 사람은 다시 스위스로 돌아왔다. 그리고 오랫동안 바라던 야스퍼스 부부와 하인리히 블뤼허의 만남이 이루어졌다. 카를 야스퍼스는 한나에게 하인리히의 이야기를 많이 들었기 때문에 이미 오랫동안 그를 알고 지낸 것 같은 느낌이었다. 한 사람은 베를린 빈민가 출신의 독학자요, 또 한 사람은 좋은 시민 가문에서 태어난 교수로서 출신과 생애가 서로 그렇게 다를 수 없었는데도, 두 사람은 당장 열렬한 친밀감에 휩싸였다. 그들의 만남은 훗날 하인리히가 말하듯 "질퍽한 우정의 잔치"가 되었고, 모두들 앞으로 친구로서 말을 놓기로 합의했다.

한나는 하이데거를 생각하기도 했다. 그녀는 그가 어디서 그녀를 만날 수 있을지 알려주는 편지를 썼다. 그러나 그는 전갈을 보내오지 않았다. 결국 이번에도 다시 일을 차례차례 진척시킨 사람은 한나였다. 그녀는 하인리히가 로카르노에 있는 친구 로버트 길버트를 만나러 갈 때 프라이부르크로 향했다. 프라이부르크 대학 교수 요제프 카이저가 그녀를 초대했던 것이다. 그는 친구와 함께 대단히 호화로운 저택에 살고 있었다. 카이저는 한나 아렌트의 방문을 축하하는 파티를 열었고, 거기에 하이데거의 친한 친구인 철학자 오이겐 핑크를 초대했다. 그렇지만 핑크는 '퉁명스럽게' 초대를 거절했다. 그는 하이데거를 분명하게 언급하며 자기는 한나 아렌트를 만나고 싶지 않다고 말했다.

한나는 이런 기이한 태도 뒤에는, 그녀가 쓴 편지 내용과 헌사를 바치지 않은 데 대해 화가 나 있는 하이데거가 숨어 있으리라고 짐작했다. 훗날 그녀는 카를 야스퍼스에게 이렇게 편지를 써보냈다. "저는 그 사람에 대해 평생 동안 마치 속임수를 써온 것 같아요. 언제나 내 자신이 존재하지 않는 듯이, 이를 테면 셋까지도 셀 줄 모르는 듯이 행동해왔어요. 그 사람의 일을 해석할 때를 제외하면요. 그때 제가 셋까지 셀 수 있을 뿐만 아니라 때로는 심지어 넷까지 셀 수 있다는 것이 드러나면 그는 대단히 반가워했지요. 그런데 저는 갑자기 그 속임수가 지긋지긋하게 여겨지고 한 방 얻어맞은 기분마저 들었어요. 순간 무척 화가 났어요. 그러나 이제는 전혀 그렇지 않아요. 오히려 갑자기 놀이를 그만두는 것뿐만 아니라 속임수를 쓴 것에 대해서도 어떤 식으로든 그럴 가치가 있었다고 생각한답니다."[7]

8월 초 한나와 하인리히는 뉴욕으로 돌아왔다. 두 사람에게 다시 일상생활이 시작되었다. 하인리히는 주 중에는 바드 칼리지에 가 있었고 한나는 강의를 준비하는 한편, 「뉴요커」의 기사를 쓰기 위해 아이히만 재판에서 갖고 돌아온 산더미 같은 자료들을 검토했다.

가을에 한나는 웨슬리언 대학에서 강의를 했다. 한참 일에 파묻혀 있는데, 하인리히가 건강이 안 좋아져 병원에 입원해 있다는 소식을 들었다. 오랜 여자 친구인 로테 베라트가 리버사이드 드라이브에 있는 집에서 상당히 상태가 나쁜 하인리히를 발견했다고 했다. 그는 자신이 피운 담뱃불로 화상을 입었고, 집 안은 널려진 서류며 넘어진 가구들로 심한 혼돈 상태였다.

한나는 당장 뉴욕으로 달려갔다. 메리 매카시가 그녀를 위해 대학에 뛰어들어 강의를 대신했다. 병원에 간 한나는 처음에는 하인리히의 상태가 어떤지 들을 수 없었다. 의사들은 어찌할 바를 몰랐고, 종양 때문이 아닐까 추측했다. 몇 가지 검사를 받은 후에야 하인리히의 병이 '선천성 동맥류' 즉 뇌동맥확장증임을 알 수 있었다. 그의 상태는 나날이 좋아졌지만, 건강이 손상되었다는 점은 인정해야 했다. 한나는 이 소견과 함께 이런 경우 사망률이 50퍼센트에 달한다는 사실을 알려주었다. 그러자 하인리히는 이렇게 말했다. "흥분하지 말아요. 다른 50퍼센트도 있어요."[8]

11월이 되자 하인리히는 다시 산책을 나갈 수 있었다. 주치의는 두 달 동안은 조심하고 지내다가 잊어버리라고 말하면서 다만 너무 육체적으로 힘든 일은 피하라고 충고했다. 그렇지만 하인리히에게는 아무런 위험이 없었다. 그는 옛날부터 자신은 위대한 프로이센 장군 게프하르트 레베레히트 폰 블뤼허의 후손이며, 자신의 선조들은 이미 한 가문에 기대할 수 있는 모든 업적을 이루었다고 주장해 왔다.

12월 11일에서 15일에 걸쳐 예루살렘의 아이히만 재판에서 판결문이 낭독되었다. 아이히만은 열다섯 개의 기소항목에서 약간의 제한이 있긴 했지만 모두 유죄로 인정되어 사형 판결을 받았다.

한나에게 이 판결은 '상당히 실망스러운' 것이었다. 사형선고 때문이 아니었다. 그녀가 보기에 다른 길은 없었다. 그러나 전통적인 법과 형벌 관념으로는 이 경우를 올바르게 평가할 수 없다는 점, 그럼에도 불구하고 판결을 내릴 수밖에 없다는 점을 판결문에서 명백히 했어야 했다는 것이 그녀의 생각이었다.

사람들은 아이히만 재판에 대한 한나의 글에 잔뜩 기대를 걸고 있었다. "「뉴요커」의 아이히만 기사를 뭐라고 쓸 거니? 모두들 계속해서 내게 물어본단다." 메리 매카시가 물었다. 그러나 한나는 혁명에 관한 책을 먼저 끝낼 생각이었다. 그다음에야 아이히만에 대한 기사에 착수하게 될 것이었다.

1962년 3월 19일 56세가 된 한나 아렌트는 택시를 타고 뉴욕의 센트럴파크를 지나고 있었다. 갑자기 트럭이 나타나 그녀가 탄택시를 들이받았다. 그녀는 즉시 루스벨트 병원으로 실려갔다. 그녀의 상태는 생명이 위험할 정도는 아니었으나 부상 정도는 컸다. 갈비뼈 9대와 왼쪽 손목 관절이 부러지고, 출혈에 뇌진탕, 타박상, 이가 부러지고, 머리에 30바늘을 꿰매야 하는 중상을 입었을 뿐 아니라, 충격 때문에 심장 근육이 손상되었다.

그러나 한나는 놀라울 정도로 빨리 회복되었다. 나흘 후에는 앉아 있게 되었고 곧 다시 걸어다니고 책을 읽었으며 그녀를 계속해서

'하니^{Honey}'라고 불러대는 엄한 수간호사와 개인적으로 전쟁을 치렀다. 3월 30일 한나는 퇴원을 했다. 그녀는 메리 매카시에게 다음과 말했다. "퇴원을 안 시켜주면 도망칠 것 같았기 때문에라도 퇴원을 시켜줬을 거야."

메리 매카시는 걱정스럽게 "어떠냐"고 물었다. 한나는 "불행한 피카소" 같긴 하지만 다시 좋아지고 있다고 대답했다. 머리는 박박 밀었고, 이 하나가 빠졌으며, 이마에는 보기 싫은 흉터가 있었다. 메리는 가발을 쓰면 좋을 거라고 권했다. 그러나 한나는 머리가 다시 자랄 때까지 검은 베일을 칭칭 감고 다니는 편을 택했다.

1962년 3월 31일 아돌프 아이히만의 사형이 집행되었다. 그 전에 사면 청원서가 제출되었으나 기각되었다. 아이히만은 교수형을 당했고 그의 재는 지중해에 뿌려졌다.

한나는 이제 「뉴요커」에 실릴 기사를 쓰기 위해 휴가 때 이용하는 팔렌빌의 집으로 옮겼다. 기사를 쓰려면 아이히만의 심문 기록들을 읽어야 했다. 그녀는 훗날 이렇게 고백한다. "얼마나 자주, 그리고 큰 소리로 웃었는지 모릅니다!"[9] 그녀는 '기이한 쾌감'과 홀가분한 느낌으로 재판에 대한 기사를 썼다. 그녀는 메리 매카시에게 편지를 쓴다. "내가 이런 느낌을 가졌다는 걸 아무에게도 말하지 마. 왜냐하면 그것이야말로 내가 '영혼'을 갖고 있지 않다는 명백한 증거가 될 테니까."[10]

18

아이히만, 그러나 끝은 아니다

"평범한 악이 전 세계를 멸망시킬 수 있다."

1963년 2월 16일 잡지 「뉴요커」에 아이히만 재판에 대한 한나 아렌트의 다섯 편의 보고서 가운데 첫 번째 글이 "예루살렘의 아이히만: 악의 평범성에 대한 보고"라는 제목으로 실렸다. 3월 16일 마지막 글이 나왔을 때 그녀는 뉴욕을 떠나 2월 23일 야스퍼스의 80회 생일을 축하하러 바젤에 가 있었다.

"이곳에 없는 걸 기뻐하구려." 하인리히가 바젤로 편지를 보냈다. 그의 집에는 끊임없이 전화 벨이 울려댔다. 온갖 사람들이 연재 기사로 한나와 이야기를 나누고 싶어 했다. 대부분은 유대인이었는데, 그들은 이제 책으로 만들어져 시장에 나올 한나의 글에 격분해 있었다. 하인리히의 말에 따르면 그들은 '밀집 전투 대형'으로 모여 있는 것 같았다. 거기서 무슨 일이 벌어질지에 대해 한나는 이미 예상하고 있었다. 3월 초에 이스라엘의 전 재정감사관이었던 지그프리트 모제스가 편지를 보내, 독일 유대인 평의회의 이름으로 그녀와 그녀가 쓴 글에 대해 '선전포고'를 했다.[1]

한나 아렌트는 이 모든 일을 의연하게 받아들였다. 그녀는 자신의 책을 둘러싼 야단법석에서 벗어나 있게 되어 '지극히 기뻤다.' 스위스와 독일에서는 뉴욕에 퍼진 흥분을 아직 느낄 수 없었다. 그녀가 쓴 아이히만 보고서의 독일어 번역은 아직 나오지 않았다.

그녀는 바젤에서 쾰른으로 갔다. 여기서 보고서를 낭독했고, 다음날 라디오로 방송될 토론에 참여했다. 한나는 이를 '독일 정부에 자신의 의견'을 말할 기회로 이용했다. 그녀는 독일이 예전의 나치들에게 범죄 책임을 묻지 않고, 전후에도 그들이 계속 경력을 이어가 고위 공직을 차지할 수 있게 했다는 점을 비난했다. 이런 자들을 재판에 회부하지 않는 한 "아무리 떠들어도 과거는 극복되지 않은 채로 머물거나, 우리 모두 죽을 때까지 기다려야 할 것"[2]이라고 훗날의 한 인터뷰에서 말했다. 아이히만 보고서에서 이미 그녀는 이러한 '참을 수 없는 상황'을 언급하며 구체적인 예를 들었다. 쾰른의 토론에서도 그녀는 말을 삼가지 않았다. 그녀는 하인리히에게 편지를 썼다. "토론이 정말 방송된다면 축하의 건배를 할 수밖에요."[3]

봄이 시작되자 하인리히 블뤼허가 그녀가 있는 곳으로 왔다. 그가 탄 배는 곧장 아테네로 왔고, 한나는 나폴리에서 배를 탔다. 두 사람은 계획했던 대로 그리스를 찾아간 다음 시칠리아와 이탈리아로 여행을 계속할 작정이었다. 하인리히로서는 평생의 꿈이 실현된 것이었다. 그는 아테네를 도무지 떠날 수 없었다. 힘든 것도 꺼리지 않고 고대 그리스의 고장들을 걷고 또 걸었다. "우리는 신들처럼 '가뿐한 삶'을 살고 있어요"라고 한나는 야스퍼스에게 편지를 보냈다. 또 그들은 내내 신문도 책도 읽지 않는다고 만족스럽게 알렸다. 그런데 5월 말이 되자 로마에 있던 한나는 박물관과 유물들에 진절머리가 났다. 그녀는 '스트라이크'에 들어갔고, '옷을 사거나 캄파리와 포도주를 마시고 아주 잘 그리고 많이 먹는 일'만 하려고 했다. 하지만 유감스럽게도 로마에서 그녀의 '아이히만 책'이 다시 발목을 잡았다. "커다란 항의 소리"가 울려 퍼졌지만 "별로 동요하지 않았다"고 그녀는 말했다.[4]

파리에 잠깐 들러 메리 매카시를 만난 후 한나와 하인리히는 6월 말 뉴욕으로 돌아갔다. 리버사이드 드라이브의 집은 우편물로 가득차 있었다. 거의 모든 것이 '아이히만 이야기'였다. 그제야 한나는 자신이 유대인의 과거 가운데 극복되지 못한 부분을 건드렸다는 사실을 제대로 깨달았다. 그녀가 없는 동안 그녀에게 반대하는 "캠페인"이 시작되어 "쾌속으로 질주"하고 있다고 그녀는 야스퍼스에게 알렸다.

사실 유대인 단체들은 한나 아렌트에게 선전포고를 한 셈이었다. 반反비방연맹ADL은 그녀의 아이히만 책에 반대하는 투쟁 노선과 자료들을 전달하는 두 개의 비망록을 편찬했다. 거기서 그녀는 유대인들이 다른 사람들 못지않게 유대인 대학살에 책임이 있다고 비방했다는 이유로 자신의 유대민족을 배반한 배신자로 낙인찍혔다.

특히 잡지 「아우프바우」는 그녀를 비판하는 사람들을 위한 포럼이 되었다. 리틀록 사건에 대한 성찰과 마찬가지로 여기서도 그녀의 어조는 비난을 받았다. 그녀는 '냉혹'하고 '감정이 없으며' '차갑고' '참을 수 없이 건방'지고 '독창적'이 되려는 '뒤틀린 욕구'에 사로잡혀 있다고 했다. 한 비평가는 심지어 한나 아렌트가 '인간을 경멸하는 자'[5]라는 극단적인 주장까지 했다.

내용적으로 무엇보다도 두 가지 점에 공격이 가해졌다. '악의 평범성' 개념과 제3제국에서 유대인 평의회의 역할에 대한 서술이 그것이다.

이 유대인 평의회는 유대인 공동체의 인정받는 대표자들이었다. 아돌프 아이히만은 예루살렘 재판에서 그가 유대인 말살조직을 운영하면서 이 평의회와 얼마나 긴밀하게 협력했는지를 자세히 진술했다. 한나는 보고서에서 아이히만의 진술을 유대인 공동체의 수장들이 유대인을 대학살하는 데 어떤 역할을 했는지 조명하는 계기로 삼았다. 그것은 '어두운 역사 전체에서 가장 어두운 장'을 건드리는 것이었다. 유대인 평의회의 적극적인 협력이 없었다면 계획적인 유대인 학살이 그토록 광범위하게 일어날 수 없었을 것이다. 『예루살렘의 아이히만』에서 그녀는 이렇게 덧붙인다. "암스테르담, 바르샤바, 베를린, 부다페스트에서 나치들은 믿고 기댈 곳이 있었다. 바로 유대인들을 체포해 기차에 싣는 데 유대인 요원들이 도와주리라고 믿었던 것이다. 유대인 요원들은 인명과 재산 목록을 작성하고, 추방

비용과 학살 비용을 추방되어야 할 사람들에게서 조달하고, 빈 집을 색출해 경찰의 처분에 맡겼다. 마침내는 조직적인 몰수를 목적으로 유대인 공동체의 재산을 양도하는 쓰라린 결과에 이르게 될 때까지 말이다."[6]

한나를 비판하는 사람들에게 그것은 '터무니없는 중상'이며 유대인 대학살의 희생자들을 참을 수 없이 조롱하는 말이었다. 그들에게 유대인 지도자들은 어떤 의혹의 소지도 없는 존재이며, 나치와의 협력은 절망적인 상황에서 그나마 마지막 남은 것을 구하려는 최후의 수단으로 이루어졌다고 보았다. 한나 아렌트는 그녀의 보고서에서 이 주장을 인정하지 않았다. '더 나쁜 일을 막기 위해' 적들과 타협한다는 것은 저항의 형식이 아니라, 자신의 양심을 진정시키고 이미 상대의 게임 규칙을 받아들였음을 인정하지 않으려는 교활한 전략이었다. 그녀는 또한 유대인들이 나치의 말살장치에서 빠져나올 수 있는 가능성이 전혀 없었다는 견해에도 동의하지 않았다. 그녀는 개인적인 저항은 사실상 '절대적으로 무의미'했다는 것을 인정한다. 개개인에게는 범죄에 얽혀들지 않기 위해 '내적 망명' 속으로 후퇴하는 기회밖에 주어지지 않았다. 그러나 이러한 후퇴는 아무런 성과가 없었다. 테러의 촘촘한 그물은 저변이 더 확대된 가운데 조직적으로 저항했을 경우에만 찢을 수 있었을 것이다.

아이히만 보고서에서 한나 아렌트는 자신의 의도를 분명히 하기 위해 여러 유럽 국가들에서 벌어진 유대인 말살을 상세하게 다루었다. 루마니아와 같은 나라에서 나치는 지령에 따른 숙청작업을 기꺼이 실행하는 조력자들을 찾을 수 있었던 반면, 덴마크·스웨덴·이탈리아와 같은 나라에서는 상당한 어려움에 부딪쳤다. 특히 덴마크는 "몇 배나 더 우월한 폭력 수단을 지닌 적에 대해 비폭력 행동과 저항이 얼마나 엄청난 힘을 발휘할 수 있는지"를 보여준 모범적인 예였다. 덴마크 정부는 독일의 명령에 복종하기를 고집스럽게 거부했고, 유대인 별 표시를 받아들이라는 요구에 대해 덴마크왕은 자신이 그 별을 다는 첫 번째 사람이 될 것이라고 선언했다. 이런 식으로 '저변이 더 확대된' 저항은 놀라운 효과가 있었다. 독일의 지휘관들은 기이할 정도로 양보를 하며 어쩔 줄 몰라 했고, 베를린에서 오는 지시들을 무시하고 믿지 않게 되었다. 한나 아렌트에 따르면 그들의 "냉혹함"은 "햇볕 속의 버터처럼 녹아버렸다." 이렇게 부드러워지는 것이 바로 한나 아렌트가 이미 전체주의에 대한 책에서 기술한 전체주의 체제의 한 속성을 시사한다. 그런 식의 체제는 아무리 살인적이고 파괴적이라 하더라도, 어떤 단호하고 연대적인 저항이 나타나면 대단히 쉽게 내부적으로 와해되는 것이다. 그 이유는 그들의 본질이 기이할 정도로 아무런 실체가 없기 때문이다.

바로 이러한 무실체성을 한나 아렌트는 아돌프 아이히만에게서도 찾아볼 수 있었다. 그렇기 때문에 그녀는 그를 영혼 없는 괴물로 내세우는 데 반대한다. 그를 그런 식으로 악마화한다면, 비록 악마적인 위대함이라 할지라도 그에게 적합하지 않은 어떤 위대성을 부여할 위험이 있다고 생각하기 때문이다. 그러한 악마화는 사람들이 아무런 대항도 못하고 무기력하게 내맡겨져 있는 검은 세력과 관계를 하고 있다는 인상을 일깨운다. 이 외견상의 어두운 세력 뒤에는 사람들이 어떤 대항 행동을 할 수 있고, 또 해야 하는 대단히 현실적인 조직이 숨어 있었다. 사람들이 힘을 합해 공동으로 사태를 이끌어나가는 것은 명령과 복종과 무책임에 근거를 둔 모든 테러 체제보다 언제나 영향력이 크고 또 "깊었다." 그렇기 때문에 그녀는 아이히만을 "어릿광대"라고 불렀고 그가 체현한 악을 "평범"하다고 했던 것이다.

게르숌 숄렘에게 보낸 편지에서 한나 아렌트는 자신이 왜 전체주의에 관한 저서에서 했듯이 "근본악"이라 말하지 않고, "평범한 악"이라고 말하는 것을 더 옳다고 여겼는지 이렇게 설명한다. "오늘날 사실 악은 언제나 극단적일 뿐 근본적이지 않다고 생각하고 있습니다. 악은 깊이가 없으며 또한 마성魔性도 없습니다. 악이 전 세계를 멸망시킬 수 있는 것은 바로 버섯처럼 표피에서 무성하게 자라기 때문입니다. 그러나 깊은 곳에 있는 것은 선이며, 언제나 선만이 근본적입니다."[7]

그렇지만 게르숌 숄렘을 포함해 그녀를 비판하는 사람들은 다르게 보았다. 그들의 견해에 따르면 '악의 평범성'이라는 용어로 나치의 끔찍한 범죄가 극소화되며, 희생자들의 형언할 수 없는 고통이 격하되었다. 직접 나치 테러를 체험하지 못한 사람만이 그렇게 경솔한 주장을 제기할 수 있다고 본 것이다.

한나 아렌트의 글에 대한 유대인들의 항의는 잡지에 실린 기사에만 한정된 것이 아니었다. 사람들은 단행본 출간을 방해하고자 시도했고 공개 강연을 조직했다. 예루살렘 히브리 대학 교수인 에른스트 시몬은 미국 대학들을 방문해 한나 아렌트에 반대하는 유대인 대학생 단체에서 연설했다. 아이히만 재판의 검사장 기데온 하우스너는 지난날 강제 수용소에 있던 사람들의 대규모 집회에서 '한나 아렌트의 괴상한 아이히만 변호'에 대답하기 위해 뉴욕으로 왔다. 반비방연맹^{ADL}은 뉴욕에 사는 모든 랍비들에게 한나에게 반대하는 설교를 하라고 촉구하는 회신을 돌렸다. "온 도시가 다른 일에 대해서는 거의 할 말이 없는 것 같습니다."[8] 윌리엄 숀은 한나에게 그렇게 써보냈다.

그녀는 그런 비난들에 대해 어떤 대응도 하지 않았다. 이 경우는 그녀의 책이 문제가 아니라 어떤 왜곡된 '이미지'가 문제인, '정치적 캠페인' 혹은 '사냥'이 행해지고 있음을 확신했기 때문이다. 그녀가 보기에 사람들은 역사적 사실을 주목하는 것이 아니라 쉽게 내팽개칠 수 있는 주장을 내세우고 있었다. 그녀는 사람들이 잘못 이해하고 있고, 그것은 전혀 다른 뜻이었다고 설명한다는 건 우스운 일이라고 생각했다.

한나는 '말과 행동이 다른 것'을 체험하고 놀랐다. 많은 사람들이 둘이서 이야기할 때는 아이히만 책에 얼마나 감탄했는지 모른다고 이야기해 놓고, 공개적으로 옹호해야 할 처지가 되면 깜짝 놀라 몸을 뺐다. 이런 상황에서 감히 한나를 옹호한 소수의 사람들 가운데 심리학자 브루노 베텔하임이 있었다. 그러나 그의 강연은 난리법석을 치며 서로 욕을 하는 것으로 끝났다.

친한 친구들마저 그녀에게 거리를 두게 된 것은 대단히 가슴 아픈 일이었다. 한스 요나스는 1년이 넘게 왕래를 끊었다. 특히 그녀의 가슴을 아프게 한 것은 아버지 같은 친구 쿠르트 블루멘펠트가 그녀에게 깊은 노여움을 간직한 채 5월 예루살렘에서 세상을 뜬 일이었다. 블루멘펠트는 죽기 얼마 전 그녀의 보고서에 대해 말로만 전해 들었다. 한나는 그가 직접 읽었더라면 달리 생각했을 것이라고 확신했다.

예나 지금이나 그녀와의 관계를 굳게 지키는 사람은 메리 매카시와 카를 야스퍼스였다. 물론 하인리히 블뤼허도 있었다. 하인리히는 한나의 반대자들 중 몇 사람은 "주둥이라도 한 대 갈겨주고" 싶었다. 한나는 그녀에 관계된 일이라면 하인리히가 "대단히 구식"이 된다는 말로 이런 그의 위협을 변명했다.[9] 하인리히는 이제 새파란 젊은이가 아니라 64세였다. 그의 건강은 그렇게 좋은 편이 아니었다. 그는 종종 피로를 호소했고 이따금 거동이 불편했다. 한나를 비방하는 캠페인 때문에 그는 우울증에 빠졌다. 그래서 한나는 그가 비교적 오랜 시간 혼자 있는 일이 없도록 배려했다. 물론 그가 강연이나 강의를 할 때 사람들은 전혀 그런 낌새를 알아차리지 못했다. 메리 매카시가 바드 칼리지로 그를 찾아가 보면, 학생들은 열렬한 어조로 그가 늘 어느 때보다도 뛰어난 모습을 보여주고 있다고 말했다.

메리는 자신의 친구에 대한 공격에 이루 말할 수 없이 분개했다. 그녀의 말에 따르면 이 모든 일은 서서히 '유대인 박해의 규모'가 되어 가고 있었다. 그녀는 '말을 들어주는 것뿐만 아니라' 어떤 식으로든 한나를 돕고 싶어 했다. 결국 그녀는 12쪽에 달하는 글을 썼고, 이것은 1964년 잡지 「파르티잔 리뷰」에 발표되었다. 메리 매카시는 그 사이에 문학계의 스타가 되어 있었다. 그녀의 새 소설 『집단The Group』이 단시간에 베스트셀러 1위에 올랐다. 이 믿어지지 않을 정도의 성공에도 불구하고 메리의 책은 미국 작가들로부터 거센 비판을 받았다. 그녀의 책은 소설에 대한 패러디처럼 보였다. 작가 노먼 메일러는 그녀의 소설을 여성잡지 발행인들이 은근히 원하는 '여자들의 책'이라고 일컬었다. 이러한 공격을 보며 메리는 한나의 기분이 어떨지 상상할 수 있었다. 그녀는 다음 번 두 사람이 다시 만날 때 서로 '뭉쳐 우리의 죄를 함께 누릴 수' 있을 것에 기뻐했다.

바젤에 있는 카를 야스퍼스 역시 공개적으로 한나를 도와주고 싶었다. 심지어는 그녀의 아이히만 보고서를 예로 들면서 '사상의 독립성'을 제시하는 책을 쓸 계획까지 세웠다. 야스퍼스는 한나의 '전혀 가죽이 두껍지 않은 숨겨진 영혼'에 신경을 썼고, 심지어는 한나의 몸과 목숨을 염려하며 그녀에게 '경호원'을 두라고 충고했다. 그 자신도 유대 여성과 결혼했음에도 불구하고 야스퍼스는 한나에 대한 '사냥'을 이해할 수 없었다. 그는 한나의 아이히만 책을 대단한 책이라고 생각했다. 그는 이렇게 편지를 보냈다. "그런 책을 세상에 내는 행동이 '삶의 거짓'에 대한 공격임을 알아차리지 못하다니, 얼마나 순진한가."[10]

야스퍼스는 그 책이 독일에서도 상당한 소용돌이를 일으키게 될

까 봐 염려가 되었다. 한나가 그 책에서 히틀러에 대한 독일인의 저항을 대단히 비판적으로 보았기 때문이다. 그녀는 아돌프 아이히만이 양심이란 것을 가지고 있었는가라는 문제를 파고들었고, 이러한 맥락에서 히틀러를 반대한 사람들이 반드시 양심에서 우러나와 행동하지는 않았으리라고 설명했다. 그녀는 몇몇 개인이나 '백장미'와 같은 집단만큼은 정말로 히틀러에 대한 원칙적인 혐오감에서 나치에 투쟁했다고 인정했다. 그에 반해 슈타우펜베르크 백작을 중심으로 모인 이른바 '7월 20일의 남자들'은 원칙에 입각해 히틀러에게 반대한 것은 아니었다고 보았다. 그들이 중요하게 여긴 것은 독일을 정치적으로 구하고, 머지않아 패배할 경우 승리한 세력들과의 협상에 유리한 조건과 새로운 시작을 마련하는 일이었다. 한나는 사람들이 보통 양심이라는 뜻으로 이해하는 것은 "독일에서는 거의 잃어버린 것이나 마찬가지"라고 요약했다.[11]

야스퍼스의 우려는 옳았다. 아이히만 책의 독일어 판이 아직 출간되지도 않았는데, 1964년 1월 역사가 골로 만(독일의 작가 토마스 만의 아들 - 옮긴이)은 주간지 「디 차이트Die Zeit」에 분노에 가득찬 글을 실었다. 골로 만은 한나 아렌트가 나치에 대한 저항을 서술하는 태도는 "이제까지 이 운동에 대해 유포되었던 중상모략 가운데 가장 사람을 분노하게 만드는 성격을 띠고 있다"고 썼다.[12]

한나는 이 모든 적대감을 감당할 수 없다는 느낌이 종종 들었다. 조직적인 이유에서도 그랬다. 모든 비난에 대해 적절하게 반응할 수 있으려면 참모를 비롯한 여러 명의 비서들이 필요할 지경이었다. 그녀의 일시적인 체념은 또 다른 개인적인 이유도 있었다. 그녀는 자신이 이 공적인 '소동'에 관여하기란 불가능하다고 느꼈다. 구역질이 일었기 때문이다.

이 시기에 교수의 일은 그녀에게 구원과도 같았다. 1962년 가을부터 그녀는 시카고 대학에서 가르쳤는데, 여기서는 그녀에게 이상적인 조건을 마련해주었다. 그녀는 1년에 석 달만 그곳에 있으면 되었고, 어떤 강좌를 얼마나 맡을지는 자유롭게 정할 수 있었다. 전혀 '악의가 없는' 학생들과 함께 연구하면서 그녀는 아이히만 책을 둘러싼 논쟁 때문에 빼앗겼던 기력을 되찾았다. 대학에서의 명성은 끊임없이 올라갔다. 한나 아렌트는 강연 초청을 더 이상 거부할 수 없었다. 그리고 야스퍼스에게 보고한 바에 따르면 그녀는 어디를 가나 대환영을 받았다.

1963년 11월 22일 모든 라디오 방송과 텔레비전 방송을 중단시킨 보도가 있었다. 바로 미국 대통령 케네디가 댈러스에서 암살자에게 총을 맞았다는 보도였다. 그는 생명이 위험했다. 한나는 마침 그때 메리와 함께 시카고 대학 클럽에서 점심식사를 하고 있었다. 책 때문에 뉴욕에 온 메리는 한나를 찾아와 주말을 함께 보냈다. 암살소식에 그들 주위에 앉아 있던 몇몇 대학생이 남의 눈을 아랑곳하지 않고 울기 시작했다. 어디서나 그런 것은 아니었다. 한나가 들은 바에 따르면 남부 주들에서는 '깜둥이를 사랑하는 대통령'에 대한 암살이 환영받았다.

케네디는 총에 맞은 그날 세상을 떠났다. 한나에게 그것은 비극이었다. 1963년 출간된 혁명에 대한 저서에서 그녀는 미국의 건국이 '얼마나 긴장된' 상태에서 진행되었고, 미국 헌법이 얼마나 찬란한 업적인지를 상기시키고 싶었다. 그녀는 케네디가 새로운 '스타일'로서 이러한 시초의 이상과 다시 이어질 수 있기를 희망했다. 그가 죽은 후 그녀는 그의 자리를 대신할 수 있는 사람을 찾지 못했다. "메디슨, 해밀턴, 제퍼슨, 존 애덤스 – 얼마나 대단한 사람들이었나. 그리고 오늘날의 처지를 보라 – 이 무슨 내리막인가."[13]

미국에서 일어난 반란

"그것은 아주 위험한 일입니다. 바로 어떤 대단히 진정한 것이 문제되고 있기 때문입니다."

1964년 10월 28일, 한나 아렌트의 모습이 독일 제2방송^{ZDF}에 나왔다. "인물을 찾아서"라는 프로그램을 맡고 있는 귄터 가우스가 그녀를 인터뷰했다. 가우스는 대담이 시작될 때 그녀가 이 프로그램에 소개되는 첫 번째 여성이라고 말하며, 여성 해방에 대한 입장을 물었다. 한나는 여성 해방 문제에 있어서 자신은 개인적으로 아무런 역할도 하지 않았다고 대답했다. "아시다시피 나는 내가 하고 싶은 일을 해왔을 뿐이에요." 가우스는 당연하게도 아이히만 책 이야기를 끄집어냈다. 이 책은 그 사이에 독일어판으로 출간되었지만, 독일 서적상들이 보이콧하고 있었다. 그는 한나 아렌트에게 이런 반응을 보며 차라리 다르게 책을 썼으면 좋았을 것이라고 생각하느냐고 물었다. 그녀는 그렇지 않다고 대답했다. "차라리 쓰느냐 마느냐의 양자택일 앞에 섰을 것입니다. 사람은 주둥이를 닥치고 있을 수는 있으니까요."[1]

한나 아렌트로서는 카메라 앞에 나서는 것이 당연한 일은 아니었다. 텔레비전 인터뷰 초대는 유럽에서만 받아들였고, 미국에서는 원칙적으로 거절했다. 얼굴이 알려져 사생활에 곤란을 겪고 싶지 않았기 때문이다.

개인적으로 꺼려서 그렇지 한나는 텔레비전 방송을 민주주의의 축복이자 활성화로 보았다. 정치 논쟁이 많은 사람들에 의해 이루어질 수 있기 때문이다. 그녀와 하인리히는 종종 몇 시간씩 텔레비전 앞에 앉아 정치 논쟁을 시청했다. 이제까지는 텔레비전을 보려고 친구들 집을 찾아갔으나 1965년 초 그들은 자신들의 '텔레비전 수상기'를 마련하기로 작정했다.

우선 그들은 뉴스와 새 대통령 린든 B. 존슨의 베트남 분쟁에 대한 성명을 보고 싶었다. 1964년 8월 2일과 4일 구축함 매독스호가 통킹만에서 북베트남 어뢰정에 의해 공격을 당했다는 소식이 전해졌다. 존슨 대통령은 이 사건을 공산주의 북베트남 공격으로부터 친미 남베트남을 더 효과적으로 지원할 것을 요청하는 기회로 삼았다. 의회는 이 요청을 결의안을 채택해 지지했는데, 그 뒤에는 이른바 '도미노 이론'이 숨어 있었다. 말하자면 남베트남이 적화될 경우 더 많은 국가가 세계 공산주의의 손에 떨어질 것을 우려했던 것이다.

한나 아렌트는 존슨 대통령의 아시아 정책을 전혀 좋게 보지 않았다. 특히 초강대국 미국이 전 세계의 평화에 책임을 져야 한다는 생각은 위험하다고 여겼다.

1965년 2월 미국 공군은 북베트남을 폭격하기 시작했다. 미국에는 아시아에서의 전쟁에 반대하는 공개적인 움직임이 생겨났다. 대학생들은 시위를 벌였다. 최초의 소요사태가 터진 버클리에서 대학생들은 군인들을 실은 기차가 가지 못하도록 방해했다. 그렇지만 미국의 베트남 정책에 대한 비판만이 학생 소요 사태의 유일한 이유는 아니었다. 대학들의 공동 결정권과 흑인 대학생들의 불이익 문제도 이슈가 되었다.

한나는 버클리 사태를 대단한 관심을 갖고 지켜보았다. 그녀는 카를 야스퍼스에게 이렇게 써보냈다. "버클리에서는 그들이 원했던 것을 모두 관철시켰습니다. 그들은 이제 후퇴할 수도 없고 또 그럴 생각도 없습니다. 악의가 있다거나 누구의 부추김을 받아서가 아닙니다. 간단히 말해 그들은 피를 맛보았기 때문입니다. 그것은 정말로 행동한다는 말입니다. 그리고 목표가 달성된 지금은 다시 집으로 돌아가려고 하지 않습니다. 그것은 아주 위험한 일입니다. 바로 어떤 대단히 진정한 것이 문제되고 있기 때문입니다."[2]

이 '대단히 진정한 것'이 무엇이고 또 왜 '위험'할 수 있는지를 한나 아렌트는 『혁명론』에서 묘사했다. 이 책은 1963년에 나왔으나 아이히만 책의 그늘에 가려 있었다. 그 사이에 한나는 이 책을 독일어로 번역했다.

이 책은 『인간의 조건』에 이어지는 책이었다. 『인간의 조건』에서는 행위라는 것, 즉 주도권을 쥔다는 것, 다른 사람들과 어떤 새로운 것을 시작한다는 것이 무엇을 뜻하는지를 중심으로 다루었다. 이제 혁명은 이른바 큰 척도에서의 행동으로서, 역사에서 낡은 질서를 내던지고 새로운 시작을 감행하는 사건이 된다. 새로운 것을 시작하는 용기와 감격, 이때 사실 사람들은 거기서 어떤 결과가 나올지 제대로 생각할 수는 없지만, 그 용기와 감격은 한나 아렌트에게 매혹적인 것이며 '대단히 진정한 것'이고 자유의 기초적인 경험이었다.

동시에 이 최초의 자생적인 자극으로부터 무엇이 생겨날 것인가 하는 물음이 제기된다. 어떻게 그것이 혼돈과 폭력으로 끝나는 것을 막을 수 있을까? 이 자극을 유지하고 안정시키기 위해 어떻게 제도적 장치와 안전장치를 마련할 수 있을 것인가?

이 물음에 대해 한나 아렌트는 역사상 가장 잘 알려진 두 혁명, 즉 프랑스 혁명과 미국 혁명을 통해 대답한다. 이 두 역사적 사건은 혁명이 언제 성공할 수 있고, 언제 실패할 수밖에 없는지에 대한 모범적인 예이다.

프랑스 혁명의 진행 과정을 보면 특정 지점부터 원래의 방향에서 벗어나게 된다. 그 지점은 온건한 지롱드파가 새로운 제도를 관철하지 못하고 급진적인 자코뱅파들이 대중을 궁핍과 고난으로부터 해방시키는 것을 최고 목적으로 삼게 될 때이다. "공화정? 군주제? 내가 아는 것은 사회 문제뿐이다." 로베스피에르는 이렇게 외쳤다. 바로 이러한 문제 제기가 혁명을 실패할 수밖에 없게 했다. 이제 대중에의 연민, 불행한 사람과 궁핍한 사람들에의 연민이 정치적 미덕이 되었다. 그렇지만 연민이란 개개인 사이에서만 가능한 것이다. 대중에 대해서 연민은 추상적인 것이 되고 정치적으로는 파괴적으로 작용한다. 전 국민의 곤궁은 이른바 연민의 파악 능력을 파괴하고, 그다음에는 이러한 무제한의 불행을 과도한 수단으로, 말하자면 폭력으로 근절시키려는 경향으로 나아간다. 그리하여 인간애와 연민의 감정에서 시체를 넘어갈 각오가 되어 있는 기이한 역설에 도달하는 것이다. 한나 아렌트는 이렇게 말한다. "실제 현실에 대해, 그리고 무엇보다도 인간의 현실에 대해 혁명가들을 무감각하게 만든 것은 바로 언제나 감정의 과도함이었다. 그들은 언제나 대의나 역사 과정을 위해 인간을 희생시킬 각오가 되어 있었다."[3] 이러한 '감정이 실린 무감각'은 행위가 분노에 의해 인도되고, 목표가 더 이상 자유가 아니라 '빛나는 복지와 행복'이 될 때 발생한다.

미국 혁명은 전혀 다르게 진행되었다. 미국 혁명에서는 사회 문제가 아무런 역할을 하지 않는 것이나 마찬가지였다. 미국은 부유했고, 프랑스와 같은 대중의 빈곤과 현실적인 곤궁을 알지 못했기 때문이다. '가난의 저주'는 미국 혁명가들이 보기에 물질적 곤궁에만 있는 것이 아니라 '어둠'에도, 즉 '공중의 빛에서 제외된' 데도 있었다. 그에 따라 미국 건국의 아버지들에게는 가능한 한 여러 사람이 의사 형성에 함께 영향을 끼칠 수 있게 하는 제도를 만드는 것이 무엇보다도 중요했다. 근본적으로 프랑스 혁명은 '민중의 의지'에 의거했는데, 그 의지는 근본적으로 볼 때 자의恣意를 위한 특허장에 불과

했다. 미국에서는 이러한 불길한 '민중의 의지' 대신에 일반 주민들이 자신의 의견을 표현할 수 있는 '타운홀미팅'(town hall meeting: 정책 결정권자 또는 선거입후보자가 지역 주민들을 초대해 정책 또는 주요 이슈에 대하여 설명하고, 의견을 듣는 비공식적 공개 주민 회의로 미국 참여민주주의의 토대로 평가된다 – 옮긴이)과 같은 모임 장소가 있었다. 그리고 이런 방식으로 폭력이 아니라 공동 의지에 기초하는 힘이 형성되었던 것이다. 이때 기본 사상은 혁명적 출발을 언제나 다시 되풀이하는 것이었다. 이것은 무엇보다도 정치에 대한 시민들의 영향을 유지할 수 있느냐, 있다면 어떤 방식으로 가능한가에 달려 있었다. 의원을 통한 대의제는 국민의 직접 참여를 위한 단순한 대용에 그치는 것이 아니어야 했다. 향후 전개 과정을 보며 한나 아렌트는 이렇게 쓴다. "이성적인 의견 형성을 위해서는 의견 교환이 필요하다. 의견을 형성하기 위해서는 그 자리에 있어야 한다. 그 자리에 있지 않은 사람은 기껏해야 의견이 없는 것이고, 아니면 19세기와 20세기의 대중 사회에서 구체적으로는 더 이상 구속력 없는 모든 가능한 이데올로기들로부터 대용물을 마련하려 할 것이다."[4]

한나 아렌트가 가르치고 있는 시카고 대학에서도 학생들의 항의 시위가 일어났다. 연좌 농성과 토론회가 열렸고 강의는 거부되었다. 한나는 학생들에게 동조했지만 여전히 회의적이었다. 그녀에게는 이 항의가 도를 넘지 않고, '폭도'가 주도권을 잡지 않는 것이 중요했다. 베트남 전쟁 반대 행사에 참여한 후 그녀는 야스퍼스에게 이렇게 써보냈다. "모든 것이 대단히 이성적이었고, 광적이지 않았어요. 뚫고 지나갈 수 없을 정도로 사람들이 가득 차 있었습니다. 그러나 소리를 치는 사람도 연설을 하는 사람도 없었습니다. 그것은 일종의 대중 집회였어요. 진정한 토론이었고 정보가 교환되었습니다. 대단히 마음이 편했어요."[5]

베트남 전쟁에 대한 한나의 의견은 상당히 명확했다. 그녀는 그것을 '더럽고 헛된, 미친 전쟁'으로 여겼다. 그것은 무엇보다도 아시아에서 공산주의가 진격하는 데 대한 불안이었고, 그것이 모든 이성적인 해결을 막는다고 보았다. 그녀의 생각에 미국은 아시아의 몇몇 사회주의 혹은 공산주의 정부와 더불어 대단히 잘 살 수 있었다. 그러나 이러한 해결은 너무 늦었다. 이제 주된 문제는 미국이 어떻게 이 갈등에서 다시 빠져나오느냐 하는 것이었다. 한나는 베트남에 대한 공적인 토론에 나서지도 않았지만, 항의 운동에 가담할 욕구를 느끼지도 않았다.

메리 매카시는 전혀 달랐다. 그녀는 파리에서 안절부절못하고 있었다. 그녀는 어떤 식으로든 미국의 베트남 전쟁에 반대한다는 것을 보여주고 싶었다. 그러나 외교관의 아내라는 입장 때문에 손이 묶여 있었다. 메리는 전쟁이 가속화될까 봐 두려웠다. 하노이가 폭격을 당하는 상황에 이른다면, 그녀는 끝장이라고 생각했다. "계속 미국인으로 남는 것을 더 이상 받아들이지 못할 것 같아."[6]

회의와 불안 때문에 메리 매카시는 종종 외로움을 느꼈다. 파리에서 보낸 편지에서 그녀는 한나가 얼마나 그리운지를 거듭 고백한다. "사랑하는 한나, 네가 끔찍이도 보고 싶어. 너에 대한 향수병에 걸렸어."

한나도 다르지 않았다. 아이히만 사건이 있은 후 그녀도 메리와의 결속을 한층 더 굳건하게 느끼고 있었다. 다른 여러 친구들과는 소원해졌다. 한나는 그 어느 때보다도 더 유명해져 있었다. 한나는 여러 대학에서 명예박사 학위를 받았고, '국립예술문예원'의 회원이 되었다. 그러나 이러한 명성은 짐스러운 것이기도 했다. 그녀는 야스퍼스에게 이렇게 편지를 쓴다. "강연을 하러 다니는 것이 하나도 기쁘지 않아요. 내가 가는 곳마다 강연장은 사람들로 만원입니다. 사람들이 모인 곳에 가면 유명인사로 낙인 찍혀 있어요! 이런 일은 곧 끝날 거예요. 하지만 당장은 끔찍합니다! 나는 모든 통로를 차단당한 짐승 같은 기분이 들어요. 아무도 내가 주는 그대로의 나를 받아들이지 않기 때문에, 나를 누구에게도 줄 수 없어요. 모두가 자기 식대로 결정하지요. 열려 있는 것이라고는 빠져나올 문뿐이에요. 그래서 저는 어디로든 가지 않든가 아니면 곧 다시 빠져나옵니다. 재미라곤 느낄 수 없어요."[7]

또 시카고 대학에서 강의를 해야 했기 때문에 종종 몇 주 동안이나 하인리히를 보지 못하는 것도 한나에게는 짐이 되었다. 그는 건강이 좋지 않았다. 바드 칼리지의 일은 많은 기력을 앗아갔다. 그에 대한 염려가 끊임없이 그녀를 따라다녔다. 그녀는 메리에게 이렇게 쓴다. "우리는 28년 동안 함께 살았어. 그가 없는 삶은 생각할 수 없어."

하인리히는 힘든 학기를 끝내고 1965년 여름, 한나가 해마다 가는 유럽 여행에 함께 갈 정도로 건강이 좋아졌다. 그들은 남편 제임스 웨스트와 그의 아이들과 북이탈리아 보카 디 마그라에서 휴가를 보내고 있는 메리 매카시를 방문했다. 한나와 하인리히는 그곳에 며칠 머문 후 카를 야스퍼스가 있는 바젤로 떠났다.

야스퍼스는 그 사이에 아주 늙고 병약해져 있었다. 그의 말대로 하면 그의 육체적 상황은 "그다지 편치가 않았다." 그는 장출혈로 수혈 치료를 받고 있었다. 또 근육 류머티즘 때문에 움직일 때마다 통증이 일었다. 그러나 정신적으로는 아직 생생했다. 그는 주간지 「데어 슈피겔Der Spiegel」의 발행인 루돌프 아우크슈타인과 인터뷰를 했는데, 여기서 그는 아데나워 정부의 정책을 날카롭게 비판하며 한나 아렌트의 견해를 옹호했다. 이 때문에 그는 독일에서 많은 격분에 찬 편지들을 받았다. 한 편지는 그를 '유대인의 종'이며 '배신자', '생식력 없는 파충류'라고 욕했다. 하지만 그것으로는 야스퍼스의 투쟁욕을 잠재울 수 없었다. 그는 독일 연방공화국서독의 상황에 대한 글을 쓰고 싶었고, 한나 아렌트의 예를 통해 사상의 독립성을 제시하는 책을 집필함으로써 그녀가 '나팔을 오래 불도록' 해주고 싶었다. 그렇지만 야스퍼스의 기력은 점점 더 약해졌다. 그는 빨리 피곤해지고 글을 쓸 때 손이 아파왔다. 한나는 그를 보는 것이 이번이 마지막이라는 느낌을 떨쳐버릴 수 없었다.

한나와 하인리히가 뉴욕에 돌아왔을 때 또 다른 친구를 더 이상 볼 수 없게 되었는데, 한나가 '동화 세계에 나오는 인물'이라고 말한

랜달 자렐이 자동차 사고로 세상을 떠난 것이다. 자동차 운전기사에 따르면 랜달이 바로 앞에서 차도로 뛰어들었다. 그것은 자살이었다. 그는 오래 전부터 정신과 치료를 받고 있었다. 그를 마지막으로 보았을 때 그는 이미 그녀가 그토록 좋아했던 미소를 잃어버린 상태였다. 전혀 낯선 사람이 되어 버린 것 같았다. 한나는 랜달 자렐에 대해 다음과 같은 기록을 남겼다. "어쨌든 랜달은 그의 빛나는 미소 외에는 자신을 세상으로부터 보호할 수 있는 것이 아무것도 없었다. 그리고 그 미소 뒤에는 아주 크고 순수한 용기가 숨어 있었다."[8]

미국은 베트남에 대규모의 군대를 투입했다. 1965년 말 18만 4,300명의 미국 군인들이 베트남에 갔고, 그 수는 거의 날마다 늘어났다. 미국은 온갖 무력을 써서 북베트남의 무릎을 꿇게 하려고 했다. 한편 미국 내에서 베트남 전쟁에 반대하는 목소리도 점점 커졌다. 10월에 한나의 친구인 로버트 로웰과 작가 노먼 메일러, 마틴 루서 킹을 비롯한 여러 유명인사들이 20만 명의 사람들과 함께 항의 시위를 벌였다. 그들은 미국 국방성 건물인 펜타곤으로 나아갔다. 잡지 「뉴욕리뷰오브북스New York Review of Books」는 메리 매카시에게 리포터로서 베트남에 가면 어떻겠느냐고 제안했는데, 메리는 남편을 위태롭게 하고 싶지 않아서 그 제안을 거절했다.

미국 대학들에서도 점점 항의 시위가 늘어났다. 한나가 1966년 초 다시 수업을 시작한 시카고 대학의 학생들은 본관을 점령했다. 한나는 그들의 토론에 참여했고, 대학에서 공동 결정권을 더 얻고 싶어 하는 학생들의 갈망을 지지했다. 많은 학생들이 그녀의 조언을 구하러 한밤중에도 전화를 했다. 한나는 그들이 점령한 건물을 빨리 비우고 패배를 참아내야 한다는 것을 이해시켰다. 그런데도 학생들이 언제나 '의회의 게임 규칙'을 지키며 어떤 순간에도 '폭도'가 되지 않는 것에 그녀는 깊은 감명을 받았다.

2학기에 처음으로 한나는 강의에 빠졌다. 독감에 걸려 열 때문에 침대에 누워 있어야 했던 것이다. "늙는다는 것이란!" 그녀는 이렇게 야스퍼스에게 써보냈다. 한나의 60번째 생일이 다가오고 있었다. 늙는다는 것은 아무런 상관이 없었다. 그녀는 인공적으로 젊었을 때의 머리색을 유지하고 싶지 않아서 흰머리가 나는 대로 놓아두었다. 죽음도 그녀를 불안하게 하지 않았다. 그녀는 야스퍼스에게 고백한다. "나는 언제나 사는 것이 좋았습니다. 그리고 언제나 그대로 계속되는 것도 좋고, 그렇지 않아도 좋습니다. 내게 죽음은 언제나 유쾌한 동반자였습니다. 서글픔 같은 것은 없습니다. 병에 걸리는 것은 그다지 유쾌하지 않고, 짐스럽거나 더 나쁠 것 같아요. 나는 경우에 따라서는 자살을 할 수 있는 확실하고 온당한 약이 있었으면 좋겠습니다. 그것을 갖고 다니고 싶어요."[9]

한나의 그런 생각에 야스퍼스는 전적으로 동감했다. 나치 시대부터 그는 자살을 생각하며 살았다. '온당한 약'에 관한 한 그는 전문가였다. 그는 한나에게 청산가리며 아편, 베로날과 같은 약들이 어떻게 문제가 되는지, 어떻게 복용하는 것이며 어떤 장단점이 있는지를 상세하게 설명해주었다. 그렇지만 그를 '불쾌'하게 하는 것은 이 약들을 구하기가 어렵다는 점이었다. "자살을 금지하다니, '자유로운 세계'는 자유롭지 않아." 그가 분노를 표시했다.

카를 야스퍼스의 건강은 점점 더 악화되었다. 관절의 통증은 주사를 맞아야만 가라앉았다. 그는 한나 아렌트에게 자신의 병에 대해 빠짐없이 알렸다. 의사들의 진단과 치료에 대해서도 상세하고 객관적으로 알려주었다. 한나는 '현재 상태'를 알리는 그의 '차분하고 침착한 태도'에 감탄했다. 그녀는 이렇게 말한다. "모든 진리에 대한 사랑과 태어난 데 대해 감사할 줄 아는 마음은 결국 좋든 나쁘든 현실에 충실한 태도에서 나옵니다."[10]

그녀는 9월에 카를 야스퍼스를 방문했다. 그는 자기 자신의 그림자에 지나지 않았다. 그렇지만 여전히 한나에 대한 책을 쓰고 싶어 했다. 그녀는 그를 설득하여 그 계획을 포기시켰다. 그러자 그는 마음이 아주 홀가분한 것 같았다. 작별선물로 그는 진주 목걸이를 주었다.

메리 매카시 역시 한나를 만나기 위해 스위스로 왔다. 메리는 정치 행동에 나서지 못하는 신세 때문에 매우 애가 탔는지 「뉴욕리뷰오브북스」가 다시 그녀에게 리포터로 베트남에 보내고 싶다는 제안을 해오자 승낙했다.

베트남으로 떠나기 전, 그러니까 1967년 2월 2일, 메리는 최고급 붉은 포도주 한 궤짝을 들고 뉴욕으로 왔다. 한나의 고백에 따르면 그녀는 그것을 "천천히, 확실하게 마셔 없앴다."

메리는 뉴욕에서 여행 준비를 했다. 그녀는 보통 여권을 발급받

왔다. 이미 갖고 있는 외교관 여권으로 가고 싶지는 않았던 것이다. 그녀는 유언장을 작성했는데, 한나에게는 이렇게 썼다. "한나는 작은 보석 두 점을 가져. 분명 잘 어울릴 거야."[11]

20

작별

"망자亡者와 사귀는 법을 배워야 합니다."

1967년 2월 하인리히 블뤼허는 바드 칼리지에서 마지막 학기를 시작했다. 이번 학기가 끝나면 은퇴할 작정이었다. 학기말에 그는 공통 과정을 위한 마지막 강의를 했다. 그것은 그 자신이 바드 칼리지에 도입한 철학 기본 과정이었다. 그는 소크라테스에 대해 이야기했다. 그는 소크라테스와 정신적으로 친밀함을 느꼈다. 이 그리스 철학자는 위대한 저작을 남기는 것보다는 광장에서 사람들과 이야기하는 것을 더 중요하게 여겼기 때문이기도 했다.

그의 설명에 따르면 소크라테스에게는 사람과의 관계가 가장 중요했다. 그는 여기서 세 종류의 관계를 구분했다. 하나는 자기 자신에 대한 관계, 즉 철학이고, 또 하나는 다른 사람들에 대한 관계, 즉

성애性愛이며, 다른 또 하나는 인류에 대한 관계, 즉 정치이다. 하인리히 블뤼허에게 이 세 영역은 모두 서로 밀접한 관계가 있었다. 그 어느 것도 다른 것과 무관하게 전개되어서는 안 되며, 언제나 인간이 중심에 있어야 한다. 그는 다음과 같이 말한다. "우리는 다른 모든 가능한 것들을 위해, 이른바 인간보다 지고한 것들을 위해 인생을 희생할 각오가 너무나 잘 되어 있었습니다. 그 결과는 그다지 특별하지 않습니다. 그것은 허무주의입니다. 이 상황에서 빠져나오기 위한 첫 번째 걸음은 소크라테스가 처음으로 했던 일을 시작하는 것입니다. 즉 인간이란 누구이며, 무엇이 될 수 있는가를 철학하고 시험하는 일입니다."[1]

하인리히 블뤼허는 학생들에게 그 어느 때보다도 인기가 있었다. 그것은 아마도 그가 은퇴를 문자 그대로 받아들이려 하지 않은 이유이기도 할 것이다. 그는 9월에 다시 바드 칼리지로 와서 강의를 해달라는 설득을 받아들였다. 그러나 행정 일은 더 이상 관여하고 싶지 않았다. 그는 퇴직자로서의 새로운 삶을 즐기면서 집에서 많은 시간을 보내거나 여행으로 소일할 계획이었다.

한나는 하인리히의 새로운 상황에 적응하려고 했다. 그래서 그녀는 뉴스쿨의 제안을 받아들여 1968년 2월부터 1년에 한 학기를 가르치기로 결정했다. 시카고를 떠나기란 쉽지 않았다. 그곳 학생들에 대한 애착을 버릴 수 없었다. 그러나 이제는 더 이상 뉴욕과 시카고를 비행기를 타고 왔다갔다하며 주 중 내내 하인리히와 떨어져 있고 싶지 않았다.

■ 바드 칼리지

1967년 3월 말 그녀는 마지막 학기를 위해 시카고로 갔다. 학생들이 비행장으로 마중을 나왔고, 그녀를 파티에 초대했다. 사람들은 심지어 일요일에 특강을 해달라고 졸랐다. 그녀는 판단을 내림에 있어서는 매우 가차 없는 성격이었음에도 불구하고, 혹은 바로 그랬기 때문에 학생들은 그녀를 선생으로 높이 평가했다. 예를 들어 한 청년이 그녀에게 박사 논문을 냈을 때 그녀는 꼼꼼하게 교정한 원고를 돌려주었다. 거기에는 이런 주석이 달려 있었다. "군의 말이 옳다면 혁명적인 이야기일 걸세. 그러나 그냥 틀린 이야기에 지나지 않을까봐 염려되네." 시카고 대학의 학생들은 한나를 쉽게 떠나보내려 하지 않았다. 결국 그녀는 가을에 다시 한 번 소규모 세미나를 하러 오겠다고 약속해야 했다.

6월에 한나와 하인리히는 강의를 끝냈다. 한나는 리버사이드 드라이버의 집에 앉아 라디오 방송으로 이스라엘에 관한 최신 뉴스에 귀를 기울이고 있었다. 이스라엘은 아랍 국가, 특히 이집트 대통령 가말 압델 나세르의 대규모 전쟁 위협이 있은 후 기습공격을 시작했다. 6월 5일에는 이스라엘 비행기들이 국경을 넘어 이집트 공군기지를 공격해 무력화시켰다. 다음에는 이스라엘 육군이 요르단과 시리아군을 공격해 대승을 거두었다. 이른바 '6일 전쟁'에서 이스라엘 군은 완전히 승리했고, 큰 영토를 획득했다. 이스라엘 국민들은 기쁨으로 열광했다. 한나 역시 이 기쁨을 나누었다. "이스라엘은 정말 뛰어난 솜씨로 해냈어." 그녀는 여름에 계획한 유럽 여행에서 이스라엘도 들르기로 마음먹었다.

7월 중순에 하인리히와 한나는 취리히를 경유해서 바젤로 가 야스퍼스를 방문했다. 그 사이에 카를 야스퍼스는 조금만 움직여도 통증이 일 정도가 되었다. 그는 책상과 의자를 높여 앉았다 일어나는 것이 덜 힘들도록 했다. 자신의 노쇠함을 이기려는 그의 모습을 보며 한나는 마음이 편치 않았다. 대화 역시 쉽지 않았다. 야스퍼스가 거의 듣지 못했기 때문이다.

야스퍼스는 3년 전까지만 해도 마르틴 하이데거에 관한 글을 계속 쓰고 있었다. 1964년 그는 마지막 메모에 하이데거를 일컬어 "나의 공손한 적"이라고 적었다. 그는 계속해서 이렇게 쓴다. "우리가 봉사했던 힘들은 일치하지 않았다. 곧 우리가 전혀 함께 이야기를 나눌 수 없음이 드러났다. 기쁨은 고통이 되었다. 마치 손으로 잡을 수 있을 정도로 가까이 있던 기회를 놓친 것처럼 절망적인 고통이었다."[2]

한나 아렌트도 야스퍼스와 비슷한 아픔을 느꼈다. 그러나 그녀에게 하이데거라는 장은 아직 끝나지 않았다. 그녀는 그와 다시 화해할 수 있는 기회를 놓치고 싶지 않았다. 지난번의 언짢은 기분이 남아 있었음에도 그녀는 프라이부르크로 갔다. 하이데거는 그녀의 60회 생일에 축하 카드와 함께 「가을」이라는 시를 보냈다. 그녀는 그것을 호의의 표시로 받아들였다. 그 밖에도 그녀는 친구인 철학교수 글렌 그레이를 하이데거에게 소개해 하이데거의 영어판 전집의 편집을 맡게 했다.

하이데거는 그녀의 방문을 기뻐했다. 그는 78세였고 고별의 분위기를 풍기고 있었다. 한나는 프라이부르크의 뢰테부크베크 47번지에 있는 그의 집 2층 서재에 그와 함께 앉았다. 하이데거는 "다시 만난 것을 기념하며 한나에게, 마르틴, 1967년 7월 27일"이라는 헌사와 함께 그녀에게 최근에 나온 저서 『예술의 기원』을 선물했다. 한나는 그와 더 오래 단 둘이 있고 싶었다. 그러나 자꾸 엘프리데 하이데거가 사이에 끼어들었다. 그녀는 한나가 온 방안을 담배 연기로 자욱하게 만드는 것은 있을 수 없는 일이라는 점을 알아차리게 했다. 한나는 불쾌했지만 싫은 내색은 하지 않았다. 결국 한나는 하이데거를 더 자주 만날 작정이었고, 그때 그의 아내를 지나칠 방도가 없다는 것을 깨달았다. 심지어 작별을 할 때 두 사람은 말을 놓기로 합의했다. 한나는 내년에 남편과 함께 다시 오겠다고 약속했다.

하인리히와 함께 8월 30일 다시 미국으로 돌아가기 전 한나는 혼자 일주일 동안 이스라엘에 갔다. 친척들은 매일 아침부터 밤까지 그녀를 데리고 다녔다. 비공식적인 방문이어서 언론은 그녀가 이스라엘에 머물고 있는 것을 전혀 알지 못했다. 이전의 방문과는 반대로 이번에는 '정말 유쾌한' 기분이었다. 그녀는 야스퍼스에게 이렇게 쓴다. "이스라엘에 관한 한, 갑자기 커다란 불안으로부터 해방되었다는 것을 똑똑히 알아차릴 수 있어요. 그것은 국가 이미지 개선에 결정적인 기여를 할 겁니다."³

여전히 비행기 타기를 꺼려하는 하인리히를 위해 두 사람은 배를 타고 제노바에서 미국으로 돌아갔다. 오랜 항해는 하인리히에게 '지독한 마무리'였다. 그는 정맥에 염증이 생겨 뉴욕으로 돌아오자마자 당장 다리를 높이 들고 누워 있어야 했다. 한나에게 그는 '통풍에 걸린 노인'의 희화戲畵처럼 보였다. 하인리히 자신은 영화 속의 찰리 채플린이 연상되는 느낌이었다. 어쨌든 다시 한 번 바드 칼리지에 가겠다는 약속을 지킬 수 없게 되어 그는 슬펐다. 한나는 집에 있으면서 하인리히를 보살피고 싶었다. 그렇지만 마지막으로 시카고에 가야 했다. 그전에 메리 매카시가 찾아왔다.

메리는 베트남 모험을 무사히 극복했고, 여행 보고서는 이미 출간되었다. 여름에 그녀는 남편 제임스 웨스트와 함께 메인주 캐스타인에 집을 한 채 샀다. 예나 지금이나 대부분의 시간을 파리에서 보내야 하는 메리 부부에게 그 집은 미국에 있는 제2의 거처가 될 것이었다.

메리는 훨씬 강하게 베트남 전쟁 반대운동에 참여하고 싶었다. 전쟁은 이제 대규모 말살전으로 변질되었다. 1967년 말에는 48만 6,000명의 미국 군인들이 베트남에 가 있었다. 제2차 세계 대전의 전 전선에 투입된 것보다 더 많은 폭약이 이 나라에 투하되었다. 그 결과는 폭격으로 파괴된 도시와 고엽제로 피폐해진 숲, 수백만 명의 피난민 그리고 광적으로 저항하는 북베트남 국민들이었다. 미국의 폭격 테러는 오히려 그들의 완강한 저항의지를 강화시키는 것 같았다. 메리 매카시는 1968년 3월에 다시 한 번 베트남으로 갔다. 이번에는 북베트남의 수도 하노이였다. 그녀가 5월에 파리로 돌아왔을 때 파리는 공공연한 항의 시위와 소요 속에 놓여 있었다. 미국의 학생 소요가 유럽으로 번진 것이었다. 소르본 대학에서는 강의가 이루어지지 않았다. 시가전이 일어났고 학생들은 토론장을 마련하기 위해 라탱가의 오데옹 극장을 점령했다. 메리 매카시는 감격해서 한나에게 오데옹 극장에서 "젊은 노동자, 상인, 육군 대령, 교사, 카페 종업원, 예쁜 젊은 주부들"이 얼마나 열렬하게 발언했는지를 알려왔다.[4] 한나는 1930년대에 파리에서 알게 되었던 옛 친구의 아들이 이 반란의 지도자 중 한 사람이라는 소리를 듣고 기뻤다. 그의 이름은 다니엘 콘-벤디트인데, '붉은 대니'라고 불렸다. 심지어 그녀는 그에게 경제적 지원을 제안하는 편지를 보낼 정도였다.

그렇지만 프랑스와 독일의 학생 소요에 대한 한나 아렌트의 생각은 결코 찬성하는 쪽만은 아니었다. 그녀는 대학생들이 사회적 상황을 공동으로 그리고 자력으로 바꿀 수 있다는 사실을 깨달은 것은 대단하게 생각했다. 그러나 이러한 행동들을 둘러싸고 있는 이론의 구름은 그녀가 보기에 "내용이 빈약하고" 무기력했다.[5] 그녀는 특히 독일의 이른바 신좌파들을 비난했다. 그들은 19세기의 구호들을 마구 내던지면서 이론적으로는 '코앞에 놓여 있는 일을 전혀 보지 못할 정도로' 우쭐해 있었다. 독일 대학생들은 오

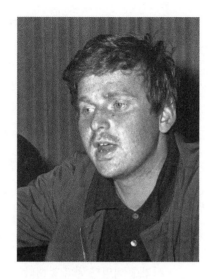

■68학생운동을 이끈 다니엘 콘-벤디트

데르 나이세선(제2차 세계 대전 말에 연합국에 의해 생겨난 폴란드와 독일의 경계선으로, 이 선으로 인해 독일 영토의 많은 부분이 폴란드로 넘어 갔으며 15년간 독일과 소련 사이에 일어난 분쟁의 원인이 되었다-옮긴이)이라는 정말 파괴력 있는 문제에 대해 자기 입장을 밝히는 것이 아니라 베트남과 이란의 왕에 반대하는, 다시 말해 멀리 떨어져 있어서 비판해도 결코 아무런 위험이 수반되지 않는 폐해들에 대해 항의 시위를 벌였다. 그렇지만 한나 아렌트에게 가장 의심쩍은 것은 학생들의 모든 행동과 구호들 뒤에서 읽혀지는 '기이한 절망감'이었다. 그녀는 이 혁명가들에게 세계가 그들의 투쟁을 정당화할 수 있을 만큼 그렇게 나쁜 것이 아닐지도 모른다는 인상을 받았다. 그들은 사회를 향해 '그대로 계속가라, 그대로 계속 가라'라고 외치고 있는 듯이 보였다. '그리고 그 뒤에는 모든

것은 몰락할 가치가 있다는 확신이 있다.'

1968년 여름 한나는 유럽의 '폭탄을 던지는 아이들'로 골머리를 앓는 것과는 다른 걱정거리가 있었다. 하인리히 블뤼허가 바드 칼리지에서 6월 중순에 명예박사 학위를 받기로 되어 있었는데, 기념식을 앞두고 심장발작이 일어난 것이다. 한나가 안심하여 야스퍼스에게 썼듯이 '경색'은 아니었다. 그는 병원에 실려갔고, 곧 나아져 며칠 후 퇴원할 수 있었다. 집에 와서 식단을 조절해야 했지만, 그러나 넉넉하게 위스키를 준비해 놓았다. 의사 역시 "정도에 맞게" 파이프와 시가를 피워도 된다고 허락했다.

기념식을 만회하기 위해 학장까지 포함해 바드 칼리지의 대표자 일행이 리버사이드 드라이브의 집을 찾아왔다. 한나는 샴페인과 캐비어를 대접했다. 물론 새내기 박사인 하인리히 블뤼허는 그것을 먹어서는 절대 안 되었다.

하인리히의 병 때문에 한나는 그해의 유럽 여행을 취소했다. 그러나 그가 빨리 회복되어 함께 팔렌빌에서 며칠 조용히 쉬고난 다음 그녀가 야스퍼스에게 써보냈듯이 "빨리 그곳으로 가기로" 결정했다.

9월 초 한나는 바젤의 아우가街에 있는 야스퍼스의 작은 집을 찾았다. 카를 야스퍼스는 버팀대의 도움을 받아서만 어렵사리 몸을 움직일 수 있었다. 그렇지만 1년 전보다는 훨씬 말붙이기가 쉬웠다. 이제 그는 자신의 쇠락을 감추려 하지 않았으므로 '연극'을 할 필요가 없었다. 하인리히에게 그녀는 이렇게 알린다. "그는 아름다운 인생이었다고 말해요. '하지만 선생님은 지금도 아름다운 인생이다, 라고 생각하실걸요' 하고 내가 말하자, 그가 말했어요. '자네 말이 맞아. 난 내가 다 낡아빠진 도구임을 알고 있어. 때로는 가슴 아프지. 다른 사람들에게도 미안하고. 자네도 얼마나 지루하겠나. 하지만 내 자신으로 말할 것 같으면 만족한다네.'"[6]

한나는 바젤에서 하인리히의 오랜 친구 로버트 길버트와도 통화했다. 그는 로카르노 근처에 살고 있었다. 길버트는 두 사람더러 스위스에 와서 여생을 보내라고 설득했다. 그의 얘기에 한나의 마음이 몹시 움직였다. 만년을 뉴욕에서 보낸다는 것은 그다지 유쾌하게 느껴지지 않았다. 도시의 범죄는 점점 심각해져서 감히 혼자 거리에 나가거나 엘리베이터를 탈 생각을 하지 못할 정도였다. 공공연한 폭력과 광신 역시 겁이 났다. 4월에는 마틴 루서 킹이, 6월에는 존 F. 케네디의 동생인 로버트 케네디가 암살당했다. 베트남 전쟁은 통제권 밖으로 벗어난 것 같았다. 존슨 대통령이 다시 후보로 나서는 것을 포기하고 새로운 대통령으로 리처드 닉슨이 될 것 같았는데, 그것도 한나의 마음에 들지 않았다. 그러나 무엇보다도 아이히만 사건 때문에 여론의 조명을 받게 된 것이 가장 거슬렸다. 그에 반해 스위스에서는 이름 없는 존재로 편안하게 살 수 있을 것 같았다. 그녀는 뉴욕에서 메리 매카시에게 편지를 보낸다. "스위스에서 정착할 항구를 바라는 것은 나이 때문이기도 하고 여기서 가능한 한 덜 노출되어 살고 싶은 소망 때문이기도 하단다."[7]

1969년 초 한나와 하인리히는 몇 주 동안 스위스로 가서 '한번

둘러보기로' 한다. 그렇지만 2월 26일 게르트루트 야스퍼스에게서 전보가 왔다. "카를 사망. 13시 43분."

한나 아렌트는 당장 바젤로 날아갔다. 1969년 3월 4일 바젤 대학에서 카를 야스퍼스의 공개 추모회가 열렸다. 그녀의 추모사는 이런 문장으로 끝난다. "인간에게 가장 덧없으면서도 가장 위대한 것은 말과 단 한 번밖에 없는 몸짓입니다. 그것은 그와 함께 죽었고, 그를 생각하기 위해서는 우리가 필요합니다. 생각이란 망자와 만나면서 완성됩니다. 거기서 그에 대한 대화가 나오고 다시 세상에 울려 퍼집니다. 망자와 사귀는 법을 배워야 합니다. 우리는 공동의 슬픔 속에서 그것을 시작하고 있습니다."[8]

망자와 사귀는 것은 한나에게 여러 달 동안 검은 옷을 입고 다니는 일이기도 했다. 종종 그녀는 거기다가 반짝거리는 색깔의 숄을 둘렀다. 그녀는 야스퍼스가 그의 죽음이 좋은 죽음임을 알리는 표시로 그의 아내에게 장례식 때 커다란 흰색 칼라가 달린 상복을 입어 달라고 했던 것을 알고 있었다.

한나 아렌트는 카를 야스퍼스에 대한 추억을 다른 방식으로 유지했다. 그녀는 그의 저작이 미국에서 출간되도록 노력했고, 세미나와 강연에서 학생들에게 야스퍼스의 책을 읽으라고 권했다.

그녀는 짧은 기간만 뉴욕에 있었다. 1년 전부터 가르치고 있는 뉴스쿨에 대한 의무를 행하기 위해서였다. 학기가 끝나자마자 하인리히와 그녀는 늦게나마 계획했던 스위스 여행을 하고 싶었다.

1969년 5월 말 그들은 마조레 호수 북부에 있는 로카르노를 향해 떠났다. 로카르노 위쪽에 있는 그림처럼 아름다운 작은 마을 테냐의 '알베르고 바르바테' 여관에 방을 빌렸다. 그들은 여기서 8월까지 여름을 보냈다. 한나는 꿈꾸는 어조로 말한다. "이곳은 너무 아름답고 조용해서 세상을 잊을 정도야."[9]

그녀는 많은 방문을 받았다. 특히 메리 매카시와 한나의 이스라엘 친척 아이들이 찾아왔다. 다시 뉴욕으로 돌아가기 전, 그들은 함께 프라이부르크로 하이데거를 방문했다.

이번 방문의 분위기는 비록 엘프리데가 두 끽연가들을 참아야 했음에도 다정하고 화기애애했다. 하이데거 부부는 정원에 단층집을 지을 계획이었다. 그 사이에 허약해진 하이데거가 계단을 올라다니는 수고를 덜기 위해서였다. 건축비를 마련하기 위해 그들은 『존재와 시간』의 친필 원고를 팔고 싶어 했다. 엘프리데는 이미 4월에 이 문제로 한나의 조언을 구했고, 한나는 미국의 전문가들에게 의뢰했다. 텍사스 대학이 이 원고를 위해 10만 마르크를 지불하겠다고 했다.

마르틴 하이데거는 9월 26일에 80세가 되었다. 그의 고향에서는 그들이 낳은 유명한 아들의 생일을 크게 축하하려고 했다. 이를 위해 마르틴 하이데거의 동생 프리츠 하이데거가 소책자를 썼다. 하이데거는 이 책에 "한나와 하인리히에게 – 마르틴과 엘프리데"라는 헌사를 써서 두 사람에게 선물했다.

한나 아렌트는 80회 생일 기념 논문집에 실을 원고를 보내겠다고 약속했다. 뉴욕에 돌아오자 그녀는 당장 글을 쓰기 시작했다. 이 글은 하이데거의 생일날 바이에른 라디오 방송으로 방송되었다. 이것은 옛 스승에게 바치는 헌사였다. 그녀는 여기서도 하이데거가 나치즘에 연루되었던 일을 언급한다. 하이데거는 '플라톤처럼 정치에 관여했고 지도자들에게 의탁'했으며 그것은 여러 사상가들이 이기지 못한 유혹이며 '직업병'이라고 말한다. 여기서 직업병이라고 표현한 것을 그녀는 나중에 덧붙인 주에서 분명하게 밝힌다. 하이데거의 결정적인 '잘못'은 '제국 의회 의사당 방화사건이 있은 직후에 생겨난 게슈타포의 지하실과 강제 수용소의 고문실이라는 현실을 회피하고 이른바 더 의미 있는 영역으로 나아간' 데 있다.[10]

한나 아렌트와 하인리히 블뤼허는 1970년 여름을 다시 마조레 호수 근처의 작은 마을 테나에서 보냈다. 한나는 여러 달 동안 이 낙원에 머물 수 있기를 바랐다. "강의도 없고 의무도 없고 살림을 할 필요도 없다. 약간 심심하기는 하다. 그러나 어느 정도의 지루함은 건강한 것이다." 하인리히와 함께 그녀는 코메르 호수로 소풍을 갔다. 때로는 한나가 '빔멜밤멜'이라고 부르는 작은 기차를 타고 로카르노로 가서 로버트 길버트를 방문하기도 했다. 9월에 한나와 하인리히는 해야 할 일들 때문에 다시 뉴욕으로 돌아가지 않으면 안 되었다.

10월 30일 한나는 뉴스쿨에서 '사상과 도덕적 성찰'이라는 주제로 강연을 했다. 이어서 그들은 글렌 그레이를 집으로 초대했다. 하인리히는 최고의 기분으로 위스키를 맛보았다.

다음 날 아침식사를 할 때 그는 갑자기 기분이 나빠지며 소파에 누워야 했다. 심근 경색이었다. 한나는 당장 구급 의사를 불렀다. 그렇지만 하인리히는 이제 그를 도울 수 있는 사람은 아무도 없다는 사실을 알고 있는 것 같았다. 그는 한나의 손을 잡으며 낮은 소리로 말했다. "끝났소."

하인리히는 그날 저녁에 마운트시나이 병원에서 세상을 떠났다. 한나는 전화로 친구를 불렀고, 그 친구는 죽은 하인리히와 함께 있는 그녀의 사진을 찍었다.

하인리히 블뤼허의 추모식이 1970년 11월 4일 리버사이드 추모 예배당에서 열렸다. 한나 아렌트는 유대인의 추도문인 카디시를 읽게 했다. 이 기도문이 말하는 죽음의 관점이 그녀의 마음에 들었다. 그녀는 이 기도문을 다음과 같이 옮긴다. "네게 주어졌으나 반드시 소유할 필요가 없는 것을 빼앗길 때면 슬퍼하지 말라. 받아들여지기 위해서는 먼저 주어져야 한다는 것을 잊지 말라. 소유했다고 믿는다면, 그것이 주어진 것이었음을 잊는다면, 그러면 바로 네게 좋지 않으리라."[11]

하인리히 블뤼허는 바드 칼리지의 작은 묘지에 묻혔다. 이 묘지는 숲의 일부였다. 이 묘지는 진짜 묘지라기보다는 기념비가 여기저기 놓여 있는 것에 불과했다. '아주 좋아. 정말 제대로야.' 한나는 그렇게 생각했다.

하인리히가 죽은 다음 날 많은 친구들이 리버사이드 드라이브에 있는 집에 모여들었다. 그들 중에는 파리에서 온 메리 매카시도 있었다. 한나는 어찌할 바를 모르고 있었다. 그녀는 사람들에게 물었다. "이제 난 어떻게 살아야 하지?"

21

바람결의 나뭇잎처럼 자유롭게

"나는 정치를 초월한 일들에만 관여할 것이다."

바드 칼리지에서 추모식이 있던 그날 한나 아렌트는 뉴스쿨에서 세미나를 했다. 훌륭한 세미나였지만, 한나는 금방 다시 일을 계속하는 것을 부끄럽게 여겨야 할지 말지를 잘 알 수 없었다. 그녀는 메리 매카시에게 이렇게 쓴다. "너는 그것을 최상급의 피로라고 생각하지 않을지 모르지만, 사실은 난 완전히 기진맥진해 있어. 피곤한 것이 아니야. 아니, 그다지 피곤하지는 않아. 다만 지쳐 있어. 몸 기능은 아주 괜찮지만, 아무리 작은 불행이라도 나의 균형을 잃게 할 수 있다는 것을 알고 있어. 내가 10년 동안 줄곧, 바로 이런 갑작스런 죽음이 닥칠까 봐 불안했었다고 네게 이야기한 적은 없다고 생각돼. 두려움과 공포가 있었던 자리에 그냥 허무가 있어. 때로 나는 마음속에 이런 어려움 없이 갈 수는 없으리라고 생각해. 그 말은 맞아. 마치 난 붕 떠 있는 느낌이야. 그저 몇 달 앞을 생각해보아도 어지러워져."[1]

1970년 성탄절 직전에 안네 베유가 뉴욕으로 왔다. 그녀는 몇 주 동안 한나의 집에 머물면서 살림을 도와주고 싶었다. 안네가 어느 날 물건을 사가지고 돌아왔는데 현관문이 열려 있었다. 순간 거실에서 한 학생과 앉아 있던 한나가 귀에 익은 소리를 듣고 외쳤다. "하인리히, 덧신은 문 옆에 벗어두고 와요." 안네 베유가 거실로 들어가자 한나는 신음 소리를 내더니 아무 말도 하지 않고 안락의자에 무너지듯 도로 앉았다.[2]

발걸음 하나하나마다 하인리히에 대한 추억이 한나를 쫓아왔다. 그렇지만 그녀는 집을 떠날 생각은 하지 않았다. 그녀는 아파트 구석구석에 살아 있는 '부재不在의 현재現在'가 필요했다. 때때로 그녀는 하인리히의 방에 있는 타자기 앞에 앉아 있기도 했다. 그녀에 따르면 그것은 "내가 매달릴 수 있는 어떤 것"을 주었다.

메리 매카시와의 우정도 그녀에게는 큰 의지가 되었다. 연초에 그녀는 메리 부부와 함께 시칠리아를 여행했다. 7월에는 메리의 초대를 받아들여 캐스타인에 있는 새 집에서 몇 주 동안을 보냈다. 한나가 은거할 수 있도록 메리는 그녀를 위해 차고 위에 손님방을 마련했다. 그렇지만 그녀는 곧 친구에 대해 너무 배려를 해서는 안 된다는 것을 알아차렸다. 메리는 한나가 좋아하는 생선묵을 준비했다. 그런데 집에 도착해 찬장에 작은 생선묵이 있는 것을 발견한 한나는 언짢은 기색을 보였다. 메리 매카시는 그때를 이렇게 회상한다. "우리는 그것에 대해서는 한마디도 하지 않았지만, 나는 그녀의 마음에 들려다가 잘못을 저질렀다는 것을 알아차렸다. 그녀는 자신이 이렇게 까다롭고 또 다른 사람들의 신경을 쓰게 만드는 사람으로 알려지기를 원하지 않았다."[3]

차고 위의 방에서 한나 아렌트는 다시 일을 할 수 있는 휴식을 찾았다. 그녀는 「정치에서의 거짓」에 대한 글을 썼다. 이 글을 쓰게 된 동기는 6월에 「뉴욕 타임스The New York Times」에서 발췌해 출간한 이른바 『펜타곤 보고서』였다. 그것은 미국의 베트남 정책이 기록된 국방성 비밀문서였다. 한나 아렌트에게 이 비밀문서는 워싱턴 정치 지도부, 특히 그녀가 '문제 해결사'라고 부르는 대통령 고문들의 현실과 동떨어진 충격적인 태도를 증명하는 것이었다. 이 문제 해결사들은 사건들을 예측할 수 있도록 하기 위해 시나리오를 구상하고 이론을 세우는 데 많은 공을 들인다. 그렇지만 그 과정에서 실제 주어진 상황을 무시한다. 한나 아렌트의 인터뷰에 따르면 그들에게 중요한 것은 '이미지'이며, 그들은 온갖 수단을 다해 이 이미지를 고수한다. 그녀는 인터뷰에서 다음과 같이 말한다. "펜타곤 보고서가 나온 후 사람들은 '미국이 자신의 이미지를 위해 이 전쟁을 수행해왔다'는 사실을 알게 되었습니다. 누가 차기 대통령 선거에서 이기려고 했든 (누가 전쟁에 진 최초의 대통령이 되고 싶겠는가?) 또는 세계에서의 미국의 이미지와 미국이 정말로 세계의 최강국임을 증명하는 것이 중요했든 간에 말입니다. 그렇지만 그것으로는 충분치 않았습니다. 사람들은 세계 역시 미국이 세상에서 가장 강한 나라임을 믿어주기를 무조건적으로 바랐습니다."[4]

한나 아렌트가 보기에 이 선전에서 나쁜 점은 '이미지 메이커들' 스스로가 자신들이 만든 관념에 빠져든다는 사실이다. 제아무리 냉혈적인 거짓말쟁이라도 자신이 거짓말을 하고 있다는 것을 안다. 하지만 자기 자신을 속이는 거짓말쟁이에게 현실은 무용지물이다. 그녀는 이와 관련해 도스토옙스키의 소설을 인용한다. "자신을 속이며 자신의 거짓말에 귀를 기울이는 사람은 결국 자신의 내부에서도 자신의 주위에서도 전혀 진실을 구별할 수 없게 된다."[5]

한나 아렌트의 정치와 진실에 대한 성찰은 큰 반향을 얻는다. 그녀는 이 주제에 대해 이야기해 달라고 여러 대학에서 초청을 받았다. 그렇게 하려면 온 나라를 이리저리 여행해야 했다. 이러한 부담 이외에도 뉴스쿨에서의 강의와 참석해야 하는 여러 회의들이 있었다. 1971년 말 그녀는 정말로 기진맥진했다. 의사는 그녀가 후두염에 걸렸다면서 덜 일하고 좀 더 건강하게 살라고 권했다. 한나는 그런 경고에 대해 언제나처럼 무뚝뚝하게 반응했다. 그녀는 메리에게 이렇게 쓴다. "후두염이 확인되었어. 아무튼 내 의사는 그렇게 믿어. 그렇지만 결코 흥분할 만큼 나쁘지는 않아. 물론 더 천천히 걸어라, 금연을 해라 등등 보통 하는 잔소리들이 있지. 나는 내 건강을 위해 살지는 않을 것이므로 내가 옳다고 여기는 대로 행동할 거야. 불쾌한 상황에 처할 수 있을 모든 것을 피하면서 말이야. 내 말뜻은 남에게 폐를 끼치지 않으면 안 되는 상황 말이야."[6]

물론 한나는 담배를 끊지 않았다. 어쨌든 한나는 퇴직에 대해서는 벌써 생각을 해보았다. 이제까지 그녀의 재정적 안전장치는 아직 완전히 명확한 상태가 아니었다. 그녀가 가르치는 뉴스쿨은 그녀의 퇴직에 대해 결정을 해놓은 상태였다. 그리고 1971년 그녀는 두 번째로 독일에 제출한 손해 배상 청구가 성공했다는 소식을 들었다. 대단히 정력적인 그녀의 변호사가 이 일을 연방 헌법재판소까지 끌고 갔고 '아렌트 법'으로서 비슷한 사례들의 예가 되는 판결을 얻어 냈다. 이제 한나는 대학 교수의 연금을 받고 그동안 받지 못한 봉급을 소급해서 지불받게 되었다.

이로써 한나 아렌트는 부자가 되었다. 그렇지만 그녀는 잘 지내지 못했다. 한편으로는 '바람결의 나뭇잎처럼' 자유롭게 느끼면서도 다른 한편으로는 추억 때문에 이상하게 마음이 무거웠다. 이 추억은 1972년 여름 유럽으로 여행을 갔을 때 다시 생생하게 되살아났다. 그녀는 바젤에 있는 게르트루트 야스퍼스를 방문했다. 게르트루트는 94세의 나이에도 놀라울 정도로 정정했다. 그렇지만 나이에 따른 건망증을 앓고 있었다. "둘 다 남편을 잃은 여자로군." 그녀는 한나를 맞으며 이렇게 말했다. 그리고 10분 뒤에 다시 물었다. "하인리히는 잘 지내고 있어?"

8월에 한나 아렌트는 코메르 호수로 갔다. 그녀는 록펠러재단의 초대로 거대한 공원이 있는 성과 같은 빌라에 묵었다. 이 빌라는 온 갖 나라에서 온 교수들로 꽉 차 있었다. 그들은 멋진 주변 환경 덕분에 한껏 고무되었다. 많은 교수들이 아내와 함께 왔다. 그 부인들 가운데 어떤 이들은 한나에 따르면 "정말 미쳤고, 어떤 이들은 피아노를 치거나 대작이 될지도 모른다는 기대를 품고 남편의 원고를 열심히 타이핑했다." 한나는 우선 환상적인 음식과 정선된 포도주를 즐겼다. 그녀의 작업 생산력은 한계를 넘어서지 못했다. 그러기에는 그녀에게 그 장소가 너무 비현실적이었다. 어쨌든 그녀는 새로운 책의 첫 장을 구상했다. 이 책은 『인간의 조건』의 짝을 이룰 작품으로 '관조적 삶Vita contemplativa' 즉 '정신의 삶'을 다룬다. 노동, 작업, 행위의 구별에 기초하고 있는 『인간의 조건』에서와 유사하게 새 저작 역시 사유, 의지, 판단, 이렇게 3부로 나눌 예정이었다.

코메르 호수에서 한나는 테나에 가보기도 했다. 그곳에서 하인리히와 함께 2년 전에 묵었던 작은 여관을 찾았다. 그녀는 그곳에서 하인리히의 친구 로버트 길버트와 같은 옛 지기들도 다시 만나기 때문에 '약간 걱정'이 되었다.

원래는 이번 여름에 한나와 하인리히가 함께 프라이부르크를 다시 찾기로 되어 있었다. 그런데 지금 한나는 혼자 하이데거 부부를 찾아갔다. 그 사이에 그들은 정원에 새 집을 지어 놓았다. 『존재와 시간』의 친필 원고는 미국으로 간 것이 아니라, 마르바흐에 있는 실러 문서보관소에 소장되었다. 마르틴 하이데거는 대단히 평온한 생활을 하고 있었다. 그의 생활 리듬은 한결 같았다. 일정한 시간에 서재에 앉아 있고, 늦은 오후에는 산책을 했으며, 종종 프라이부르크 시내가 내려다보이는 산에 있는 주점 '사냥꾼의 집'으로 가서 포도주 한 잔을 마셨다.

종종 한나 아렌트는 이런 조용한 생활을 하고 있는 그가 부러웠다. 미국의 정치 상황이 점점 더 참을 수 없이 느껴지긴 했어도 스위스로 이사하려는 계획은 포기했다. 리처드 닉슨 대통령은 취임하면서 미군을 베트남에서 철수시키겠다고 약속했지만, 철수는 극히 지지부진했고 그다지 진심이 아니었다. 여전히 사람들은 북베트남에 군사적으로 타격을 줄 수 있으리라 믿었다. 1972년 초 닉슨은 북베트남의 도시들을 폭격하고 항구들을 기뢰로 봉쇄하라는 명령을 내렸다. 1972년 성탄절에는 하노이가 마지막 교훈을 얻도록 이른바 '성탄절 폭격'을 지시했다. 닉슨은 자신의 정책을 큰 성공으로 축하했고, 11월에는 압도적인 표로 재선되었다. "모두들 그에게서 망상의 산물을 사들이고 있어."[7] 한나는 쉽게 믿어버리는 시민들에게 분노했다.

이제 그녀는 정치를 집중적으로 다루지 않기로 작정했다. "정치 이론 분야에서 내가 할 부분을 다했다고 봐." 그녀는 옛 친구인 한스 요나스에게 말했다. 아이히만 책 때문에 다소의 의견 차이가 있었지만, 그녀는 이미 다시 그와 화해했다. "이제 충분해. 내게 할 일이 남아 있다면 지금부터는 정치를 초월한 일들에만 관여할까 해." 요나스는 동의했고, 두 사람은 앞으로는 그들을 젊었을 때부터 매혹시켜 온 철학적 주제를 다루기로 서로 약속했다. 그녀는 엄숙하지 않은 어조로 말을 맺었다. "지금이야말로 결단을 내릴 때야."[8]

한나 아렌트에게 그것은 구체적으로 『인간의 조건』을 보완하는 작업을 계속하겠다는 뜻이었다. 그녀는 고대 로마 시대 철학자 카토의 말로 이 책을 끝냈다. "인간은 아무것도 하지 않을 때 가장 활동적이며, 혼자 있을 때 가장 덜 외롭다." 그녀는 이 문장과 관련해 '인간이 사유할 때 행하는 것은 무엇인가? 그때 왜 인간은 외롭지 않은가?' 하는 물음에 답하고자 했다. 그녀는 벌써 몇몇 준비 작업을 해놓았다. 그런데 이제 더 폭넓은 청중에게 자신의 생각을 강연할 수 있는 기회가 생겼다. 스코틀랜드의 애버딘 대학에서 1973년 초 이른바 '기퍼드 강의'를 해달라고 그녀를 초청한 것이다. 이 강의는 중요한 제도이다. 가장 유명한 학자들만이 그곳에서 강의할 수 있는 명예를 얻었다. 그러니까 한나는 이제 석학의 반열에 오른 것이다. 그것도 또 다시 최초의 여성으로서 말이다.

그녀는 승낙했다. 그녀는 4월에 메리 매카시를 만나기 위해 런던으로 갔다. 두 사람은 함께 애버딘으로 향했다. 메리는 첫 강의 때 무조건 자기가 있어야 한다고 주장했다. 그녀는 한나에게 부담이 되지 않을 것이며 눈에 띄지 않도록 스코틀랜드식 바둑판 무늬 숄을 두르겠다고 약속했다.

첫 강의는 4월 23일에 열렸고, 마지막 강의는 5월 14일로 예정되었다. 한나 아렌트는 원대하게 구상한 기획의 첫 번째 주제, 즉 '사유'에 대해 이야기했다. 그러나 그녀가 논하는 내용은 주제에서 기대되듯 결코 비정치적인 것이 아니었다. 아돌프 아이히만을 예루살렘 법정에서 보게 되었을 때 그녀의 마음속에 사유를 다루겠다는 아이디어가 떠올랐다. 당시 그녀는 그렇게 끔찍한 짓을 저질렀으면서도 겉으로는 아주 정상적이며 보통 사람으로 보였던 그 남자를 보며 소스라치게 놀랐다. 그녀가 '악의 평범성'이란 말로 시사하고 싶었던 것은 바로 그 천박함이었다.

이제 한나 아렌트는 그토록 평범한 모습으로 나타나는 이 악의 원인이 무엇인가, 하는 질문을 파고든다. 그녀는 사람이 '마음이 악하거나' 나쁜 의도가 있어서 악하다고는 생각지 않았다. 또 악이 어리석음이나 지성과 관계가 있다거나 단지 도덕적 계율을 위반하는 것으로만 이해될 수 있다고도 생각지 않았다. 그런 식의 설명에는 악이 인간의 생각을 이른바 그릇된 길로 가게 하거나 해칠 수 있는 힘이 있는 것으로 나타난다. 그녀는 이런 질문을 던진다. "어쩌면 사유 자체가 – 사건과 특별한 내용을 고려하지 않고, 일어난 모든 일 또는 주목을 끄는 모든 것을 고찰하는 습관이기에 – 사람이 악행을 못하도록 하거나 또는 바로 악행에 맞서는 소질을 부여하는 조건 가운데 하나일 수 있지 않을까?"[9]

한나 아렌트는 이 질문에 그렇다고 대답한다. 그녀가 보기에 사유의 조건 가운데 하나는 소크라테스가 발견한 조건, 즉 사유는 다름 아닌 '말 없는 대화'라는 점이다. 생각을 하고 있는 사람은 비록 세계와 인간들로부터 물러나 혼자 있긴 하지만 혼자가 아니다. 그는 사회에서 자기 자신과 더불어 있으면서 자기가 자신을 사유 속에서 전개하는 이른바 '하나 속의 둘'임을 경험하기 때문이다.

다른 사람과 교제하듯이 사람은 사유 속에서 자기 자신과 교제한다. 여기서도 질문과 대답을 주고받으며, 말하고 대꾸한다. 이처럼 근원적인 '이중성' 속에 쌍방은 서로 떨어져나갈 수 있는 것이 아니라 '한 지붕 아래' 함께 살면서 어떤 식으로든 서로 화목하게 지내야 한다. 달리 말해서 나는 나 자신과 의좋게 지내야 하는 것이다.

자기 자신과 조화를 이루며 살아야 하는 이러한 필연성이 한나 아렌트에게는 사람들이 보통 양심이라 부르는 것의 원천이었다. 내적 대화로 이해되는 이러한 양심이 내가 부당한 행위를 하지 않도록 막는다. 한나 아렌트는 묻는다. "대체 누가 살인자나 거짓말쟁이와 함께 살고 싶어 하겠는가?"

사람은 생각을 시작할 때면 언제나 이 대화를 진행하며, 자신의 내적 상대를 일깨운다. 생각을 그만두지 않는 한, 누구든 이 상대로부터 빠져나갈 수 없다. 그런데 이 경우가 바로 아이히만 같은 사람에 해당한다. 그래서 그녀는 그를 "생각이 없다"고 말한다.

훗날 출간된 저서 『정신의 삶』에서는 이렇게 말한다. "(무슨 말을 하고 무슨 행동을 할지 검토하는) 침묵의 교류를 알지 못하는 사람은 자기 자신에게 반대하는 법도 발견하지 못한다. 다시 말해 그는 자신의 말이나 행위를 해명할 수도 없고 해명하려고도 하지 않는다. 어떤 범죄를 저질러도 그에게는 아무 상관이 없다. 그는 자신이 다음 순간 그것을 잊으리라고 믿기 때문이다. […] 사유하지 않는 삶은 분명 가능하다. 하지만 그런 삶은 자신의 고유한 본질을 펼치지 못한다. 그런 삶은 무의미할 뿐만 아니라 제대로 살아 있는 것이 아니다. 사유하지 않는 사람은 몽유병자와 같다."[10]

한나 아렌트는 분명 몽유병자가 아니었다. 그녀는 열정적으로 사유하는 것을 즐겼다. 메리 매카시는 한나가 일찍이 생각에 잠겨 있는 모습을 본 유일한 사람이었다. 그녀는 머리 뒤로 깍지를 끼고 마치 자기 자신도 잊은 듯이 꼼짝도 않고 소파에 앉아 있었다. 눈을 감고 있을 때도 있고 눈을 뜨고 있을 때도 있었다. 방을 지나는 사람은 누구나 까치발로 살금살금 그녀 곁을 지나가야 했다. 한나는 은거할 수 있는 그런 국면이 필요했다. 그녀에게는 그다음 다시 대중 속으로 들어가 토론하는 일도 그만큼 중요했다.

그런 식으로 고요히 생각하는 국면이 지난 다음에 그녀가 말을 거는 최초의 사람은 대부분 하인리히 블뤼허였다. 그와의 대화는 자기 자신과의 대화를 연장하는 것과 같았다. 그러나 이제 한나는 이러한 신뢰감에 가득 찬 의견 교환을 더 이상 할 수 없었다.

동시에 그녀는 여전히 남자들이 원하는 여자이기도 했다. 하인리히 블뤼허가 죽은 후 시인 위스턴 H. 오든이 그녀 집을 찾아와 청혼을 했다. 그는 1950년대 말부터 한나와 친구 사이였다. 물론 거절했지만, 그 거절이 그에게 무거운 타격이 되리라 짐작되었기 때문에 쉽지는 않았다. 우아한 신사였던 오든은 최근에 되는 대로 내버려둔 방랑자로 추락했고 몹시 절망해 있는 상태였다. 한나가 거절하자 그는 거침없이 술에 취해 버렸기 때문에 그녀는 그를 엘리베이터까지 끌고가야 했다. 그때 그녀는 메리 매카시에게 이렇게 쓴다. "난 연민이 싫어. 언제나처럼 그것을 두려워해. 그런데 이정도로 내 연민을 불러일으킨 사람은 처음인 것 같아."[11]

애버딘에서 강의를 마친 후 한나는 처음으로 하인리히가 아닌 다른 남자와 휴가를 떠났다. 그녀는 옛 친구 한스 모르겐타우와 로도스섬에서 2주일을 보냈다. 쾌적한 나날은 약간 흐려졌다. 모르겐타우가 오든과 비슷하게 한나를 당황하게 했기 때문이다. 그는 우정의 마음으로 결혼을 하자고 제안했다. 한나는 그에게도 역시 실망을 안겨줘야 했다. 그녀에게 모르겐타우는 그녀가 높이 평가하는 '독특한' 남자였다. 그러나 다만 친구로서였다. 그는 하인리히의 자리를 차지할 수 없었다.

9월에 뉴욕으로 돌아와 몇 주 지나지 않았을 때 한나는 오든이 죽었다는 소식을 들었다. 이 소식은 그녀의 마음을 깊이 흔들었고, 하인리히가 죽었을 때와는 달리 겉으로 태연하지 못했다. 오든이 궁지에 처했을 때 그를 도울 수 없었다는 것이 그녀를 괴롭혔다. 그녀는 메리 매카시에게 이렇게 쓴다. "난 자꾸만 위스턴이 생각나. 당연하지. 그리고 그의 가련한 삶도. 또 그가 나를 찾아와 도움을 청했을 때 그를 돌봐주기를 거절했던 것도."**12**

위스턴 H. 오든의 장례식이 끝나고 한나는 다시 한 번 그의 모든 시를 읽고 일종의 애도사를 썼다. 그녀는 다음과 같이 회상한다. "몰골로 미루어 그가 더 이상 투쟁할 수 없을 것 같았을 때, 그의 더럽고 몰락한 집이 너무도 추워 수돗물이 안 나와 모퉁이에 있는 술집의 **화장실을 이용해야 했을 때,** 그의 양복(사람은 적어도 양복이 두 벌은 필요하다고, 그래야 한 벌을 세탁할 수 있다고, 또는 구두가 두 켤레는 있어야 한 켤레는 수선할 수 있다고, 누구도 그를 설득할 수 없었다. - 이것은 우리 둘 사이에 몇 년 동안 끌어온 논쟁 주제 가운데 하나였다)에 오물이 묻거나, 바지가 갑자기 위에서 아래까지 찢어질지도 모를 정도로 낡았을 때 - 간단히 말해 언제나 불행이 바로 눈앞에서 일어났을 때, 그는 습관처럼 그 특유의 떨리는 목소리로 '우리의 축복을 생각하라'를 다소간 엄숙하게 읊조리기 시작했다. 너는 네가 축복받은 존재임을 생각해야 한다"고.[13]

　1973년 11월 초 한나는 매해 그랬듯이 하인리히의 무덤에 찾아가기 위해 바드 칼리지로 갔다. 그녀는 묘비 근처의 돌의자에 걸터앉았다.

　성탄절 하루 전날 그녀는 「파르티잔 리뷰」의 발행인인 필립 라브가 죽었다는 전보를 받았다. 그는 집에서 죽은 채로 발견되었는데, 이해할 수 없는 상황이었다. 아는 사람들의 죽음을 보며 한나는 메리 매카시에게 이렇게 쓴다. "이토록 나뭇잎들(또는 나무라고 할까)이 무자비하게 떨어지는 과정이 내게 어떤 뜻을 지닌 것 같다고 고백하지 않을 수 없구나. 늙는다는 건 괴테가 말하듯 '현상으로부터의 단계적인 퇴각' - 그것에 대해서는 아무런 반대가 없어 - 이 아니라, 친밀한 얼굴들(친구의 얼굴이건 적의 얼굴이건 상관없이)이 있던 세계가 단계적으로 (아주 갑작스럽게) 낯선 얼굴들이 살고 있는 일종의 사막으로 변하는 것 같아. 다른 말로 하면, 뒤로 물러나는 건 내가 아니라 해체되는 세계인 셈이지."[14]

22

강 건너 등불

"인간은 자신의 삶이라고 난 늘 믿어 왔어."

1974년 4월 말 한나 아렌트는 다시 애버딘으로 떠났다. '기퍼드 강의'의 2기 강연을 하기 위해서였다. 이번의 주제는 '의지'였다. 그렇지만 한나는 강연을 끝까지 해낼 수 없었다. 호텔 방에 머물고 있던 5월 5일 새벽 심근 경색이 왔기 때문이다. 그렇지만 아직은 애버딘으로 와서 같은 호텔에 묵고 있는 그녀의 발행인 윌리엄 자노비치를 전화로 부를 기력은 남아 있었다. 그는 당장 그녀의 방으로 달려왔다. 오래 전부터 심장병을 앓고 있던 자노비치는 그녀에게 응급처치로 자신이 먹는 약을 주었다. 한나가 목숨을 건진 것은 그 덕분일지도 모른다.

병원 중환자실에서 그녀에게 산소 천막을 씌웠다. 메리 매카시가 한나의 곁에 있기 위해 파리에서 애버딘으로 왔다. 그렇지만 메리는 오래 머물 수 없었다. 다시 파리로 돌아간 그녀는 한나에게 충고성 편지를 썼다. 그녀가 대단히 비이성적인 환자가 될 것을 염려했기 때문이다. 한나의 강연 주제를 언급하며 그녀는 "저항이 아닌 치유의 의지"를 갖고 의사의 충고에 귀 기울이라고 말했다. "내 생각에는 어떤 의사도 하루에 담배 두 갑을 피우고 무거운 물건들을 들고 이리저리 돌아다니는 그런 소모적인 생활을 권할 것 같지 않아."[1]

메리의 경고는 큰 효과가 없었다. 한나는 산소 천막에서 나오게 되자마자 다시 담배를 피웠고, 그녀의 고집 때문에 병원의 전 직원이 힘들어했다. 한나는 의사가 처방한 약은 구역질이 난다는 이유로 다시 제멋대로 끊어버렸다. 어쨌든 그녀는 사람들이 너무 과장하고 있다고 생각했다. 그녀는 자신이 완전히 다시 건강해진 느낌이었다. 그래서 병원에서 권한 것보다 일찍 퇴원하고 싶었고 또 그렇게 했다. 그녀는 메리에게 자신을 스코틀랜드에서 런던으로 데려가달라고 부탁했다. 그곳에서 그는 로버트 길버트의 아내인 엘케 길버트와 함께 스위스로 그리고 테냐로 갔다. 그녀는 거기서 휴양하고 싶었다. 또 그녀를 훨씬 마음 편하게 해주는 의사도 발견했다. 그녀는 메리에게 편지를 쓴다. "대단히 좋은 의사가 열흘마다 나를 진찰하게 될 거야. 나더러 계속 건강에 조심하라고 하더군. 7월 1일까지. 적당한 끽연에도 반대하지 않아. 식단 조절도 없어. 간단히 말해 명백한 장점만 빼고는 이 일을 잊어버리면 되는 거야."[2]

명백한 장점이란 한나가 긴 휴가를 누릴 수 있다는 것이었다. 그

■ 한나 아렌트 탄생 108주년(2014년 10월 14일) 구글Google 로고: 한나 아렌트의 명성은 이렇게 계속 이어지고 있다.

런데 휴가라는 단어를 무조건 건강 조심이라는 뜻으로 이해하고 있는 것은 아니었다. 테냐에서 몇 주일 보내지 않아 그녀는 프라이부르크로 여행을 감행했다. 무조건 마르틴 하이데거를 다시 만나고 싶었기 때문이다. 그러나 여행뿐만 아니라 프라이부르크 방문 역시 한나에게는 매우 힘이 드는 일이었다. 엘프리데 하이데거가 그녀를 남편하고 단 둘이 놓아두려 하지 않았으므로 그녀는 끔찍하게 화가 나지 않을 수 없었다. 엘프리데는 모든 방문객을 엄격하게 규제했고, 하이데거를 너무 많은 자극으로부터 보호한다는 구실로 그를 주변과 완전히 차단했다. 어쨌든 얼마 전에 심근 경색을 일으켰던 한나 자신도 그것을 이해할 수 없었고, 결국 분노와 실망을 안고 테냐로 돌아왔다.

한나 아렌트는 마르틴 하이데거와의 관계에서 아직도 쌓인 감정을 다 푼 게 아니었다. 그녀를 자꾸만 프라이부르크로 몰아가는 힘을 보면서 우리는 그녀가 자신의 삶을 정당화시켜줄 수 있는 고백을 하이데거에게서 얻어내고 싶었던 것이 아닐까 하는 인상을 받는다. '의지'에 대한 성찰과 관련해 한나 아렌트는 다시 하이데거에 대한 포괄적인 비판을 계획하고 있었다. 이때 의지의 현상에 대한 그의 태도가 출발점이었다.

특히 정치적 과오를 저질렀다는 느낌에서 하이데거는 의지를 오로지 '힘에의 의지' 혹은 심지어 '지배에의 의지'로만 이해한다. 그리고 그 의지가 사유에 파괴적으로 작용할 수밖에 없다는 것이다. 그에 반해 사상가에게 적합한 태도로서 그는 '내맡김^{Gelassenheit}'을 발견했다. 이 내맡김은 의지와 결별하고 감사하는 마음으로 사물을 그대로 두는 데서 나타난다고 한다.

한나 아렌트는 이렇게 '사물을 그대로 두는 내맡김'으로 물러남을 하이데거 철학 전체의 전형적인 특징으로 본다. 그의 철학은 변할 수 없이 역사를 초월하여 있는 본래의 숨겨진 '존재'와 개개인이 일상생활의 사건들에 얽혀 들어가는, 전면에 있는 '존재자'의 영역을 나눈다. 이런 식의 파악에 따르면 "시끄럽고" 모순되며 변화하는 세계는 "진정으로 존재한 것의 거품"[3]에 지나지 않는다.

그렇지만 한나 아렌트는 이를 정반대로 이해한다. 숨겨져 있고 내적이며 눈에 띄지 않게 존재하는 모든 것은 그녀가 보기에 존재하지 않는 것이나 마찬가지이다. 그것이 밖으로 드러나고 모습이 보이고 공개적이 되며 형태를 취할 때, 그때 현실성을 얻게 된다. 그렇기 때문에 그녀는 어떤 사람에게나 내면생활은 상당히 똑같다고 생각한다. 그녀는 메리 매카시에게 보내는 편지에서 이렇게 쓴다. "한마디로 우리의 감정은 모두 같은 거야. 차이는 우리가 그것을 어디서, 어떻게 드러내는가에 있어."

현상하는 것만을 고려하기 때문에 한나 아렌트에게는 실제의 삶 뒤에 본래적인 삶이 존재하지 않는다. 언젠가 메리 매카시는 자신이 쓰는 소설의 인물들이 결국은 그녀 자신이 체험하고 교육받은 것에 한정되며, '인간은 자신의 삶'이라는 '끔찍한 통찰'에 이르게 된다고 한탄한다. 한나는 그녀의 말에 분명하게 동의한다. 그녀는 메리에게 답장을 쓴다. "인간은 자신의 삶이라고 난 늘 믿어 왔어."[4]

한나 아렌트는 8월에 유럽에서 돌아온 후 다시 정상적인 생활을 시작한다. 강연을 하고, 『정신의 삶』의 집필을 계속하고, 친구들을 데리고 나가 뉴욕의 레스토랑에서 식사를 하고, 캐스타인에 있는 메리 매카시를 찾아가 '닉슨의 몰락'을 축하한다. 닉슨 대통령은 이른바 '워터게이트 사건' 때문에 점점 더 세찬 압력을 받다가 마침내 사임했다. 닉슨은 후임인 제럴드 F. 포드로부터 사면을 받아 형사처벌은 면했다.

한나는 새해의 시작을 다시 뉴스쿨에서의 강의로 시작했다. 대학 지도부와는 1976년 가을까지 가르치고 그다음 은퇴하기로 의견의 일치를 보았다. 그러니까 꼬박 2년이 남았다. 그렇지만 한나는 더 천천히 일할 생각은 아직 없었다. 그녀는 명성의 절정에 서 있었고, 상과 표창이 쇄도했다. 그녀는 책의 집필을 끝내고 싶었고, 일정표는 몇 달 후까지 꽉 차 있었다.

한나는 심지어 정치적 일들에 대해서는 의견을 표명하지 않겠다던 결심을 저버리기도 했다. 미국 독립 200주년 기념과 관련해 그녀는 보스턴에서 격한 연설을 했다. 그녀는 베트남 전쟁과 워터게이트 스캔들이 '공화국의 몰락'을 암시하는 사건이라고 말했다. 그녀는 다시 공화국의 뿌리를, 건국자들의 이념을 되찾으라고 촉구했다. 이 연설은 환호를 받았고 방방곡곡에서 토론되었다. 한나는 평생에 그토록 많은 응원 편지를 받은 적이 없었다. 자신을 둘러싼 야단법석이 너무 과할 때면 언제나 그렇듯 한나는 뒤로 물러나 있고 싶었다. 그녀는 자신의 뿌리와 연결해주는 유럽 여행을 매년 하는 습관을 지켰다. 1975년 5월 우선 마르바흐로 향했다. 그곳 문서보관소에서 카를 야스퍼스의 유고를 정리하기 위해서였다. 그런 다음 테냐의 '알베르고 바르바테'로 갔다.

심지어 이곳으로도 보스턴 연설 때문에 보내오는 '팬'들의 우편물이 배달되었다. 그 가운데 한 젊은이의 편지를 한나는 '대단히 재미있게' 여겼다. 그 젊은 숭배자는 그녀가 '연로'하다는 이야기를 들었는데, 그녀가 '죽기' 전에 자신의 의견을 들려주고 싶어서 편지를 쓴다고 했다.

테냐에서의 여름은 '찬란하게 아름다웠다.' 한나는 화사한 햇빛을 고맙게 여겼다.

8월에 그녀는 용기를 내어 프라이부르크로 향했다. 그녀는 하이데거와 다시 한 번 이야기를 나눌 수 있기를 바랐다. 그렇지만 그녀의 방문은 지난해보다 더 큰 실패였다. 그녀는 낙담하여 테냐로 돌아왔다. 그녀는 메리 매카시에게 이렇게 편지를 쓴다. "하이데거는 정말 갑자기 아주 늙어버렸어. 지난해에 비해 몹시 변해 있었어. 귀도 심하게 먹었고 움츠러들었으며 가까이 다가갈 수 없었어. 전에는 전혀 보지 못한 모습이야. 나는 몇 주 동안 갑자기 아주 늙어버린 노인들에게 둘러 싸여 있었어."[5]

한나 아렌트는 10월 14일에 69세가 되었다. 뉴욕의 집에는 그녀의 생일을 축하하기 위해 '단골손님들'이 다 모여들었다. 추수감사절도 한스 요나스의 집에서 친구들과 함께 축하했다.

추수감사절 다음날, 그러니까 12월 2일, 일요일에 한나는 택시를 타고 집으로 향했다. 택시에서 내려 집 쪽으로 걸어가던 한나는 갑자기 비틀거리며 쓰러졌다. 지나가던 사람들이 모여들었다. 관리인은 경찰과 구급차를 부르려고 했다. 그동안 한나는 다시 기력을 추스렸다. 그녀는 어디 부러진 데가 없는지 살펴보았다. 그러고는 우뚝 몸을 일으켜 사람들을 뚫고 집으로 사라졌다.

이 일 때문에 다음 날 한나는 의사를 찾아가 진찰을 받을 생각이었다. 그러나 거의 통증도 없고 날씨도 끔찍했기 때문에 그만두었다. 게다가 할 일도 아주 많았다. 그녀는 『정신의 삶』의 마지막 부분인 제3부 '판단'에 대해 메모해 놓은 것들을 정리하고 이제 타이핑할 생각이었다.

12월 4일 화요일 저녁 무렵, 그녀는 책상에 앉아 검은 허드슨 강물과 건너편 뉴저지의 불빛을 쳐다보았다. 그녀가 이 집에 이사오면서 샀던 책상 위에는 메리 매카시가 선물한 테라코타 인형이 있었고, 그 옆에는 어머니 마르타 아렌트와 하인리히 블뤼허, 마르틴 하이데거의 사진들이 놓여 있었다. 한나는 타자기에 첫 번째 종이를 끼우고 '판단력'이라는 제목을 쳤다. 그 밑에다 두 가지 인용구를 썼다. 하나는 키케로의 금언이고, 또 하나는 괴테의 『파우스트』에 나오는 구절이었다.

내 인생의 길에서 마술을 멀리 떼어놓고
마법의 주문을 완전히 잊어버릴 수 있다면,
자연이여, 그대 앞에서 남자로서 홀로 설 수 있으련만,
인간으로 존재하려는 노력은 가치가 있으리니.

한나는 일을 중단해야 했다. 초인종이 울렸기 때문이다. 그녀가 저녁식사에 초대했던 오랜 친구인 살로와 자네트 바론 부부가 온 것이다. 식사를 마치고 사람들은 거실로 가서 앉았다. 거실 창가에는 한나의 책상이 놓여 있었다. 손님이 오면 그녀가 앉곤 하는 안락의자 옆 작은 탁자 위에는 담배와 재떨이, 여러 견과류가 담긴 접시, 설탕물에 절인 과일, 크래커, 과자 등 대화를 나눌 때 손이 미치는 곳에 있어야 하는 온갖 자질구레한 물건들이 놓여 있었다.

한나는 커피를 끓여오려고 했다. 그런데 갑자기 기침 발작이 일어났고 한나는 기절하여 안락의자 속으로 무너지듯 쓰러졌다. 깜짝 놀란 바론 부부가 한나의 가정의와 친구 로테 쾰러에게 전화를 했다. 그렇지만 두 사람이 도착했을 때 한나 아렌트는 이미 숨을 거둔 뒤였다. 심근 경색이었다.

한나 아렌트의 장례식은 12월 8일 리버사이드 추모 예배당에서 열렸다. 하인리히 블뤼허의 경우와 똑같은 의식이 치러졌다. 사람들로 꽉 찬 예배당에서 한나 아렌트의 시신은 소박한 소나무 관에 눕혀져 있었다.

가까운 친구 몇몇이 추도사를 했다. 메리 매카시와 한스 요나스가 간단한 인사말을 했다. 메리는 '아름다운 친구'의 모습을 되새겼다. "그녀는 아름다운 여성이었습니다. 매력적이고 유혹적이며 여성다웠지요. [⋯] 가장 눈에 띄는 것은 눈이었어요. 반짝반짝 빛났고, 행복하거나 흥분하면 꿈꾸는 듯했지요. 하지만 동시에 깊고 어둡고 황홀했습니다. 내면의 연못이었어요. 한나의 어떤 헤아릴 수 없는 면이 이 눈 깊은 곳에 놓여 있는 듯이 보였습니다."[6]

한스 요나스 역시 한나의 특별한 분위기와, 섬세한 면모, '절대적인 단호함'에 대해 이야기했다. 요나스는 아주 개인적인 추억으로 말을 맺었다. "그녀는 무엇보다도 우정을 중요하게 여겼기 때문에 그녀의 친구로서 한마디 할까 합니다. 지난해 한나와 우리는 우리 우정의 50주년을 축하했고, 모든 것이 과거 불트만 교수의 신약성서 세미나에서 시작되었던 것을 추억했습니다. 당시 우리 두 사람은 유일한 유대인이었고, 그로부터 우리 우정은 여러 해를 걸쳐 자라났습니다. 비록 오랫동안 떨어져 있었고, 몇 가지 격심한 의견 차이를 극복해야 했지만요. 언제나 우리는 무엇이 중요하며 무엇이 중요하지 않은가, 정말로 가치가 있는 것은 무엇인가, 무엇을 귀중하게 여기고 무엇을 무시할 수 있는가에 대해 공통된 느낌을 가졌습니다. 여기 당신의 친구로서 찬미의 노래를 부를 수 있는 친구들이 많이 있어요. 당신이 진심으로 일단 개인적인 관계를 맺게 되면 그것은 평생을 갔다는 것을 증명할 수 있는 사람들이 많이 있어요. 당신이 없어서 우리 모두는 더 가난해졌어요. 당신의 따뜻함이 없어서 세상은 더 추워졌어요. 당신은 너무 일찍 우리를 떠났어요. 우리는 당신에게 충실하도록 할게요."[7]

한나 아렌트의 유골함은 바드 칼리지의 하인리히 블뤼허의 묘 옆에 묻혔다.

마르틴 하이데거는 한나보다 다섯 달밖에 더 살지 못했다. 그는 1976년 5월 26일에 세상을 떠났다. 한나 아렌트는 자신의 유고를 맡아 처리할 사람으로 메리 매카시를 지명했다. 메리는 한나가 남긴 원고를 정리하고 다듬어 『정신의 삶』을 펴내는 어려운 임무를 맡았다. 메리 매카시는 1989년 10월 25일 뉴욕에서 사망했다.

▪ 주

1

1. 육아일기인 '내 아기'는 출간되지 않았다. 이 일기는 워싱턴 D.C. 국회도서관에 있는 한나 아렌트의 유고 가운데 있다. 이하 인용들은 Elisabeth Young-Bruehl, Hannah Arendt, Frankfurt a. M. 1991에서 따왔다.

2. 1948년 7월 27일 하인리히 블뤼허에게 보낸 편지, Hannah Arendt/Heinrich Blücher, Briefe 1936~1968, hrsg. von Lotte Köhler, München/Zürich 1996, S. 157.

2

1. Max Fürst, Gefilte Fisch, München 1973, S. 172.

2. 위의 책, 90쪽.

3. 위의 책, 77쪽.

4. 귄터 가우스와의 텔레비전 대담, in: 한나 아렌트, Ich will verstehen, München, Zürich 1996, hrsg. von Ursula Ludz, 52쪽(이하 '가우스 인터뷰'로 약칭. 이 인터뷰는 한나 아렌트 지음, 윤철희 옮김, 『한나 아렌트의 말』, 마음산책, 2016에 번역, 소개되었다.)

5. 위의 책, 52쪽.

6. 한나 아렌트, 발터 벤야민, in: H. A., Menschen in finsteren Zeiten, München, Zürich 1989(이하 '어두운 시대의 사람들'로 약칭), 185~242, 219, 224쪽 참고.

7. Yoram K. Jacoby, Jüdisches Leben in Königsberg/Pr. im 20. Jahrhundert, Würzburg: Holzner, 1983, 63쪽 이하.

3

1. 한나 아렌트, 로자 룩셈부르크, in: 어두운 시대의 사람들, 49~74, 52쪽.

2. Elfriede Jelinek, Totenauberg, hrsg. von Burgtheater Wien, 1992, 159~165쪽에서 재인용.

3. 한나 아렌트, 「그림자」, 161쪽.

4. Young-Bruehl, 위의 책, 69쪽.

5. Yoram K. Jacoby, 위의 책, 91쪽 이하.

6. 한나 아렌트, 「그림자」, 161쪽.

7. 1973년 10월 로저 에레라와의 텔레비전 대담, in: H. A., Ich will verstehen, 114~131, 127쪽.

8. Young-Bruehl, 위의 책, 92쪽

9. 가우스 인터뷰, 53쪽.

10. 한나 아렌트, 80세의 마르틴 하이데거, in: 어두운 시대의 사람들, 172~184, 173쪽.

4

1. 1926년 12월 2일 마르틴 하이데거가 카를 야스퍼스에게 보낸 편지, in: M. Heidegger/K. Jaspers, Briefwechsel 1920~1963, München, Frankfurt a. Main 1990(이하 Briefwechsel 로 약칭), 69쪽.

2. Hans Jonas, Hannah Arendt: 1906~1975, in: Social Research, Spring, 1976, 3~5, 여기서는 3쪽.

3. 1922년 6월 27일 하이데거가 야스퍼스에게 보낸 편지, in: Briefwechsel, 29쪽.

4. Karl Löwith, Mein Leben in Deutschland vor und nach 1933, Stuttgart: Metzler, 1986, 43쪽.

5. 1950년 2월 8일 하인리히 블뤼허에게 보낸 편지, 208쪽.

6. Martin Heidegger, Warum bleiben wir in der Provinz?, in: Martin Heidegger, Gesamtausgabe, Bd. 13(Aus der Erfahrung des Denkens), Frankfurt a. M. 1983, 9~13, 여기서는 10쪽.

7. Karl Löwith, 위에 책 28쪽.

8. Karl Löwith, 위의 책 29쪽.

9. Martin Heidegger, Sein und Zeit, Tübingen 1984, 134쪽.

10. Peter Sloterdijk, Kritik der zynischen Vernunft, Zweiter Band, Frankfurt a. M. 1983, 753쪽에서 재인용.

11. Elzbieta Ettinger, Hannah Arendt-Martin Heidegger, Eine Geschichte, München 1996, 25쪽.

12. 1937년 9월 18일 하인리히 블뤼허에게 보낸 편지, 83쪽.

13. 한나 아렌트, 실존철학이란 무엇인가? in: Sechs Essays, Heidelberg 1948, 48~80, 71쪽.

14. Elzbieta Ettinger, 위의 책, 25쪽.

5

1. Hannah Arendt, Rahel Varnhagen, Lebensgeschichte einer deutschen Jüdin aus der Romantik, Frankfurt a. M./Berlin/Wien 1975, 53쪽.

2. 위의 책, 58쪽.

3. 위의 책, 26쪽.

4. Benno von Wiese, Ich erzähle mein Leben, Frankfurt a. Main 1982, 88쪽.

5. 1937년 9월 18일 하인리히 블뤼허에게 보낸 편지, 83쪽.

6. 가우스 인터뷰, 69쪽 이하.

7. Gerhard F. Hering, Im Umgang mit Karl Jaspers, in: klaus Piper/ Hans Saner, Erinnerungen an Karl Jaspers, München 1974, 77~85, 80쪽 이하.

8. Karl Jaspers, Werk und Wirkung, München 1963, 119쪽.

9. Hannah Arendt, Vita Activa oder Vom tätigen Leben, München, Zürich 1996, 220쪽.

10. 1946년 1월 4일 블루멘펠트가 한나 아렌트에게 보낸 편지, in: Hannah Arendt/Kurt Blumenfeld, 〉… in keinem Besitz verwurzelt〈. Die Korrespondenz, hrsg. von Ingeborg Nordmann und Iris Pilling, Hamburg: Rotbuch 1995, 33쪽.

11. 1926년 7월 15일 카를 야스퍼스에게 보낸 편지, in: Hannah Arendt/Karl Jaspers, Briefwechsel 1926~1969, München 1993, 39쪽.

12. Young-Bruehl, 위의 책, 655쪽.

13. 이 평가는 in: Hannah Arendt/Karl Jaspers, Briefwechsel 1926~1969, 위의 책, 723쪽 이하에 재수록.

14. Elzbieta Ettinger, 위의 책, 35쪽.

6

1. 1933년 1월 1일 야스퍼스에게 보낸 편지, 53쪽.

2. 1952년 9월 7일 야스퍼스에게 보낸 편지, 234쪽, 라헬의 출간되지 않은 1810년 3월 11일자

일기에는 이렇게 적혀있다. "그대는 무엇을 하고 있는가? 아무것도. 나는 인생이 내 머리 위로 퍼부어지도록 내버려둔다."

3. 한나 아렌트, 라헬 파른하겐, 116쪽 이하.
4. 위의 책, 200쪽. 1952년 9월 7일 야스퍼스에게 보낸 편지, 236쪽도 참고.
5. 1936년 8월 24일 하인리히 블뤼허에게 보낸 편지, 59쪽.
6. 가우스 인터뷰, 56쪽.
7. 가우스 인터뷰, 57쪽.
8. 가우스 인터뷰, 49쪽.
9. 가우스 인터뷰, 49쪽.
10. 가우스 인터뷰, 57쪽.
11. Rüdiger Safranski, Ein Meister aus Deutschland, Heidegger und seine Zeit, München/Wien: Hanser 1994, 274쪽.
12. 가우스 인터뷰, 56쪽.

7

1. Hans Sahl, Die Wenigen und die Vielen – Roman einer Zeit, Frankfurt a. Main: Fischer, 1959, 162쪽.
2. 한나 아렌트, 발터 벤야민, in: 어두운 시대의 사람들, 211쪽 이하.
3. 가우스 인터뷰, 58쪽.
4. 한나 아렌트, Wir Flüchtlinge(우리 난민들), in: 한나 아렌트, Zur Zeit, 7~21쪽, 14쪽.
5. 위의 책, 14쪽.
6. 1969년 10월 17일 메리 매카시에게 보낸 편지, in: 한나 아렌트/메리 매카시, Im Vertrauen, hrsg. von Carol Brightman, München/Zürich 1996, 365쪽.
7. Young-Bruehl, 위의 책, 201쪽.
8. 1936년 8월 21일과 1936년 8월 7일 하인리히 블뤼허의 편지, 49쪽과 36쪽.
9. 1936년 8월 24일 하인리히 블뤼허에게 보낸 편지, 59쪽.
10. 1937년 9월 10일 하인리히 블뤼허에게 보낸 편지, 77쪽.
11. 1947년 7월 19일 쿠르트 블루멘펠트에게 보낸 편지, 44쪽.
12. 1937년 9월 18일 블뤼허에게 보낸 편지, 83쪽.

13. 문화부장관의 관련 글 참조, in: Karl Jaspers in seiner Heidelberger Zeit, hrsg. von Jochim—Felix Leonhard, Heidelberger Bibliotheksschriften Bd. 8, Heidelberg 1983, 120쪽.

8

1. 한나 아렌트, 발터 벤야민, in: 어두운 시대의 사람들, 190쪽 이하.
2. 1939년 9월 하인리히 블뤼허의 편지, 94쪽.
3. 1939년 9월 29일 하인리히 블뤼허의 편지, 96쪽.
4. 1936년 8월 21일 하인리히 블뤼허의 편지, 55쪽.
5. Käthe Hirsch, Im Pariser Sammellager Vélodrome d'Hiver(파리의 벨로드롬 디버 수용소에서), in: Hanna Schramm, Menschen in Gurs(귀르 수용소의 사람들), Worms 1977, 332~334, 333쪽.
6. Lisa Fittko, Mein Weg über die Pyrenäen. Erinnerungen 1940/41, München: dtv, 1989, 39쪽.
7. Susi Eisenberg—Bach, Im schatten von Notre Dame, London, Worms 1986, 82쪽. Gurs—ein Internierungslager in Südfrankreich 1939~1943, Hamburg 1991, 21쪽에서 재인용
8. 1952년 8월 6일 쿠르트 블루멘펠트에게 보낸 편지, 62쪽.
9. 한나 아렌트, 우리 난민들, 위의 책, 12쪽.
10. Lisa Fittko, 위의 책, 55쪽.
11. Arthur Koestler, Abschaum der Erde. Autobiographische Schriften. II. Band, Frankfurt a. Main/Berlin 1993, 418쪽 이하.
12. 위의 책, 449쪽.
13. 발터 벤야민의 비극적 종말은 Lisa Fittko, 위의 책 7장; Arthur Koestler, 위의 책, 449쪽 이하와 한나 아렌트, 발터 벤야민, in: 어두운 시대의 사람들, 207~209쪽에 묘사되어 있다.

9

1. Hans Sahl, Das Exil im Exil. Memoiren eines Moralisten II, Hamburg: Luchterhand, 1991, 107쪽.

2. 1947년 7월 19일 쿠르트 블루멘펠트에게 보낸 편지, 42쪽.

3. 1941년 7월 26일 하인리히 블뤼허의 편지, 118쪽.

4. 1941년 7월 21일 하인리히 블뤼허에게 보낸 편지, 110쪽.

5. 1941년 7월 28일 하인리히 블뤼허와 마르타 아렌트에게 보낸 편지, 119쪽.

6. 한나 아렌트, Die jüdische Armee-Der Beginn der jüdischen Politik?, in: Aufbau, 1941년 11월 14일. 한나 아렌트, Die Krise des Zionismus. Essays und Kommentare 2, Eike Geisel & Klaus Bittermann Hg., Berlin 1989, 167~170쪽, 168쪽에서 재인용.

7. Wolfgang Heuer, Hannah Arendt, Reinbek bei Hamburg 1997, 39쪽.

8. 1941년 8월 1일 하인리히 블뤼허에게 보낸 편지, 123쪽.

9. 가우스 인터뷰, 59쪽 이하.

10. Young-Bruehl, 위의 책, 267쪽.

10

1. 1945년 11월 18일 야스퍼스에게 보낸 편지, 58쪽.

2. 1945년 12월 10일 야스퍼스의 편지, 62쪽.

3. 1946년 1월 29일 야스퍼스에게 보낸 편지 65쪽.

4. 한나 아렌트, Die jüdische Armee, 위의 책, 167~170쪽, 169쪽.

5. 한나 아렌트, Organisierte Schuld, in: 한나 아렌트, Sechs Essays, 위의 책, 33~47쪽. 인용은 43쪽과 42쪽.

6. Rüdiger Safranski, 위의 책, 393쪽.

7. 1949년 9월 29일 야스퍼스에게 보낸 편지 178쪽.

8. 1947년 7월 19일 블루멘펠트에게 보낸 편지, 42와 44쪽.

9. 1948년 7월 27일 하인리히 블뤼허에게 보낸 편지, 157쪽.

10. 1948년 7월 29일 하인리히 블뤼허의 편지, 158쪽 이하.

11. 1949년 12월 20일 하인리히 블뤼허의 편지, 181쪽.

11

1. 한나 아렌트, Die vollendete Sinnlosigkeit, in: 한나 아렌트, Israel, Palästina und der Antisemitismus, hrsg. von Elke Geisel & Klaus Bittermann, Berlin 1991, 77~94쪽.

2. 한나 아렌트, Elemente und Ursprünge totaler Herrschaft, München: Piper, 1996, 941쪽.

3. 한나 아렌트, Verstehen und Politik, in: Zwischen Vergangenheit und Zukunft, München 1994, 110~127쪽, 122쪽.

4. 한나 아렌트, Elemente und Ursprünge totaler Herrschaft, 위의 책, 765쪽.

5. 1949년 12월 14일 하인리히 블뤼허에게 보낸 편지, 175쪽.

6. 한나 아렌트, Besuch in Deutschland 1950. Die Nachwirkungen des Naziregimes, in: Zur Zeit, 위의 책, 43~70쪽, 51쪽.

7. 1950년 2월 14일 하인리히 블뤼허에게 보낸 편지, 214쪽.

8. 한나 아렌트, Besuch in Deutschland 1950. Die Nachwirkungen des Naziregimes, 위의 책, 45쪽.

9. Diskussion mit Freunden und Kollegen in Toronto, in: Ich will verstehen, 위의 책, 115쪽.

10. Elzbieta Ettinger, 위의 책, 86쪽 이하.

11. 1950년 2월 8일 하인리히 블뤼허에게 보낸 편지, 207쪽.

12. 위의 편지, 207쪽 이하.

12

1. 1949년 6월 3일 야스퍼스에게 보낸 편지, 173쪽.

2. 1952년 7월 5일 하인리히 블뤼허의 편지, 304쪽.

3. 한나 아렌트, Freiheit und Politik, in: Zwischen Vergangenheit und Zukunft, 201~226쪽, 208쪽.

4. Alfred Kazin, New York Jew, New York 1978, 198쪽.

5. 위의 책, 198쪽.

6. 한나 아렌트, 랜달 자렐, in: 어두운 시대의 사람들, 335~340쪽.

7. 랜달 자렐의 편지, ed. by Mary Jarrell, Boston 1984, 279쪽.

8. 한나 아렌트, 발데마르 구리안, in: 어두운 시대의 사람들, 310~323쪽, 319쪽.

9. 1952년 3월 14일 메리 매카시의 편지, 51쪽.

10. 1952년 6월 17일 하인리히 블뤼허의 편지, 266쪽.

11. Young-Bruehl, 위의 책, 373쪽 이하.

12. 1952년 10월 14일 블루멘펠트에게 보낸 편지, 69쪽.

13. 1949년 6월 3일 야스퍼스에게 보낸 편지, 173쪽.

14. 1952년 4월 24일 블뤼허에게 보낸 편지, 254쪽.

15. 1952년 4월 17일 블뤼허에게 보낸 편지 248쪽.

16. 1950년 3월 7일 하이데거가 야스퍼스에게 보낸 편지, in: Briefwechsel.

17. 1952년 5월 24일 하인리히 블뤼허에게 보낸 편지, 274쪽.

18. 위의 편지, 275쪽.

19. 이 강연은 처음에는 카를 야스퍼스 기념 논문집에 발표되었고, 나중에는 『전체주의의 기원』의 독일어판에 수정되어 실렸다.

20. 한나 아렌트, Elemente und Ursprünge totaler Herrschaft, 위의 책, 976쪽.

21. 1952년 8월 1일 블뤼허에게 보낸 편지, 321쪽.

13

1. 1953년 5월 13일 야스퍼스에게 보낸 편지, 247쪽 이하.

2. 헨리 키신저에게 보낸 독자 편지, in: 한나 아렌트, Zwischen Vergangenheit und Zukunft, 324~326쪽.

3. 한나 아렌트, 종교와 정치, in: 한나 아렌트, Zwischen Vergangenheit und Zukunft, 305~324쪽, 312쪽.

4. 1953년 12월 21일 야스퍼스에게 보낸 편지, 271쪽.

5. Young-Bruehl, 위의 책, 380쪽.

6. 한나 아렌트, Tradition und Neuzeit, in: 한나 아렌트, Zwischen Vergangenheit und Zukunft, 23~53쪽, 37쪽.

7. 위의 책, 주 16, 386쪽.

8. 위의 책, 32쪽.

9. 1954년 12월 8일 메리 매카시의 편지, 84쪽.

10. 1955년 5월 5일 블뤼허에게 보낸 편지, 375쪽.

11. 1955년 3월 1일 블뤼허에게 보낸 편지, 350쪽 이하.

12. 1955년 5월 19일 블뤼허에게 보낸 편지, 381쪽.

13. 1955년 8월 6일 야스퍼스에게 보낸 편지, 301쪽.

14

1. 1955년 9월 13일 하인리히 블뤼허에게 보낸 편지, 398쪽.

2. 1955년 9월 17일 하인리히 블뤼허에게 보낸 편지, 400쪽.

3. 1955년 9월 29일 하인리히 블뤼허에게 보낸 편지, 406쪽.

4. 1955년 10월 22일 하인리히 블뤼허에게 보낸 편지, 415쪽.

5. 한나 아렌트, Europa und die Atombombe, in: 한나 아렌트, Zur Zeit, 82~87쪽, 87쪽.

6. 한나 아렌트, Revolution und Freiheit, in: 한나 아렌트, Zwischen Vergangenheit und Zukunft, 227~251쪽, 235쪽.

7. 1955년 11월 28일 하인리히 블뤼허에게 보낸 편지, 431쪽.

8. 1955년 11월 14일 하인리히 블뤼허에게 보낸 편지, 426쪽.

9. 한나 아렌트, Elemente und Ursprünge totaler Herrschaft, 702~725쪽 참고.

10. 1952년 6월 13일 하인리히 블뤼허에게 보낸 편지, 289쪽.

11. 1956년 11월 5일 야스퍼스에게 보낸 편지, 339쪽.

12. 1956년 10월 17일 블뤼허에게 보낸 편지, 445쪽.

13. 한나 아렌트, Die ungarische Revolution und der totalitäre Imperialismus, München 1958, 37쪽.

14. 위의 책 42쪽과 한나 아렌트, Über die Revolution, München 1994, 336쪽 이하.

15. 1956년 11월 5일 하인리히 블뤼허에게 보낸 편지, 454쪽.

15

1. 1960년 1월 3일 야스퍼스에게 보낸 편지, 422쪽.

2. 독일어 번역 제목은 'Ketzerische Ansichten über die Negerfrage und equality', in: Zur Zeit, 위의 책, 95~117쪽.

3. 위의 글, 115쪽.

4. 1963년 7월 20일 게르숌 숄렘에게 보낸 편지, in: Ich will verstehen, 29~36쪽, 30쪽 이하.

5. Ketzerische Ansichten über die Negerfrage und equality, in: Zur Zeit, 114쪽.

6. 위의 글, 105쪽.

7. 1964년 6월 23일 메리 매카시에게 보낸 편지, 259쪽.

8. 한스 요나스, Handeln, Erkennen, Denken. Zu Hannah Arendts philosophischem

Werk, in: Adelbert Rief(Hg.), Hannah Arendt. Materialien zu ihrem Werk, Wien 1979, 353쪽 이하.

9. 한나 아렌트, 발데마르 구리안, in: 어두운 시대의 사람들, 319쪽.

10. 랜달 자렐, Pictures of an Institution, 140쪽.

11. 1958년 6월 1일과 14일 하인리히 블뤼허에게 보낸 편지, 472쪽과 477쪽.

12. 한나 아렌트, Laudatio auf Karl Jaspers, in: 어두운 시대의 사람들, 89~98쪽.

13. Young-Bruehl, 위의 책, 434쪽.

14. 1960년 1월 3일 야스퍼스에게 보낸 편지, 422쪽.

16

1. 한나 아렌트, Gedanken zu Lessing, in: 어두운 시대의 사람들, 17~48쪽, 41쪽.

2. 이 감정서는 아렌트와 야스퍼스가 주고받은 편지, 789쪽에 재수록되어 있다.

3. 1960년 1월 3일 야스퍼스에게 보낸 편지, 421쪽.

4. 1960년 7월 20일 야스퍼스에게 보낸 편지, 431쪽 이하.

5. Elzbieta Ettinger, 위의 책, 121쪽 이하.

6. 한나 아렌트, 비타 악티바 또는 활동적 삶에 대하여, 14쪽.

7. 위의 책, 215쪽 이하.

8. 위의 책, 302쪽.

17

1. 1960년 10월 26일 메리 매카시의 편지 172쪽.

2. 1960년 11월 11일 메리 매카시에게 보낸 편지, 177쪽.

3. 1961년 4월 15일 하인리히 블뤼허에게 보낸 편지, 519쪽.

4. 한나 아렌트, Eichmann in Jerusalem. Ein Bericht von der Banalität des Bösen, München 1997, 72쪽.

5. 1961년 4월 20일 블뤼허에게 보낸 편지, 521쪽.

6. 1961년 5월 28일 블뤼허에게 보낸 편지, 544쪽.

7. 1961년 11월 1일 야스퍼스에게 보낸 편지, 494쪽.

8. 위의 편지, 493쪽.

9. 가우스 인터뷰, 62쪽.

10. 1964년 6월 23일 메리 매카시에게 보낸 편지, 260쪽.

18

1. Young-Bruehl, 위의 책, 477쪽.

2. '아이히만 사건'과 독일인. 틸로 코흐와의 대담. in: Gespräche mit Hannah Arendt, Adelbert Reif(Hg.), München 1976, 35~40쪽, 40쪽.

3. 1963년 3월 8일 하인리히 블뤼허에게 보낸 편지, 561쪽.

4. 1963년 5월 29일 야스퍼스에게 보낸 편지, 543쪽.

5. Die Kontroverse. Hannah Arendt, Eichmann und die Juden(논쟁. 한나 아렌트와 아이히만과 유대인), hrsg. von F. A. Krummacher, München 1964에서 인용.

6. 한나 아렌트, Eichmann in Jerusalem, 209쪽.

7. 1963년 7월 20일 게르숌 숄렘에게 보낸 편지, in: Ich will verstehen, 29~36쪽, 36쪽.

8. Young-Bruehl, 위의 책, 479쪽.

9. 1963년 12월 1일 야스퍼스에게 보낸 편지, 575쪽.

10. 1963년 11월 16일 야스퍼스의 편지, 567쪽.

11. 한나 아렌트, Eichmann in Jerusalem, 193쪽.

12. Golo Mann, Der verdrehte Eichmann, in: Die Kontroverse, 190~198쪽, 194쪽.

13. 1958년 11월 16일 야스퍼스에게 보낸 편지, 393쪽.

19

1. 가우스 인터뷰, 44쪽과 65쪽.

2. 1965년 2월 19일 야스퍼스에게 보낸 편지, 619쪽.

3. 한나 아렌트, Über die Revolution, 115쪽.

4. 위의 책, 303쪽.

5. 1965년 4월 13일 야스퍼스에게 보낸 편지, 629쪽.

6. 1965년 4월 2일 메리 매카시의 편지, 274쪽.

7. 1965년 2월 19일 야스퍼스에게 보낸 편지, 618쪽 이하.

8. 한나 아렌트, 랜달 자렐, in: 어두운 시대의 사람들, 339쪽.

9. 1966년 8월 10일 야스퍼스에게 보낸 편지, 683쪽.

10. 1965년 6월 11일 야스퍼스에게 보낸 편지, 636쪽 이하.

11. 1967년 2월 1일 메리 매카시의 편지, 305쪽.

20

1. 하인리히 블뤼허의 바드 칼리지 강의를 필기한 글로 한나 아렌트와 하인리히 블뤼허 서간 집에 재수록됨, 567~580쪽, 579쪽.

2. 카를 야스퍼스, Notizen zu Martin Heidegger, München/Zürich 1978, 264쪽.

3. 1967년 10월 1일 야스퍼스에게 보낸 편지, 710쪽.

4. 1968년 6월 18일 메리 매카시의 편지, 329쪽.

5. Politik und Revolution, in: Gespräche mit Hannah Arendt, Adelbert Reif(Hg.), München 1976, 41~70쪽, 45쪽 이하.

6. 1968년 9월 4일 하인리히 블뤼허에게 보낸 편지, 565쪽.

7. 1968년 12월 21일 메리 매카시에게 보낸 편지, 341쪽.

8. 이 인사말은 한나 아렌트와 카를 야스퍼스 서한집에 재수록되어 있다, 719~720쪽.

9. 1969년 6월 3일 메리 매카시에게 보낸 편지, 352쪽.

10. 한나 아렌트, Heidegger wird achtzig Jahre alt, in: 어두운 시대의 사람들, 172~184쪽과 주 353.

11. 1972년 1월 22일 메리 매카시에게 보낸 편지, 442쪽.

21

1. 1970년 11월 22일 메리 메카시에게 보낸 편지, 393쪽.

2. Young-Bruehl, 위의 책, 380쪽.

3. 메리 매카시, Hannah Arendt, Meine schöne Freundin, in: Die Zeit, Nr. 3, 13. Januar 1978, 30쪽

4. Legitimität der Lüge in der Politik?, in: Gespräche mit Hannah Arendt, Adelbert Reif(Hg.), 위의 책, 101~126쪽, 여기서는 122쪽 이하.

5. 한나 아렌트, Wahrheit und Politik, in: Zwischen Vergangenheit und Zukunft, 위의 책, 327~370쪽, 358쪽.

6. 1971년 12월 8일 메리 매카시에게 보낸 편지, 436쪽.

7. 1973년 2월 6일 메리 매카시에게 보낸 편지, 468쪽.

8. 한나 요나스, Handeln, Erkennen, Denken, in: Adelbert Reif(Hg.), Hannah Arendt, Materialien zu ihrem Werk, Wien 1979, 355쪽 이하.

9. 한나 아렌트, Vom Leben des Geistes, Das Denken – Das Wollen, hrsg. von Mary McCarthy, München: Piper, 1998, 15쪽.

10. 위의 책, 189쪽 이하.

11. 1970년 11월 22일 메리 매카시에게 보낸 편지, 394쪽.

12. 1973년 9월 30일 메리 매카시에게 보낸 편지, 491쪽.

13. 한나 아렌트, Ich erinnere an Wystan H. Auden, in: 어두운 시대의 사람들, 324~334쪽, 326쪽.

14. 1973년 12월 23일 메리 매카시에게 보낸 편지, 503쪽.

22

1. 1974년 5월 11일 메리 매카시의 편지, 511쪽 이하.

2. 1974년 6월 12일 메리 매카시에게 보낸 편지, 513쪽.

3. 한나 아렌트, Vom Leben des Geistes, Das Denken – Das Wollen, 위의 책, 400쪽 이하 참고.

4. 1975년 3월 10일 메리 매카시에게 보낸 편지, 533쪽.

5. 1975년 8월 22일 메리 매카시에게 보낸 편지, 546쪽.

6. 메리 매카시, Hannah Arendt, Meine schöne Freundin, in: Die Zeit, Nr. 3, 13. Januar 1978, 30쪽.

7. 한스 요나스, 한나 아렌트, in: Social Reserch, 위의 잡지, 3~5, 5쪽.

1906년	요한나 아렌트는 10월 14일 하노버에서 파울 아렌트와 그의 아내 마르타 (결혼 전 성은 콘)의 외동딸로 태어남.
1910년	아버지가 병에 걸린 뒤 아렌트 가족은 부모의 고향인 쾨니히스베르크로 돌아감.
1913년	아버지가 매독의 후유증으로 사망.
1916년~1924년	쾨니히스베르크의 여자 김나지움에 다님.
1920년	어머니 마르타 아렌트가 마르틴 베어발트와 재혼하면서 베어발트의 집으로 이사.
1924년	고등학교 졸업시험.
1924년~1925년	마르부르크 대학에서 마르틴 하이데거와 루돌프 불트만에게서 철학, 신학, 그리스어를 공부, 하이데거와 애정 관계.
1925년	하이델베르크 대학으로 옮김. 카를 야스퍼스가 스승이 되었고, 시온주의자 쿠르트 블루멘펠트를 알게 됨.
1928년	야스퍼스에게서 박사 학위.
1929년	귄터 슈테른(이후 귄터 안더스라는 필명 사용)과 결혼.
1930년	라헬 파른하겐의 전기를 씀.
1930년~1933년	독일 시온주의자들을 위해 지하활동을 하다가 체포됨. 프랑스로 도피.
1935년~1940년	'청년 알리야Jugend-Aliyah'를 위해 일함.
1940년	귄터 안더스와 이혼하고 하인리히 블뤼허와 결혼. 남프랑스 귀르 수용소 생활. 프랑스가 패한 후 어머니와 하인리히 블뤼허와 함께 마르세유로 감.
1941년	리스본에서 미국으로 떠남. 잡지 「아우프바우」와 「파르티잔 리뷰」에 기고. '유럽 유대문화재건위원회'를 위해 일함.
1946년~1949년	쇼켄 출판사에서 편집자로 일함.

1948년	7월 27일, 어머니 마르타 베어발트(아렌트) 사망.
1948년~1952년	'유럽 유대문화재건위원회'의 대변인으로 일함.
1949년~1950년	첫 번째 유럽 여행. 야스퍼스, 하이데거와 재회.
1951년	『전체주의의 기원』 출간. 미국 시민권 획득.
1953년~1956년	프린스턴 대학, 하버드 대학, 뉴스쿨, 뉴욕 브루클린 대학에서 강의.
1954년	버클리의 캘리포니아 대학에서 강의.
1955년	이탈리아, 그리스, 이스라엘, 스위스, 독일로 강연 여행 겸 휴가여행.
1958년	야스퍼스를 위해 독일 서적상 평화상 수여식에서 축사. 『인간의 조건』(독일어 판 제목: 『비타 악티바 또는 활동적 삶에 대하여』) 출간.
1959년	함부르크시의 레싱상 수상.
1961년~1962년	뉴욕에서 택시를 타고 가다가 중상당함.
1962년	아이히만 재판에 대한 보고서가 잡지 『뉴요커』에 발표되어 거센 논쟁을 불러일으킴. 하인리히 블뤼허와 함께 그리스와 이탈리아로 유럽 여행. 『혁명론』 출간.
1963년~1967년	시카고 대학 교수직 맡음.
1968년	미국과 유럽에서 학생 소요 일어남. 뉴스쿨 교수직 맡음.
1969년	2월 카를 야스퍼스 사망. 여름에 하인리히 블뤼허와 함께 로카르노 근처 테냐에 머뭄.
1970년	10월에 하인리히 불뤼허가 심근 경색으로 사망.
1973년	사유에 대해 애버딘 대학에서 '기퍼드 강의'를 함.
1974년	'의지'에 대해 기퍼드 강의를 계속하는 중에 심근 경색이 일어남.
1975년	마르바흐, 테냐, 프라이부르크의 하이데거에게로 유럽 여행. 12월 4일 뉴욕의 집에서 두 번째의 심근 경색으로 사망.

▪ 한나 아렌트의 주요 저작 및 참고문헌

1. 한나 아렌트의 주요 저작

Rahel Varnhagen, München: Piper, 1995[5] [『라헬 파른하겐』, 김희정 옮김, 텍스트, 2013년]

Elemente und Ursprünge totaler Herrschaft, München: Piper, 1996[8] [『전체주의의 기원 1, 2』, 이진우 · 박미애 옮김, 한길사, 2006년]

Vita activa oder vom tätigen Leben, München: Piper, 1996[8] [『인간의 조건』(개정판), 이진우 옮김, 한길사, 2017년]

Über die Revolution, München: Piper, 1994[4] [『혁명론』, 홍원표 옮김, 한길사, 2004년]

Zwischen Vergangenheit und Zukunft, München: Piper, 1994 [『과거와 미래 사이』, 서유경 옮김, 푸른숲, 2005년]

Eichmann in Jerusalem, München: Piper, 1997[7] [『예루살렘의 아이히만』, 김선욱 옮김, 한길사, 2006년]

Menschen in finsteren Zeiten, hrsg. von Ursula Ludz, München: Piper, 1989[2] [『어두운 시대의 사람들』, 홍원표 옮김, 한길사, 2019년]

Wahrheit und Lüge in der Politik. Zwei Essays, München: Piper, 1972

Macht und Gewalt, München: Piper, 1996[12]

Zur Zeit. Politische Essays, hrsg. von Marie Luise Knott, Berlin: Rotbuch, 1986

Vom Leben des Geistes, Das Denken−Das Wollen, hrsg. von Mary McCarthy, München: Piper, 1998 [『정신의 삶−사유와 의지』, 홍원표 옮김, 푸른숲, 2019년]

Das Urteilen, hrsg. von Ronald Beiner, München: Piper, 1998

Was ist Politik?, hrsg. von Ursula Ludz, München: Piper, 1989

Gesammelte Aufsätze und Artikel zu Zionismus und Nationalsozialismus, hrsg. von Eike Geisel und Klaus Bittermann: Nach Auschwitz. Essays und Kommentare 1,

Berlin: Tiamat, 1989

Die Krise des Zionismus. Essays und Kommentare 2, Berlin: Tiamat, 1989

Israel und der Antisemitismus: Aufsätze, Berlin: Wagenbach, 1991

Denktagebuch, hrsg. von Ursula Ludz und Ingeborg Nordmann, 2 Bände, München,

Zürich: Piper, 2003²

Der Liebesbegriff bei Augustin. Versuch einer philosophischen Interpretation,

Hildesheim: Olms, 2007 [『사랑 개념과 성 아우구스티누스』, 서유경 옮김, 텍스트, 2013년]

한나 아렌트 지음, 김정한 옮김, 『폭력의 세기』, 이후, 1999

한나 아렌트 지음, 김선욱 옮김, 『칸트 정치철학 강의』, 푸른숲, 2002

한나 아렌트 지음, 김선욱 옮김, 『정치의 약속』, 푸른숲, 2007

한나 아렌트 지음, 김선욱 옮김, 『공화국의 위기』, 한길사, 2011

한나 아렌트 지음, 김도연, 김희정, 임경석, 홍원표 옮김, 『이해의 에세이』, 텍스트, 2012

2. 전기 및 저작 소개서

Baer, Ulrich; Eshel, Amir (Hrsg.), Hannah Arendt zwischen den Disziplinen, Göttingen:

Wallstein, 2014

Benhabib, Seyla, Hannah Arendt: die melancholische Denkerin der Moderne,

Frankfurt: Suhrkamp, 2006

Barley, Delbert, Hannah Arendt. Einführung in ihr Werk, Freiburg/ München: Alber,

1990

Breier, Karl-Heinz, Hannah Arendt zur Einführung, Hamburg: Junius, 1992

du, Die Zeitschrift der Kultur, Oktober 2000, Heft Nr. 710: Hannah Arendt. Mut zum

Politischen

Ettinger, Elzbieta, Hannah Arendt − Martin Heidegger. Eine Geschichte, München:

Piper, 1996 [『한나 아렌트와 마르틴 하이데거』, 엘즈비에타 에팅거 지음, 황은덕 옮김, 산지

니, 2013년]

Friedmann, Friedrich Georg, Hannah Arendt. Eine deutsche Jüdin im Zeitalter des

Totalitarismus, München, Zürich: Piper, 1985

Fritze, Lothar(Hrsg.), Hannah Arendt weitergedacht: ein Symposium, Göttingen: Vandenhoeck & Ruprecht, 2008

Gleichauf, Ingeborg, Hannah Arendt; München: Deutscher Taschenbuch–Verlag, 2000

Grunenberg, Antonia, Hannah Arendt und Martin Heidegger: Geschichte einer Liebe, München: Piper, 2008

Hahn, Barbara, Hannah Arendt: Leidenschaften, Menschen und Bücher, Berlin: Berliner Taschenbuchverlag, 2007

Hahn, Barbara; Knott, Marie Luise, Von den Dichtern erwarten wir Wahrheit: Ausstellung Literaturhaus Berlin, Berlin: Matthes und Seitz, 2007

Heilhut, Anthony, «Das alles waren nur Versuche»: Hannah Arendt, in: ders., Kultur ohne Heimat. Deutsche Emigranten in den USA nach 1930, Weinheim: Quadriga, 1987, S. 311–344

Heuer, Wolfgang, Hannah Arendt, Reinbek bei Hamburg: Rowohlt, 1987

Heuer, Wolfgang u.a. (Hrsg.), Arendt–Handbuch, Stuttgart: Metzler, 2011

Heuer, Wolfgang, Dichterisch denken: Hannah Arendt und die Künste; Göttingen: Wallstein, 2007

Holland–Cunz, Barbara, Gefährdete Freiheit. Über Hannah Arendt und Simone de Beauvoir, Opladen: Budrich, 2012

Horowitz, Irving Louis, Hannah Arendt – eine Radikal–Konservative, Frankfurt a. Main u.a.: Ontos–Verlag, 2012

Kemper, Peter (Hrsg.), Die Zukunft des Politischen: Ausblicke auf Hannah Arendt, Frankfurt a. Main: Fischer, 1993

Knott, Marie Luise, Verlernen: Denkwege bei Hannah Arendt, Berlin: Matthes & Seitz, 2011 [『탈학습, 한나 아렌트의 사유방식』, 마리 루이제 크노트 지음, 배기정, 김송인 옮김, 산지니, 2016년]

Kristeva, Julia, Das weibliche Genie: Hannah Arendt, Hamburg: Europäische Verlagsanstalt, 2008

Literaturen. Das Journal für Bücher und Themen, September 2002, Heft Nr. 09: Die doppelte Hannah

Maier–Katkin, Stranger from abroad: Hannah Arendt, Martin Heidegger, friendship and forgiveness, New York, NY; London: Norton, 2010

May, Derwent, Hannah Arendt. Eine bedeutende Repräsentantin deutsch–jüdischer Kultur, München: Heyne, 1990

Nordmann, Ingeborg, Hannah Arendt, Frankfurt a. Main: Campus, 1994

Philosophie Magazin: Sonderausgabe Hannah Arendt, 06, Juni 2016

Reif, Adelbert (Hrsg.), Hannah Arendt, Materialien zu ihrem Werk, Wien: Europaverlag, 1979

Schönherr-Mann, Hans-Martin, Hannah Arendt: Wahrheit, Macht, Moral, München: Beck, 2006

Sontheimer, Kurt, Hannah Arendt: Der Weg einer großen Denkerin; München, Zürich: Piper, 2006

Vollrath, Ernst, Hannah Arendt, in: Politische Philosophie des 20. Jahrhunderts, hrsg. von Karl Graf Ballestrem und Henning Ortmann, München, Wien: Oldenbourg, 1990, S. 13–32 Vowinckel, Annette, Hannah Arendt: Stuttgart: Reclam, 2006

Wiebel, Martin (Hrsg.), Hannah Arendt: ihr Denken veränderte die Welt; das Buch zum Film von Margarethe von Trotta; München, Zürich: Piper, 2013

Wild, Thomas, Hannah Arendt; Frankfurt am Main: Suhrkamp, 2006

Wimmer, Reiner, Hannah Arendt, in: ders., Vier jüdische Philosophinnen(Rosa Luxemburg, Simone Weil, Edith Stein, Hannah Arendt), Tübingen: Attempto, 1990, S. 237–308

Wolf, Siegbert, Hannah Arendt. Einführung in ihr Werk, Frankfurt a. Main: Maag und Merchen, 1991

Young-Bruehl, Elisabeth, Hannah Arendt. Leben, Werk, Zeit, Frankfurt a. Main: Fischer, 1991 [『한나 아렌트 전기』, 엘리자베스 영-브륄 지음, 홍원표 옮김, 인간사랑, 2007년]

3. 자기 증언

Arendt, Hannah, Ich will verstehen. Selbstauskünfte zu Leben und Werk, hrsg. von
   Ursula Ludz, München: Piper, 1996

Bohnet, Heidi; Stadler, Klaus (Hrsg.), Hannah Arendt: Texte und Briefe, München,
   Zürich: Piper, 2006

Ludz, Ursula; Wild, Thoma (Hrsg.), Eichmann war von empörender Dummheit.
   Gespräche und Briefe, Hannah Arendt–Joachim Fest; München, Zürich: Piper, 2013

Reif, Adelbert, Gespräche mit Hannah Arendt, München: Piper, 1976

한나 아렌트 지음, 윤철희 옮김, 『한나 아렌트의 말』, 마음산책, 2016

4. 주고받은 편지

Hannah Arendt/Heinrich Blücher, Briefe 1936–1968, hrsg. von Lotte Köhler, München:
   Piper, 1996

Hannah Arendt/Mary McCarthy, Im Vertrauen. Briefwechsel 1949–1975, hrsg. von
   Carol Brightman, München: Piper, 1996[2]

Hannah Arendt/Kurt Blumenfeld, ‹… in keinem Besitz verwurzelt›. Die Korrespondenz,
   hrsg. von Ingeborg Nordmann und Iris Pilling, Hamburg: Rotbuch, 1995

Hannah Arendt/Karl Jaspers, Briefwechsel 1926–1969, hrsg. von Lotte Köhler und
   Hans Saner, München: Piper, 1993[3]

Hannah Arendt/Hermann Broch, Briefwechsel 1946–1951, hrsg. von Paul Michael
   Lützeler, Frankfurt a. Main: Jüdischer Verlag, 1996

Hannah Arendt – Uwe Johnson, Der Briefwechsel 1967–1975, hrsg. Von Eberhard
   Fahlke und Thomas Wild, Frankfurt a. Main: Suhrkamp, 2004

Hannah Arendt – Hermann Broch: Briefwechsel 1946–1951, Frankfurt a. Main:
   Jüdischer Verlag, 2000

Hannah Arendt – Gershom Scholem: Der Briefwechsel 1939–1964, hrsg. von Marie

Luise Knott, Berlin: Jüdischer Verlag im Suhrkamp Verlag, 2010

Hannah Arendt – Martin Heidegger: Briefe 1925–1975, Frankfurt a. Main: Klostermann,
1998

5. 시대사 및 언론 자료

Anders, Günther, Die Kirschenschlacht: Dialoge mit Hannah Arendt und ein
akademisches Nachwort, München: Beck, 2011

Die Kontroverse. Hannah Arendt, Eichmann und die Juden, hrsg. von F. A.
Krummacher, München: Nymphenburg, 1964

Fittko, Lisa, Mein Weg über die Pyrenäen. Erinnerungen 1940/41, München: dtv, 1989

Fürst, Max, Gefilte Fisch, München: dtv, 1973

Gause, Fritz, Geschichte der Stadt Königsberg, II. u. III. Band, Köln: Böhlau, 1968
u. 1971

Gurs – ein Internierungslager in Südfrankreich 1939–1943. Literarische Zeignisse,
Briefe, Berichte, Hamburg: Hamburger Institut für Sozialforschung, 1993

Heidegger, Martin/Jaspers, Karl, Briefwechsel 1920–1963, München: Piper, 1990

Jacoby, Yoram K., Jüdisches Leben in Königsberg/Pr. im 20. Jahrhundert, Würzburg:
Holzner, 1983

Jarrell, Randall, Pictures from an Institution, Chicago: University of Chicago Press, 1986

Jarrell, Randall, 1914–1965, Randall. Jarrell's letters, ed. by Mary Jarrell, Boston:
Houghton Mifflin, 1984

Jaspers, Karl, Notizen zu Martin Heidegger, hrsg. von Hans Saner, München/Zürich:
Piper, 1978

Jaspers, Karl, Werk und Wirkung, hrsg. von Klaus Piper, München: Piper, 1963

Jonas, Hans, Hannah Arendt, in: Social Research, Spring 1976, S. 3–5

Kanin, Alfred, New York Jew, New York: Knopf, 1978

Koestler, Arthur, Abschaum der Menschheit, Frankfurt a. Main, Berlin: Limes, 1993

Löwith, Karl, Mein Leben in Deutschland vor und nach 1933, Stuttgart: Metzler, 1986

McCarthy, Mary, Hannah Arendt, meine schöne Freundin, in: Die Zeit, Nr. 3, 13. Januar 1978

Piper, Klaus/Saner, Hans (Hrsg.), Erinnerungen an Karl Jaspers, München/Zürich: Piper, 1974

Podhorez, Norman, Making it, New York: Random House, 1967

Safranski, Rüdiger, Ein Meister aus Deutschland, Heidegger und seine Zeit, München/ Wien: Hanser, 1994 [『하이데거: 독일의 철학 거장과 그의 시대』, 뤼디거 자프란스키 지음, 박민수 옮김, 북캠퍼스, 2017년]

Sahl, Hans, Das Exil im Exil, Memoiren eines Moralisten II, Hamburg: Luchterhand, 1991

Sahl, Hans, Die Wenigen und die Vielen – Roman einer Zeit, Frankfurt a. Main: Fischer, 1959

Schramm, Hanna, Menschen in Gurs. Erinnerungen an ein französisches Internierungslager, Worms: Heintz, 1977

Stangneth, Bettina, Eichmann vor Jerusalem: Das unbehelligte Leben eines Massenmörders, Zürich u.a.: Arche, 2011

Weiss, Theodore, From Princeton one Autumn Afternoon. Collected Poems of Theodore Weiss, London, New York: Collier, Macmillan, 1987

Wiese, Benno von, Ich erzähle mein Leben, Frankfurt a. Main: Insel, 1982

6. 전기 영화 및 인터뷰 자료

Hannah Arendt – Ihr Denken veränderte die Welt, Regie Margarethe von Trotta, Deutschland, Frankreich, Luxemburg, 2012

Denken und Leidenschaft. Hannah Arendt, Film von Jochen Kölsch, Deutschland, 2006

Deutsche Lebensläufe: Hannah Arendt – Eine Jüdin aus Deutschland. Film von

Simone Reuter und Monika Boll, SWR, 2005

Hannah Arendt – ein Mädchen aus der Fremde; Porträt von Jürgen Miermeister, 1996

Günter Gaus im Gespräch mit Hannah Arendt, in: Günter Gaus, Die klassischen

Interviews, Politik und Kultur 1963–1969, drei DVDs, 2005

Das Böse ist immer nur extrem, aber niemals radikal, 25 ausgewählte Texte, gelesen

von Axel Grube, 2 Audio CDs, Düsseldorf: Onomato, 2007

7. 그 외 국내에 번역된 주요 연구서 및 국내 연구서

김비환 지음, 『축복과 저주의 정치사상: 20세기와 한나 아렌트』, 한길사, 2001

김비환, 홍원표, 고옥 지음, 『한나 아렌트와 세계사랑』, 인간사랑, 2009

리처드 J. 번스타인 지음, 김선욱 옮김, 『한나 아렌트와 유대인 문제』, 아모르문디, 2009년

사이먼 스위프트 지음, 이부순 옮김, 『스토리텔링 한나 아렌트』, 앨피, 2011년

이은선 지음, 『생물권 정치학시대에서의 정치와 교육: 한나 아렌트와 유교와의 대화 속에서』,
모시는사람들, 2013

홍원표 지음, 『한나 아렌트 정치철학: 행위, 전통, 인물』, 인간사랑, 2013

홍원표 지음, 『아렌트: 정치의 존재이유는 자유다』, 한길사, 2013

나카마사 마사키 지음, 김경원 옮김, 『왜 지금 한나 아렌트를 읽어야 하는가?』, 갈라파고스,
2015년

권정우 , 하승우 지음, 『아렌트의 정치』, 한티재, 2015년

나카마사 마사키 지음, 김경원 옮김, 『한나 아렌트 인간의 조건을 읽는 시간』, 아르테, 2017년

김선욱 지음, 『한나 아렌트의 생각』, 한길사, 2017년

리처드 J. 번스타인 지음, 김선욱 옮김, 『우리는 왜 한나 아렌트를 읽는가』, 한길사, 2018년

정창조 지음, 『한나 아렌트, 사유의 전선들』, 두번째테제, 2018년

양창아 지음, 『한나 아렌트, 쫓겨난 자들의 정치』, 이학사, 2019년

이진우 지음, 『한나 아렌트의 정치 강의』, 휴머니스트, 2019년

이 책의 초판이 출간된 이래로 한나 아렌트를 다루는 책들이 속속 나왔고 한나 아렌트의 저서들도 계속해서 출간되고 있다. 주요 도서들은 참고문헌란에 수록했다. 한나 아렌트에 대해 더 알고 싶은 독자에게 도움이 될 것이다. 무엇보다도 중요한 책은 매우 이례적인 일기인 『사유 일기Denktagebuch』이다. 이 책은 단순히 일상적인 일이나 기분을 서술한 것이 아니라 생각의 실마리를 잡아 확장해 나가며 철학적으로 깊이 천착한다. 따라서 우리는 이 특별한 일기를 통해 한나 아렌트 사유의 발전과정을 추적할 수 있으며 한나 아렌트 특유의 '난간 없는 사유'를, 즉 전통적인 관념이나 기존의 틀에 의존하지 않는 독립적인 사유를 맛볼 수 있다.

새롭게 출간된 연구서들은 한나 아렌트의 작품을 다각도로 조명하고 있다. 특히 베티나 슈탕네트Bettina Stangneth의 『예루살렘 이전의 아이히만Eichmann vor Jerusalem』은 논란이 되어온 '악의 평범성'이라는 개념에 대해 다시 생각할 기회를 준다. 슈탕네트는 아이히만이 아르헨티나에 도피해 있을 동안에 쓴 수많은 메모와 글 그리고 대화 녹취록을 분석해, 아이히만이 광신적인 반유대주의자였고 자신이 하는 일이 무엇인지 분명히 알고 있었다고 밝혔다. 예루살렘에서 열린 재판에서는 아이히만이 어수룩한 관료의 역할을 연기해 모두를 속였다는 것이다. 우리는 한나 아렌트가 아이히만 재판을 참관했을 때는 관련 자료가 없었고 이용 가능한 자료는 단지 재판 기록물이 거의 전부였다는 점을 고려해야 한다. 그리고 비록 아이히만이라는 예가 적합하지 않았다 할지라도 한나 아렌트가 전체주의적 인간 유형에 대해 말한 특징들은 유효하며 이 유형은 오늘날에도 우리 주변에서 찾아볼 수 있다. 게다가 "악의 평범성"이라는 말도 『예루살렘의 아이히만』의 본문 끝부분에 단 한 번 등장한다. 한나 아렌트는 "악의 평범성"을 단 한 번 언급하면서도 "소름끼치는"이라는 말을 붙여 악의 평범성이 지닌 위험을 강력하게 경고했다.

"악의 평범성"이라는 말이 워낙 유명해져서 오히려 한나 아렌트가 『예루살렘의 아이히만』에서 말하고자 한 중요한 측면이 주목받지 못하고 있는 것 같아서 아쉬움이 남는다. 한나 아렌트는 유대인 지하 저항 단체와 접촉하며 약 350명의 유대인을 구출한 독일군 하사관 안톤 슈미트를 거론한다. 안톤 슈미트는 결국 발각되어 처형당했다. 유대인 지하 저항 단체의 일원이었던 압바 코브너는 아이히만 재판에서 증인으로 나서서 안톤 슈미트의 공적을 증언했다. 한나 아렌트는 다음과 같이 말한다. "코브너가 국방군 하사관의 도움에 대해 이야기하는 몇 분 동안 아이히만 재판정은 적막이 흘렀다. 마치 청중이 안톤 슈미트의 명복을 빌고 그에 대한 감사의 뜻을 표하기 위해 2분 동안 침묵을 지키기로 결심이나 한 것 같았다.

칠흑 같은 어둠 한가운데서 돌연 한 줄기 밝은 빛이 보이던 2분이 지나자 명확하고 부정할 수 없으며 추호의 의심도 할 수 없는 한 가지 생각이 떠올랐다. '이와 같은 아름다운 이야기가 더 있다면, 오늘날 이스라엘에서, 독일에서, 유럽에서 아니 전 세계에서 세상은 얼마나 달라 보이겠는가.'" 한나 아렌트는 이 '어두운 시대'에서도 희망의 빛을 놓치지 않으려 한 것이다.

한나 아렌트에 관한 모든 새로운 인식은 이 책을 쓸 때 내가 지향했던 바가 옳았음을 입증한다. 여전히 나는 학문적으로나 인간적으로 매력적이고 특출한 한나 아렌트를 제대로 이해하려면 그녀의 사유를 파란만장한 삶과 개성, 주변 인물들과의 관계 그리고 역사적 사건들과 시대에 대해 그녀가 취한 태도 등과 연관지어 고찰해야 한다고 확신한다.

한나 아렌트는 "어조^{Ton}가 곧 사람을 보여준다"고 말한 적이 있다. 이 말은 우리가 그녀의 저서와 '철학'을 그녀의 개인적인 태도, 대중 앞에서의 처신 그리고 정치, 우정, 사랑에 대해 그녀가 취한 자세 등과 분리할 수 없다는 것을 뜻한다. 따라서 우리는 한나 아렌트의 사유와 인품을 올바르게 평가하기 위해서는 적절한 "어조"를 찾아야 한다. 한나 아렌트의 삶과 작품을 다룬 이 책이 흥미진진하게 읽히도록 나는 적절한 "어조"를 찾으려 노력했다. 이러한 노력이 결실을 맺었기를 소망한다.

알로이스 프린츠

이화북스의
책을
소개합니다